臨床心理面接特論 I

― 心理支援に関する理論と実践 ―

（新訂）臨床心理面接特論Ⅰ（'25）

©2025　丸山広人・橋本朋広

装丁デザイン：牧野剛士
本文デザイン：畑中　猛

まえがき

　本科目「臨床心理面接特論」は,「臨床心理面接特論Ⅰ―心理支援に関する理論と実践―」（2単位）と「臨床心理面接特論Ⅱ―心理臨床の実際―」（2単位）とで構成されている。別々の科目になっているが,受講生のみなさんには,この2科目の両方を履修してもらい,4単位を取得していただきたい。その理由は2つある。ひとつ目の理由は,臨床心理面接がどのような理論的背景によって支えられているのかを理解するとともに,実際の現場ではどのように心理支援がなされているのかを理解するためである。もうひとつの理由は,臨床心理士を目指している受講生にとっては,両科目が必須となるからであり,本学大学院臨床心理学プログラムを修了するための必須科目にもなっているからである。（公益財団法人）日本臨床心理士資格認定協会の規定により,この2科目4単位を履修しておかないと,臨床心理士の受験資格を得られないので,その点,注意していただきたい（なお,他にも必須科目はあるがここでは割愛する）。

　それでは,本書「臨床心理面接特論Ⅰ―心理支援に関する理論と実践―」について,少し解説していこう。この印刷教材では,主に,臨床心理面接の理論面と実践について取り上げている。一般に心理面接というと,セラピストとクライエントがいて,クライエントは自分の悩みを語り,セラピストはその語りに耳を澄まして傾聴するといったような交流がなされていると想定されている。そして,この交流を通して,クライエントには気づきが得られ,悩みに一定の解決がもたらされて,終結を迎えるといったイメージだろう。このイメージに大きな間違いはないと思うが,本書では,その実践がどのような理論的背景のもとになされているのかについて解説しているので,受講生の方は,自分なりの心理療法のイメージを補ったり,修正したり,新しい知識を取り入れてほしいと思う。

　第1章から第5章までは,セラピストとクライエントが出会う場の構

造，そしてその中で行われるセラピストの傾聴と共感，初回面接の様々な観点，クライエントの見立てとケースフォーミュレーション，心理面接における関係性について解説されている。これらは，心理面接がどのような枠組みによって成り立っているのかを理解する助けとなり，また心理面接を開始するときの指針となるであろう。

　第6章から第9章までは，心理面接での取り組みとして，クライエントへの接近法についての解説である。心理療法にはさまざまなアプローチが生み出されているが，本書では，執筆陣の実践を反映させられるという点から，動機づけ面接，ブリーフセラピー，認知行動療法，表現療法という比較的新しい心理療法からオーソドックスな心理療法までを取り上げることとした。

　続く第10章から第12章は，心理面接の諸相として，クライエントのみならず，その周辺にいる人々をも含む心理支援について，クライエントシステム，喪失・悲嘆と家族という観点から解説している。近年では，機能不全家族の増加が指摘されているが，そのような家族の中で育つ子どもの支援としてプレイセラピーも取り上げることとした。

　最後に第13章から第15章では，心理面接の深層として，言語レベルでのコミュニケーションを超えた身体レベルでのコミュニケーション，夢やクライエントの死を通したイニシエーションにおける再生について解説している。

　本科目が，すでに相談業務に就いている受講生の方にとっては自らの実践を振り返るきっかけとして，これから相談業務に関わりたいと思う人にとっては有益な準備になることを，執筆者一同，願っている。

2025年3月
著者を代表して
丸山　広人

目次

まえがき　　　　　　　　3

1 心理面接とは：面接関係と面接構造
　　　　　　　　　　　　　｜ 大山　泰宏　9

1．心理面接の位置づけ　9
2．心理面接を学ぶ　19

2 傾聴と共感　　　　　｜ 丸山　広人　24

1．体験に触れない日常の積み重ね　24
2．共感の性質　30
3．セラピストの傾聴　34
4．まとめ　38

3 初回面接　　　　　　｜ 波田野　茂幸　41

1．はじめに　41
2．「初回」「出会い」を巡って考えたいこと　44
3．初回面接を開始する以前の情報　47
4．インテーク面接の進め方　50
5．初回面接の終了とインテーク会議　54

4 心理面接でのケースフォーミュレーション
　　　　　　　　　　　　　｜ 村松　健司・高梨　利恵子　61

1．はじめに　61
2．力動的ケースフォーミュレーション　62
3．力動的ケースフォーミュレーションの実際　67
4．認知行動的ケースフォーミュレーション　72
5．おわりに　79

5 心理面接における関係性 | 大山 泰宏 83

　1．関係性の視点　83
　2．転移と逆転移　87
　3．関係性における「第三」のもの　93

6 心理面接での取り組み①：動機づけ

| 丸山 広人　98

　1．来談するまでの葛藤　98
　2．変化に向けた会話の工夫　104
　3．クライエントへの働きかけ（OARS）　109

7 心理面接での取り組み②：解決志向

| 丸山 広人　116

　1．心理療法の回数と時間　116
　2．ブリーフセラピーの発想　120
　3．クライエントの強みを活用する　123
　4．アプローチの選択　128

8 心理面接での取り組み③：認知の検討

| 高梨 利恵子　133

　1．認知と苦悩　133
　2．認知行動療法における認知モデル　134
　3．認知行動療法における認知の検討方法
　　　〜認知を検討する際の姿勢と認知的技法〜　135
　4．おわりに　146

9 | 心理面接での取り組み④：表現

佐藤 仁美　148

1．人の表現とは　148
2．心理臨床場面における表現行為とは　151
3．表現しないことも表現・沈黙　155
4．言語表現の位相　158
5．まとめにかえて　161

10 | 心理面接の諸相①：クライエントシステム

丸山 広人　164

1．家族の中のクライエント　164
2．問題を捉える枠組み　170
3．原因と結果の捉え方　174

11 | 心理面接の諸相②：喪失・悲嘆と家族

小林 真理子　182

1．喪失・悲嘆・グリーフケア　182
2．悲嘆に関する理論　184
3．家族と悲嘆　189
4．子どもと家族へのグリーフケア　192

12 | 心理面接の諸相③：子どものこころと遊び

村松 健司　199

1．現代における遊びの意義とプレイセラピーの発展　199
2．プレイセラピーの展開　202
3．プレイセラピーの実際　206
4．プレイセラピーの諸問題と可能性　213

13 | 心理面接の深層①：身体　│ 大山　泰宏　217

1．身体の位置づけ　217
2．心理面接の中の身体　223

14 | 心理面接の深層②：イニシエーション

│ 橋本　朋広　233

1．心理療法的イニシエーション　233
2．クライエントにおける死の体験　235
3．セラピストにおける死の体験　239
4．生と死の元型と傷ついた治療者　243

15 | 心理面接の深層③：超越　│ 橋本　朋広　250

1．クライエントにおける再生の体験　250
2．セラピストにおける再生の体験　255
3．心理療法的イニシエーションと技法　262

索　引　266

1 | 心理面接とは：面接関係と面接構造

大山　泰宏

《**本章の目標＆ポイント**》　心理面接は心理職のもっとも大切な職能のひとつである。この章では心理面接の定義，それを成り立たせる要件，基本的な留意点などについて述べる。このことにより，臨床心理面接はけっして面接室の内部でのみ行われるものではなく，あらゆる心理臨床場面に存在しているということも，浮かび上がってくるであろう。

《**キーワード**》　心理面接，臨床心理面接，内的な枠と外的な枠

1．心理面接の位置づけ

（1）心理面接とは

　この科目は，公益財団法人日本臨床心理士資格認定協会が定める，大学院の臨床心理士養成カリキュラムにおける必修科目のひとつである。臨床心理士資格認定協会は，臨床心理士の資格認定とその質の向上と維持のための研修等を行う公益財団法人である。そこで定められる臨床心理士になるためのトレーニングの必修科目には，１年次に講義科目として「臨床心理学特論」「臨床心理面接特論」が，そして演習科目として「臨床心理査定演習」，実習科目として「臨床心理基礎実習」，さらに２年次には，臨床の多様な現場や相談室でクライエントや支援対象者と実際に出会いながら実習を行う「臨床心理実習」が配当されている。必修科目をみると臨床心理士，あるいは心理職一般の職能において，何が根本的で大切であると考えられているかがみてとれる。

　臨床心理面接特論で扱われる「臨床心理面接」は，臨床心理士の４つの専門業務のうちのひとつである。４つの専門業務とは，臨床心理査定，臨床心理面接，臨床心理的地域援助，およびそれらの専門業務に関する

研究である。日本臨床心理士資格認定協会では，臨床心理面接を以下のように定義している（日本臨床心理士資格認定協会，2004）。

　臨床心理面接は，臨床心理士とクライエント（相談依頼者）との人間関係が構築される過程で“共感”“納得”“理解”“再生”といった心情が生まれる貴重な心的空間です。そして来談する人の特徴に応じて，さまざまな臨床心理学的技法（精神分析，夢分析，遊戯療法，クライエント中心療法，集団心理療法，行動療法，箱庭療法，臨床動作法，家族療法，芸術療法，認知療法，ゲシュタルト療法，イメージ療法など）を用いて，クライエントの心の支援に資する臨床心理士のもっとも中心的な専門行為です。

　クライエントは心にかかわる何らかの問題やテーマを抱えて，臨床心理士のもとにやってくる。臨床心理士は，クライエントの話を聴き，必要あれば心理検査を行い，クライエントの問題やテーマを見立てる，すなわち臨床心理査定を行う。ときには，クライエントの環境や所属するコミュニティ，関係者などに関わり，クライエントの主体性と自己治癒の力が発揮できるように支援，すなわち臨床心理的地域援助を行う。臨床心理面接は，臨床心理査定にもとづき，そして臨床心理的地域援助に支えられながら，セラピストがクライエントに「直接」出会っていく場である。そこでは，まさにセラピストとクライエントとの人間関係が構築され，それにもとづきつつ「共感，納得，理解，再生」といった心情が生まれ，こころの変化につながり，問題解決へと至っていく。
　本書では，「臨床心理面接」という臨床心理士資格の専門的職能に強く関連する用語ではなく，その本質を保ちつつも心理職一般に通底する職能を考えていくために「心理面接」という言葉で，これからの論を展開していきたい。「心理面接」は，臨床心理士が独占する業務ではなく，公認心理師や諸々のカウンセラーなども行う業務である。本書では，この用語を使用しつつも，臨床心理士がその職能において大切にしているコアをつねに意識しておきたい。というのも，臨床心理士以外の対人援助職の行う心理面接においても，「臨床心理面接」のエッセンスを含有

しておくことが，ほんとうの意味でクライエントにとって貢献する関わりに結びつき，また，心理面接とはそうであるべきだという願いを込めてのことである。

　では，心理面接とは具体的にはどのような事柄をさすのであろうか。そこには，心理療法，カウンセリング，コンサルテーションなどが含まれる。これらがそれぞれどのようなものであるのか，どのように定義されるかについては，学部段階の基本的事項であるので，大学院科目の本書では詳述しないが，いずれにおいてもクライエント，来談者の主体性や個が尊重されるという点が重要である。心理の専門家が心理学的な知見にもとづき，対象者に指導・助言を行うというモデルとは異なることに留意したい。

　来談者の主体性や個を大切にするならば，このような方向に進んでいけばいいという明確な指針や誰にでも通用するような一般的な方向が示されるわけではない。たしかにそれらを専門家としての最低限の共通知識としてもっておく事は望ましいであろう。しかしながら，単にそれを適用するということでは，主体性や個というものは捨象されてしまう。心理面接において主体性と個が尊重されるのであれば，心理面接にはそれに従っていけばいいような「設計図」や「マニュアル」があるわけではない。では何が必要となってくるのであろうか。それは，セラピストとクライエントとが，探索的で発見的な過程を歩んでいくための，セッティングや「場」をつくることである。そうしたセッティングや「場」が，心理面接の「枠」と呼ばれるものである。

（2）心理面接の枠を成り立たせるものは何か

　臨床心理面接すなわち「心理面接」は，セラピストがクライエントに「直接」出会っていく場であり，セラピストとクライエントとの人間関係にもとづき，こころの変化につながるさまざまな事柄が生じていく場である。このことを言い換えれば，「クライエント独りでは生じ得ない，あるいは成し得ないようなこころの変容，行動や態度の変容，気づきや理解の醸成が，セラピストと共に時間をすごし，セラピストと関わるこ

とで，生じる場であり，またそのための営み」が心理面接であるということになろう。そのことについて少し考えてみよう。

「共感，納得，理解，再生」というものは，いずれも独りではなしえない。共感すること，共感してもらうことには，必ず他者との関係がある。納得と理解も，「ひとりで納得した」とか「ひとりで理解している」という表現が，幾分手前勝手で奇異な響きをもつように，それらは本来，関係性の中で生じうるものである。すなわち，他者との関わりの中でこそ，新たな気づきを得たり，腑に落ちる了解が生じたりするのである。そしてそこからこそ「再生」が，すなわち，こころが新たに生まれなおすことが起こっていくのである。

しかし考えてみると，人とかかわることで変容していくというのは，日常の人間関係でも生じることである。出会った友人，恋人，恩師……多くの人との出会いや縁（えん）の結び目に「私」はある。しかし，こうした日常の人間関係とは別に，心理面接がわざわざ設定されるのはなぜであろうか。それは，日常の人間関係ではとてつもなく時間がかかったり，あまりにも複雑であったり，ときには混乱したり危険であったりすることを，心理面接においてはある意味で安全に安定して行うためである。

このことを考えることが，まさに，心理面接を成り立たせる諸々の仕組みについて知ることとなる。私たちの日常でのさまざまな営みには，それを成り立たせている制度，暗黙のルール，場の設定，道具立てがある。たとえば「風呂に入る」というきわめて日常的な行為を考えてみても，そのためのルール，場，道具立てがある。あるいは，「コンサートを聴く」という営みにも，そのための様々な設（しつら）えがある。同様に心理面接も，それが他の行為や営みとは区別され成り立つためには，それ固有のルール，場，道具立てが必要である。

たとえばクラッシック音楽のコンサートを聴くときには，コンサートホールという場で，私語はせず，静かに耳を傾ける。また，拍手をどのタイミングでするか，カーテンコールのルールなど，有形無形のセッティングがある。そのセッティングで作られる時間と空間は，聴衆がそして

演奏家のほうも，もっとも音楽に集中し浸れて，かつ余韻を残すという特定の目的を実現するために作り上げられたものである。同じように心理面接においても，その設えは，心理面接の目的，すなわち心理面接が実現しようとしているものに資するためのものである。

　そのために心理面接では次のようなセッティングが，すなわち心理面接の「枠」が設定される。それは，どのような制限を設けるか（何をしてよくて，何をしてはいけないか）という観点からは「リミットセッティング」，そしてそれがどのような構造をもっているかという観点からは「治療構造」と呼ばれる。以下に挙げる心理面接の「枠」は，基本的なプロトタイプであり，実際の運用には，揺れや柔軟な変更が生じうるが，その基本に込められた発想をまずは確認しておきたい。

ａ．時間の設定：心理面接は，特定の曜日の特定の時間帯に，定期的なサイクルで行われる。それをどの程度の頻度で行うかは，学派（オリエンテーション）や各々の事例の事情，セラピストとクライエントのそれぞれが提供可能なリソースなどによって，週に複数回から１か月に１回程度まで多様であるが，いずれの場合でもサイクルとしての規則性は肝要である。その理由については，サイクル性があるということで，クライエントがどのような体験をするのかという観点から，各自でも考えていただきたいが，現時点では次のようなことを確認しておこう。

　まず曜日と時間が決まっていることで，現実的にスケジュールを組みやすくなることは言うまでもない。そして，ランダムにあるよりも定期的にあるほうが，「心理面接が〇曜日の〇時にある」という事を予期し意識の中にとどめておきやすくなる。たとえ週に複数回面接を行ったとしても，クライエントの１週間の生活の中では，心理面接の時間，すなわちセラピストと出会っている時間はごくわずかである。したがって，心理面接のときだけ心を働かせるのではなく，心理面接以外の時間でも，いろんなことを考えたり内的対話ができるようになることが大切となる。心理面接の存在を意識しておくことは，日常生活でのさまざまな体験を通して感じたことや考えたことを，心理面接をイメージしながら，

自分自身でまとめたり考えを進めたりすることの助けとなるのである。

　次第にセラピストとの関係性が深まり，心理面接がクライエントにとって大切な時間となってくると，心理面接の時間以外のインターバルにおいて，「いま心理面接が『ない』」ということが，意識されるようになってくる。「ない」ことを思うということは逆説的に，セラピストの存在が内的に「ある」ものになっているということである。相手の不在が意識されるのは，その存在が自分にとって大切なものであるときである。そのときにクライエントには，内的なセラピスト像との対話が開始されているのであり，心理面接の時間以外も心理面接の影響をまとった2次的な心理面接の時間となる。

　サイクル性をもって定期的に行われるということの，もうひとつの重要な点は，クライエントのニーズに合わせていつでも必要なときに心理面接が提供されるわけではないということである。望めばいつでも支援の手がさしのべられるというのは，ある種の人々にとっては重要なことである。特に生活の基本的な部分で物質的・精神的に困窮している場合，人間関係のもっとも基本的な部分で大きな欠損を抱えてしまっている場合などには，必要な支援の形である。しかし，そうした現実的な支援が必要な人々に現実的な支援を行うことは，残念ながら心理面接の役割ではない。心理士の専門職能の範囲ではなく，福祉の専門性の範疇である。心理面接の目的は，自分独りではなしえないような変化が他者との関わりを通して生じることであると同時に，いずれは自身の力で問題を解決していくことができるようになっていくことである。そのためには，いつでも助けがやってくるわけではなく，自分でなんとかしなければならない自助の時間があること，そして，今はなくても必ず○曜日の○時にはそれがやってくるという希望の支えがあることが必要なのである。

ｂ．空間の設定：さて，時間のサイクル性が確保された心理面接は，原則として，同じ「場所」で行われる。すなわち「面接室」で行われるのが原則である。なぜそうなっているのか，これも各自で考えてほしいところである。一般的に言えば，面接室には，そこでこそクライエントの

こころが自由に活発に動き始めるような道具立てがなされているからである。プレイセラピー（遊戯療法）であれば，適切な玩具や遊具が用意されており，精神分析ならカウチ（寝椅子）が用意されている。多くは，セラピストとクライエントとが向かい合って（あるいは90度の位置取りで）座ることができるリラックスできるソファや椅子が用意されている。そして，面接室にはセラピストとクライエント以外の人は，原則として面接中には立ち入らないようになっている。第三者が入ってくることで，こころの動きは固くなり，自由度が下がってしまうからである。そこに関係のない第三者がいると，夢中にはなれないであろう。また，自分にとって大切な話は，他の人には聞かせたくない秘密にかかわることであったり，他の人が聞いたらどう思うだろうかと懸念するようなことであったりする。だからこそ心理職にとって「守秘義務」「秘密保持の義務」は，もっとも大切な義務である。

　心理面接の場は，その中での表現の自由度やあそびが許される，護られた空間であると説明されることが多い。たとえば，箱庭療法を完成させたカルフ（Kalf, D., 1966　大原・山中訳, 1972）の「自由で保護された空間」，遊戯療法をロジャーズ派の立場から定式化したアクスライン（Axline, V., 1947　小林訳, 1972）の8原則で作り上げられる空間などである。また心理面接の空間は「器」の比喩で語られる。心理面接は，そこで大きな変容が生じる場である。こころの奥にしまわれていたことが出てきたり，ふだんの生活では表に出せないような感情や想念が出てくることもある。化学的変化がそうであるように，その変容が大きい場合，その過程はしばしば激烈なものである。それが外に漏れ出てしまっては破壊的にもなりかねない。そこで，外からしっかりと区切られた場としての器が必要となるのである。そして器があるからこそ，安心してそこに自分を任せ，自己表出を自由に行うことができる。

　また空間を区切ることで，こころの変化や反応のプロセスが分かりやすくなるという意味もある。さまざまな事象が入って来て影響を与えてしまうと，反応のプロセスがどうなっていくか予想がつかない。心理面接は，そうでなくても，予想のつかないことに満ちている。外からの影

響は，時には新たな展開を導く重要なハプニングとして作用することもあるが，基本的には，面接室という区切られた空間の中で，そこで交わされるセラピストとクライエントのやりとりによって，そのプロセスは進んでいくのである。

c．関係性の限定：時間と空間が限定されることに加え，セラピストとクライエントとの関係性も限定される。それは両者が，セラピストとクライエントという関係以外の関係をもたないということである。たとえば心理面接は，家族や直接の知人には行ってはならない。もし心理面接の必要があれば，自分とは利害関係のない，別のセラピストを紹介しなければならない。また，セラピストとクライエントとして出会い始めたならば，友人や恋人などの他の関係性をもったり，商取引をしたりしてはならない。それは，心理面接という場そのものをも破壊してしまうことになりかねないからである。あるいははげしい化学変化により，ただでさえ反応性が高くなっている「器」の中に，それらの別の関係性が入ってしまうと，きわめて危険な事態となりかねないのである。

d．料金の設定：近年は，公的機関で無料で相談を行うところも増えてきたが，クライエントからセラピストに料金が支払われることが，心理面接の枠のひとつである。料金が支払われることで，心理面接は，ボランティアや善意や気まぐれで行うのではなく，契約のもとで行われる社会的責任を伴った専門的行為であるということが決定的となる。心理臨床における倫理と関わりつつ，セラピストの在り方や行為が制限され，規定されるのである。

　また，料金を支払うことで，クライエントはセラピストと対等の立場となる。セラピストに対して，たとえば反論したり物申したりしやすくなる。支援を一方的に受け従属するだけの立置ではないことが，より心理面接へのコミットを高めていくことになろう。

　料金をどうするかということと同時に，キャンセルポリシーも決められる。有料で行われる場合，いついつまでにキャンセルの連絡があるな

らばキャンセル料は徴収しない，当日の無断キャンセルであればどうする，というような取り決めがなされる。これは，心理面接が社会的関係としての契約であることを示すと同時に，心理面接という場所の設定を確実なものとすることに寄与する。面接が進展していくと，重要なことなのに触れたくなくなったり，変化することを厭ったりなど，自分が変わっていくことへの「抵抗」が生じてくることは多い。クライエントは問題の解決を求めてくるのであるが，心理面接で扱われるテーマは，その問題だけが何とかなれば済むというような単純なものではない。その問題は，クライエントがさまざまに背負っている事象の，当面の最大限の解決策として定位されているという側面もあり，それを除去してしまうことは，現在の仮初めのバランスを崩すことになり，それなりにリスクと痛みが伴うのである。したがって，本人は意識していないにしても（抵抗は無意識的になされるものなので），面接に来ることを拒もうとすることがある。本人の面接もそうであるが，特に親面接の場合には，この現象が顕著に出てくることが多い。

　そこで，直前でキャンセルしてしまえば，それなりのお金を支払わなければならないという構造があれば，クライエントは行きたくない気持ちと，行かないと損をするという気持ちとのあいだを揺れ動き，葛藤をもつことができる。葛藤とは，ふたつの相反する気持ちを意識してこころの中で抱えていることである。それがゆえに，ふたつの気持ちについて思いや考えを巡らすことは，こころの仕事たりえるのである。

（3）目に見えない枠

　ここまで，心理面接を成り立たせる時間と空間，関係性，料金などの，いわゆる形のある枠，目に見える枠について述べてきた。これを基盤にして展開されるセラピストのかかわり方にも，さらに「目に見えない枠」が存在している。そのことについて述べてみよう。

a．理解と解釈の限定：セラピストがクライエントを理解していくときの仕方も，心理面接固有のものがある。セラピスト以外の専門的職業で

も，たとえば身体を診ていくとき，整形外科医と整体師とでは，その身体の理解の仕方，記述の仕方，使用する概念などは異なっている。内科医はさらにまた，異なってくるであろう。このように，それぞれの専門性にはそれ固有の理解と記述の体系があり，それにもとづいて介入の仕方や関わり方も異なってくる。

　心理面接も同様で，セラピストがクライエントを理解するときも，自らがトレーニングを受けてきた心理学的な理解にもとづいて，クライエントの行動や態度，テーマなどが理解される。そしてその理解の仕方や概念化の仕方に，それぞれの学派の理論や，実践を通して彫琢されてきたアイデアなどが反映されるのである。

　本章の冒頭で述べた臨床心理士資格認定協会の臨床心理面接の定義では，心理面接で用いられる学派や理論として「来談する人の特徴に応じて，さまざまな臨床心理学的技法（精神分析，夢分析，遊戯療法，クライエント中心療法，集団心理療法，行動療法，箱庭療法，臨床動作法，家族療法，芸術療法，認知療法，ゲシュタルト療法，イメージ療法など）」が代表例として挙げられているが，これだけでも相当な数である。実際には学派はもっと多く，また療法も多様であり，それらを折衷する立場もある。この多様性は，それらが無手勝でバラバラというわけでない。逆説的だが，このように多くの学派がありうるのは，臨床心理面接では共通して，どんな関わりがクライエントにとってもっとも良いのか実践を通して問い直され，つねに工夫され続けているからである。来談する人の特徴に応じて模索されるのはもちろんのこと，セラピストの人間観，あるいは時代精神のようなものにも影響を受けながら，多様性をもつのである。

b．共感

　クライエントの理解が集約されるのは，このような心理学的な理解だけではない。「共感」という言葉が，先述した臨床心理面接の定義にあったことを思い出してほしい。この共感の在り方についても，セラピストならではの特徴をもつ。このあたりの詳細な説明は本書の第2章に譲る

が，心理面接を受けたことがある人なら誰しも，セラピストが頷くポイント，言葉の返し方など，通常のコミュニケーションや対話とは異なるという感覚をもったのではないであろうか。それは，セラピストの「共感」のポイントが，通常の人間関係とは異なっているからである。単にそのときの感情状態に共鳴するのではなく，クライエントのこころの動きを中心に据えつつ，そのような感情や思いが生じてくるコンテクストや動機，背景，文脈なども含めて理解したうえでの共感である。そのことによって，心理面接の中でのクライエントのこころの動きは，その場限りに生起する感情や思念を超えて，さまざまな矛盾した想念や深い位相を流れる思いなども含めて，こころの中でつながっていくのである。

2．心理面接を学ぶ

（1）心理面接の現場と枠

本章第1節では，心理面接を成り立たせている枠，すなわち心理面接を成立させる時間や空間，相互行為の在り方などについて述べた。しかしながら，実際の心理臨床の現場では，必ずしもそのような理想的な形で心理面接が行えるわけではない。また，そのようなセッティングを用意することができないような切迫した現場でこそ，心理面接を行うことが重要であることも多い。たとえば，病棟の大部屋で患者さんのベッドサイドで面接を行なわれなければならないような場合や，ただでさえスペースが不足している避難所で面接を行わなければならない場合などである。

それらの現場では，心理面接の本質をまさに応用場面でどのように実現していくかが問われる。「外的な枠」があいまいであったり，あるいはそもそも無かったりするところで，いかに「内的な枠」を実現していくかが問われる。外的な枠とは顕在的（explicit）なセッティングのことであり，内的な枠とは，直接は目に見えないが，心理面接におけるセラピストとクライエントの相互行為を成立される暗黙の（implicit）ルールと考えてほしい。「内的な枠」をもつためには，そもそも「外的な枠」が何を措定しようとしているか，何を護ろうとしているか，何を大切に

しようとしているかといった事柄について，セラピストが感得していなければならないであろう。すなわち外的な枠の意義を，セラピストが内的に了解しておかねばならない。こうした内在化された枠があってこそ，外的枠があいまいな場所でも，心理面接の枠を通していくことができる。

　では，どのようにして，外的枠が内的枠になっていくのであろうか。これも心理面接の実践の経験を通してなされていくものである。たとえ外的枠が整ったセッティングに護られながら面接を行っていたとしても，面接のプロセスのひとつひとつの局面でのやりとりでは，それが心理面接たりえるかどうかがいつも問われている。実際に，外的枠が整っていても，まったく心理面接になっていない例も多い。かといって，最初から外的枠がないところにいきなり放り込まれても，心理面接の型を学んでいくことは困難である。トレーニングとして重要なのは，外的枠に護られながら面接を行いつつ，それによってどのような内的な枠が構成されるのか，そしてそこでのプロセスは，心理面接としてどのような文脈を作っていくのかということを，ひとつひとつ実感し理解していくことである。

　実は心理面接というのは，あらゆる心理臨床行為の中に存在している。すなわち，臨床心理査定においても，臨床心理的地域援助においても，その本質的な部分が含まれている。心理査定を行う場合でも，コンサルテーションを行う場合でも，コミュニティに入っていって支援を行う場合でも，そこでは支援の対象者や関係者と，どのように関係性を開始し構築していくのかが重要であるが，それはまさに心理面接の中核にかかわるものである。いずれの支援においても，対象者の話を聴き（傾聴），理解していくために必要な問いを発し，やりとりを通して理解が醸成されていく。この意味でも，心理面接とは，臨床心理士の中心的な職能なのである。

（2）本科目で学ぶこと

　臨床心理士の仕事は，来談者・クライエントの個別性，唯一無二性を大切にしつつ，決まり切った方法ではなく，心理学的な理解を中心にお

きながら，関わりや介入，展開の在り方を模索していくものである。医療であれば，その治療的関わりは誰が行っても一定の水準が保たれるように，その診断と介入のシステムは標準化され整備されている。そこではエビデンスにもとづいて，万人がみてもその効果が明らかであるようにすることが大切である。心理面接では，先述したように，「枠」に従って心理面接が成立したとしても，そこで展開されるプロセスはきわめて個別的である。もちろんそこでは，専門的業務の基本的な質の保証は必要であるが，それだけですべて良しというわけにはいかない。心理面接の基本は押さえつつも，自分の個を活かしつつクライエントの個を活かすような面接の在り方を発展させていかねばならないのである。

　このような個別性の高いものを，どのように学んで行くことができるのであろうか。それには，臨床心理面接の実践を積み重ねていくしかないであろう。さまざまな学派の流儀や心理面接の技法は，理論的な学習やロールプレイで，ある程度学んでいくことはできる。しかし，個別的であり，人間関係を基盤にし，こころという複雑な現象にかかわっていく臨床心理面接は，実践例を積み重ねていくことを通して体得し，習熟していくような学びが不可欠である。心理面接の実践の積み重ねは，臨床心理士養成カリキュラムでは，90時間の「臨床心理実習」においてそのスタートがなされるが，「臨床心理面接特論」では，そうした実践に入っていく上で必要となる知識について学ぶものである。自動車運転免許の取得に喩えるならば，この科目で学ぶのは，「学科」である。学科で良い点数をとったからといって，自動車の運転がすぐにできるわけではなく，護られた安全な教習所というシミュレーションの場所で，実際にハンドルをにぎることが必要である。この教習所での運転が，後につづく臨床心理実習である。そこではある意味で「仮免」で路上で運転しつつ，現場の指導者から指導を受けるのである。

　さて，全体で修得単位は4単位となる本科目は，もともとは30回（30章）の構成であるが，履修の便宜上，「臨床心理面接特論Ⅰ」と「臨床心理面接特論Ⅱ」の2つに分かれて提供されている。「Ⅰ」のほうでは，心理面接を行っていくうえでの基本的な心構え，心理面接のプロセスを

理解していくうえでの要点，心理面接の対人支援の全体的システムの中での位置づけなどに関して学んでいく。ふたたび自動車運転免許の喩えでいうなら，交通法規や車の仕組み，操作法，運転の基礎知識などに関する学びである。「Ⅱ」のほうでは，心理面接が展開されるそれぞれの「現場」での様相について具体的に学んでいくとともに，セラピストの職務的な責務について学んでいく。これは，一般道，夜間の道，高速道路，山道など，それぞれの現場を想定した実践へとつながっていくための学びである。

　本科目に関連の深い学部科目としては『心理カウンセリング序説』がある。まだ履修していない方は，ぜひ履修をおすすめしたい。既に履修した方は，この面接特論とともに再度印刷教材を読んでいくと，心理面接に関する理解もよりいっそう深まるであろう。

　心理面接を学び始め，実際にセラピストとして活動できるようになっていくまでは，長い道のりである。そして本科目の履修を通して明らかになってくるであろうが，その修行には終わりがない。パーフェクト・セラピストなどいない。誰もが課題と弱さを抱えつつ，それに取り組みながら，この仕事を続けていく。しかし，そこにこそ個々のセラピストの個性があり，その個を大切にしながら道を進んでいくのである。

研究課題

1．心理面接において使用される臨床心理学的療法にはどんなものがあるか，『心理臨床大事典』（培風館）などで調べてみよう。
2．外的枠が整っていてもまったく心理面接となっていないような面接場面を思い描き，そこで欠けているものが何かを考えることで，内的枠とはどのようなものであるかをイメージしてみよう。

引用文献

Axline, V. M. (1942). *Play Therapy*. Houghton Mifflin.（アクスライン，V. M.　小林治夫（訳）（1972）．遊戯療法　岩崎学術出版）

Kalf. D. (1966). *Sandspiel : seine Therapeutische Wirkung auf die Psyche*. Rascher Verlag.（ドラ，M．カルフ　大原貢・山中康裕（訳）カルフ箱庭療法　誠信書房）

日本臨床心理士資格認定協会（2024）．臨床心理士の専門業務　Retrieved from http://fjcbcp.or.jp/rinshou/gyoumu/（2024 年 3 月 30 日）

2 | 傾聴と共感

丸山　広人

《**本章の目標＆ポイント**》　心理療法は，セラピストがクライエントの語る言葉に耳を傾け，語られる内容の意味を理解しながら進められていくものである。セラピストは，クライエントの語りを丁寧に聴きとり，感じられたことをできる限り正確にクライエントに伝え返すように努める。伝え返しを受けたクライエントは，自らの想いがどのように受け止められるのかを確認したり，自分の話したことを正確に照らし返してもらうことによって，改めて自分の考えや気持ちを理解したりとらえなおしたりすることができる。それによって自らを学ぶという経験を繰り返していく。本章では，心理療法の基礎となる傾聴と共感について考えていく。

《**キーワード**》　傾聴，共感的理解，自己の二重性，体験過程，本当の自己

1.　体験に触れない日常の積み重ね

（1）自己の二重性

　クライエントの話を真剣に聴く，話をしっかりと聴くことによって，なぜクライエントは，その心の痛みを緩和し，悩みの解決に向けて自分らしく歩み始めることができるのであろうか。そこにはセラピストの傾聴や共感の働きを認めることができるが，それはどのような働きなのだろうか。ロジャーズは，パーソナリティが変容するのに必要で十分な条件を6つあげ，その中のひとつとして共感的理解を挙げた（Rogers, C. R., 1957 伊藤・村山監訳 2001）。本章では，傾聴や共感の効果を力強く説いたロジャーズの考えにもとづいて，傾聴と共感の意味について考えていく。

　われわれは普段からさまざまな役割を担って生活している。親として，妻（夫）として，教師としてなどの役割を担い，家事や育児，仕事や介

護など，次から次へとすべきことを行っている。そこでは相手との関係性などを考慮し，瞬時に役割を切り替えながら，状況にふさわしいコミュニケーションを目指しているだろう。そして，そのふさわしさは他者からのフィードバックによって決まるところがある。状況や役割にふさわしければコトはスムースに進むだろうし，ふさわしくなければ怪訝な表情をされたり拒絶されたりするだろう。他者の視線を気にしたり他者からの期待に添おうとしたりしながら，われわれは多くの時間を社会から要求され，他者から期待される自分を生きているといってもよい。

　他者からの期待や世間の常識という自分の外にある評価基準を参照枠として，その枠組みに自分を合わせ，その枠組みに合わせた仮面をかぶって，われわれは社会に適応しようとしている。この外にある評価基準と自分とがぴったりと重なっていると感じられるとき，人は自らを肯定しながら自信をもって生きていけるのかもしれない。このように，他者の期待や社会から求められる役割に合わせて生きていくことは必要なことである。

　しかし，心理療法が求められるのは，このような期待に合わせて生きてきた今の自分の生き方やあり方に疑問を感じたり，生きにくさを感じたりするときであることが多い。そのときは，役割で生きている自己とその背後に隠れたもうひとりの自己とがずれてしまって，その二重性に苦しめられていると考えられる。この他者の期待の背後に隠れたもうひとりの自分のことを，ロジャーズは潜在的自己とか本当の自己（real self）と表現することもある（Rogers, 1961 諸富・末武・保坂共訳 2005）。われわれは他者の期待を参照しながら，自らを社会に適応させることを優先させるわけだが，その背後には本当の自分も動いており，その二重性を生きながら日常を積み重ねているのである。そして，心理療法とは，本当の自分の声に耳を傾け，その意味するところを吟味していこうとするものである。

（2）他者からの期待と体験過程

　他者の視線や世間の常識といった自分の外にある評価基準を優先させ

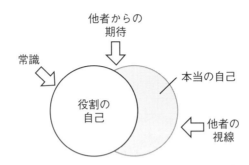

図 2-1　セラピストから見るクライエントの自己

て，それに合わせて適応しようとする自己の背後に，本当の自己を想定し，この本当の自己が体験していることに焦点を当てていこうとするのが，ロジャーズの求めた心理療法である（諸富，2021）。図 2-1 は，それを筆者が図に表したものである。

　さて，ここで注意が必要なことは，他者からの期待や参照している常識というものは，多くの場合，自らが勝手に取り入れたものであることが多いということである（Rogers, 1961 諸富・末武・保坂共訳 2005）。心理療法をしていると，クライエントの語ることと現実とが大きくずれていることに驚くことがある。たとえば，自分の母親を支配欲が強く口うるさい人物であると訴え，自分はその期待に応えようとして必死に生きてきた，という青年期のクライエントがいるとしよう。しかし，実際にその母親に会ってみると，クライエントの語る母親像とはまるでかけ離れた，思いやりと配慮のある母親であった，ということはまれではない。この場合，クライエントは母親からの期待を強く感じ，そう期待されていると確信しているわけだが，これはただそう思い込んでいるだけの場合もあり，それに苦しめられている可能性もある。心理療法では，そのようなことをクライエントとともに検討しながら，では，その思い込んでいた背後で本当の自己が体験していたことはどのようなことだったのか，に焦点を当てていこうとする。

　この本当の自己が体験していることを，ロジャーズは体験過程（experiencing）とよんでいる。現在進行形で表現されていることからわかる

ように，体験過程とは，体験しつつあるというプロセスを強調したものである。他者の期待を参照枠として生きている，その背後で暗々裏に体験しつつある内側の声や感覚に気づき，その内側の感覚と一致する方向へと向かうことを，ロジャーズは心理療法のプロセスとして重要視した（Rogers, 1961 諸富・末武・保坂共訳 2005）。

　先に示した通り，他者の期待を背負った自分を生きているとき，われわれはその背後で体験していることになかなか気づかないものである。その時その場で本当の自分が体験しつつあることに気づかないものだから，本当に言いたいこととは違ったことを衝動的に言ってしまうことや，あまりよく考えずに行動してしまって後悔することもある。

　小学校1年生の保護者が娘を厳しくしつけており，ときに暴言・暴力となって，それが度を過ぎているのではないかと問題になっているとしよう。この保護者は，「今日は，宿題はないのか」，「忘れ物はなかったか」と口うるさく尋ね，娘がわからない様子であったら，「どうして覚えておかないのだ」，「なぜいつもそうなのか」と厳しい口調で問い詰めていた。しかし，保護者面接の中で話をよく聞いていくと，以前，幼いわが子をひとり亡くしているので，どうしても心配が先に立ち，危険や最悪なことばかりを予想して，口うるさく叱ってしまうようであった。親としてしっかりと子どもを育て上げなければならない，子どもの安全は親が守るべきだ，といった親役割を強く感じながら子育てをしているようであった。そしてこの保護者は，自分が本当に感じていることは子どもへの憎しみなどではなく，子どもを失う恐怖や子どもを守れなかった後悔，子どもが困るような事態は極力避けたい，という想いであることに気づいていった。

　このように，表面上は怒りや嘆きとして表現されてしまうその背後には，悲しみや無事への願いといった切実な想いがあり，本当の自己が感じているのはそちら側であるということがある。そのため，この保護者との心理療法は，娘に対して本当の自己が体験しつつあることに気づき，それを参照し，それと一致する方向で娘にかかわれるようになるということが目標になっていった。そのような話し合いを繰り返していくうち

に，この保護者は子どもへのかかわりが穏やかなものになっていき，表情も和らいでいった。そして，娘とのやり取りはゆとりのあるものに変わっていった。

　怒ったりイライラしたりする背後には悲しみが潜んでいたり，友だちとリラックスして楽しんでいるつもりであっても，実は過緊張状態にあったりと，人には意識していることとその背後で体験しつつあることとの間に乖離が生じていることがある。そして，われわれは自分のこととなると，そのことに気づきにくいものである。イライラしているから怒っている，友だちと一緒に笑っているから楽しんでいると表面的な状態だけで判断してしまうのである。心理療法は，そのような表面で理解している自己の背後で体験しつつある，本当の自己に焦点を当てて，そちら側の声も聴けるようになることを目指している面がある。そして，このときのセラピストの対応で大切なことが傾聴である。心理療法における傾聴というものを理解するために，もう少し，この自己の二重性について考えていく。

（3）自分の内側で響く声

　私たちは，一生を通じて，一番頻繁に話しかけているのは誰に向かってであろうか。おそらくそれは，「自分自身に向かって」だろう。たとえば，今日の夕飯は何にしようかと考えているとき，同時に，（自分は何を食べたいだろうか），（家族に何を食べてもらいたいだろうか），などと自分自身に向かって話しかけている。今度の休日はどのように過ごそうかと考えているとき，同時に，（どんな休日を過ごしたい？），（先週はどんな休日だった？）などと，やはり自分自身に向かって話しかけている。もちろん，はっきりと言語化して明確に話しかけているわけではないが，何かを考えているときというのは，いつも自分に向かって話しかけ，自分と一緒に考えているものである。あることに悩んでいるときも同じである。（なぜあんなことを言ってしまったのだろうか？），（どうすればいいだろうか？），（やる気が出ないな）などといろいろと思い悩むわけであるが，それは誰に向かってやり取りをしているかというと，

まずは自分自身に向かってということになる。

　しかし，普段の日常では，このような自己内対話に気づくことはほとんどない。したがって，自己内対話をじっくり進める前に答えを出して後悔したり，衝動的に動いて失敗したりすることになる。人によっては，いつまでも自己内対話をしてしまい，むしろそれに苦しんでいるということもあるが，その場合でも，本当の自己の声を意識した自己内対話になっておらず，同じ所をぐるぐるとさまよっているだけになってしまっていることもある。このように，われわれは自分に向かって頻繁に話しかけているにもかかわらず，そのプロセスに注意を向けたり，本当の自己に耳を傾けたりすることは意外とやっていない。だからこそ，この自己内対話に気づいて，自分が本当に感じていることに気づき，それに注意を向けられるようになるために，他者が求められ，他者との対話が求められるのである。

（4）傾聴とは何を傾聴するのか

　心理療法の成果とは，体験過程に気づき，自分の内側で響く声に耳を傾け，それを参照できるようになることであるとロジャーズは主張している（Rogers, 1961 諸富・末武・保坂共訳 2005）。自分が本当に望んでいる方向に向かうからといって，それは自分の欲求に任せて他人に迷惑をかけてよいなどということではない。そうではなくて，自分の内面で響く本当の声を，自分自身でていねいに傾聴できるようになっていく，ということなのである。「自分の声を自分自身で傾聴することに習熟すること」，といえるかもしれない。それは自分へのつぶやき方や話しかけ方が変わったり，これまでのように衝動的に動いてしまう前に，自己内対話をじっくり行えるようになったりすることである。

　ただし，そのようなことをひとりで習熟することは意外と難しいものである。そこで，そのプロセスを促進するために，自分の話に耳を傾け，理解しようとしてくれる他者が求められるのである。自分ではない他者に話をしてみて，自分の話を聞いてもらったり，質問をしてもらったりすることによって，われわれは自己内対話に注意を向けて，それをより

豊かに展開できるのである。そして，その自己内対話を豊かなものにするためには，相手からの傾聴や共感が非常に役に立つ。

2．共感の性質

（1）共感と共感的理解

　共感（empathy）というのは，心理療法を構成する非常に重要な要素である（杉原，2015）。この共感が，ときにクライエントの安心につながり，ときにクライエントを勇気づけ，ときにクライエントの自己洞察を深める力となって，心理療法は進んでいく。しかし，心理療法の文脈の中で共感というものを考えるとき，セラピストにとっては，共感そのものよりも共感的理解（empathic understanding）という理解の仕方の方が重要になる。

　共感という言葉は，『デジタル大辞泉』（小学館）によると，「他人の意見や感情などにそのとおりだと感じること」とある。たとえばSNS上に誰かが意見を書き込み，それをそのとおりだと感じるならば，私はその意見に共感している。飼っていた猫を失って悲しいという人に対して，その悲しみの感情をそのとおりだと感じるならば，私は相手の悲しみに共感している。さらに自分も猫を飼っていて，しかもとてもかわいがっているならば，猫を失った悲しみに深く共感できるだろう。このように浅い共感もあれば深い共感もあるだろうが，辞書的にはこのようなものを共感という。つまり辞書的な意味での共感は，同感とさほど変わらないものとして定義されている。この場合，SNSの意見や相手の悲しみをそのとおりだと感じ，それを確信しているのは自分自身であるから，その共感に困難さを覚えたり，共感していることを疑ったりするようなことはあまりない。

　しかし，心理療法における共感の場合，共感できているかの確信がもちにくく，なかなか困難な場合も少なくない。次のような例で考えてみる。車が行きかう通りを，ひとりのお年寄りが横切りたい様子であるのを見たとしよう。そのお年寄りはどうやら通りを渡りたいけれども，車が怖くて渡れないようである。そんな姿をみて，そのお年寄りは怖いの

だろう，困っているのだろうと推測することがあるが，その私の推測は，お年寄りの立場を想像したうえでなされたものであり，これはお年寄りの気持ちに共感したうえでなされた理解，つまり共感的理解といわれるものである。この場合，私はそのお年寄りのおびえた気持ちや困った気持ちを，あたかもそうであるかのごとく感じ取り推測しているだけであって，本当にそのお年寄りが，怖いであるとか困ったと経験しているのかどうかについては，先の例とは違って確信がもちにくい。自分も年をとって同じような立場になったら怖く感じるだろう，戸惑うだろうとその気持ちを推測しているだけである。

　心理療法における共感は，相手の気持ちに共感することであり，そのときは，こうだろうか，ああだろうかと相手の立場に立って推測を交えつつ理解するしかない。SNSの書き込みに共感するように，私の中だけで完結するのとはわけがちがう。このように，相手の気持ちを「あたかも～のごとく」という性質を保ちつつ理解しようとすることを，ロジャーズは共感的理解とした（Rogers, 1957 伊藤・村山監訳 2001）。この共感的理解は，自らの推測を通してなされるものであるから，その推測の正しさや正確さについては，相手に確認するしかない。

（2）問いかけによる確認

　共感的理解は，「あたかも～のごとく」相手の立場や気持ちを受け取ろうとすることである。そのため，相手がその推測が正しいと認めてくれて初めて，その共感的理解が完成する。先のお年寄りの例でいうならば，「怖くないですか」，「一緒にわたりましょう」などと声をかけて，相手がそれを受け入れたり，ホッとした表情になったり，お礼を言ったりすることによって，私の共感的理解が間違っていなかったことを確認できるということになる。このように，共感的理解というのは，その理解が正しいかどうかを「問いかけながら確かめる」ことが伴うものである。

　心理療法においては共感することが大切といわれるが，これはクライエントと同じ気持ちになることや，クライエントの気持ちがすべて分かるようになることと考えられがちである。さらにはクライエントの気持

ちとぴったり一致することだと考えられていることもある。しかし，相手と同じ気持ちになるなどできるはずはない。ただできることとしては，「もしかすると，あなたは今こういう気持ちなのではないだろうかと私は思っているのだけれども，いかがでしょうか」，「私はあなたと同じことを同じように感じられているかを確認したいので，私の感じていることを聞いてもらえるだろうか」と問いかけながら確認することである。

　そして，セラピストからそのように問いかけられたクライエントは，そのセラピストの感じが，クライエントである自分の感じと重なるかどうかを吟味することを通して，本当に自分が感じていることに焦点を当てて近づいていこうとする。この営みが，仮面をかぶって生きてきた自分ではない，本当の自己が今感じていることがあることに気づかせ，それを意識させ，それをつかんで表現させようとすることにつながっていく。

　心理療法では，セラピストである自分が，これまで体験したことのないような苦しみを抱えている人たちにしばしば出会うことになる。このような人たちの話を聞いて，その人の気持ちを丸ごとわかって，その気持ちにぴったり一致するなどということはできるはずもない。できることとは，そのような話を聞いて，何とかどこかの一部分でもいいので共感が成立するところを探し出し，そのクライエントを理解しようとすることである。共感的理解は，クライエントとセラピストの間で成立させるものであり，セラピストが一方的に成立させることはできない。

（3） 共感的理解は成立させるもの

　心理療法における共感というのは，相手の気持ちと融合して同じ気持ちになることではなく，セラピストとクライエントという別々の人の間で成立させる，共感的理解を伴うものである。それではその成立に至るまでには，どのような流れが考えられるだろうか。

　まずは，共鳴し響くものからの共感的理解へという流れだろう。クライエントの怒りやくやしさが熱量とともに伝わってきたり，悲しみやさみしさのような冷え切った心が，その口調や表情などから表現されたり

して，いつの間にかセラピストに伝わってくることがある。そのような多様な位相から伝わってくるものにセラピストが気づき，その感じられたものを言葉にして伝え返す。その言葉をクライエントもその通りだと認めたり，その一部を認めたりするとき，クライエントへの共感的理解が成立している。

　次にクライエントの立場に立って想像することから，共感的理解へという流れもある。一般にクライエントは，心理療法の場においても，セラピストから見られる自分を意識して，セラピストからの期待を感じ取り，いつものなじみある自己を生きることが多い。そのようなときにセラピストは，クライエントが体験しているであろうことと，今ここで表現していることとの間に差異を感じ，違和感として察知することがある。たとえばクライエントは，何か面白い冗談でも話しているように，にこにこと笑いながら話をしているが，その内容から，くやしかったり悲しかったりしたのではないかと想像できるような場合である。その違和感に注意を向けて，その意味することをあれこれと想像するセラピストが，「本当はくやしさのようなものも感じていたのではないかなと思うけど？」，「くやしくても，まずはにこにこした表情を浮かべてしまうんだね」などとクライエントに伝え，その通りだとクライエントに感じられるとき，共感的理解が成立する。

　セラピストの「分からなさをわかろう」とする流れの中で，共感的理解が成立することもある。心理療法の場では，クライエントの語る内容がセラピストにはどうしてもわからないことがある。登場人物が多くその関係が複雑であったり，クライエントの語る言葉が乏しく話に省略が多かったり，主語が抜けてしまうような話し方をするので，誰が何をしたのかがわからなくなるようなときである。そのような場合，登場人物の関係を図で描いたり，省略されている個所を補ってもらったり，主語をいちいち確認したりしているうちに，やっとストーリーが見えてきて，「そういうことだったのか，それでは大変でしたね」，などと安堵感とともにセラピストの理解が広がることがある。ここに至るまでの間にセラピストは，「なぜそうなるの？」，「ちょっとわからないな」などと首を

ひねりながら問いを発し，クライエントは何とかわからせようとあれこれ説明してくれる。そしてセラピストがようやくひとつのストーリーとして話を了解できたとき，クライエントも「やっとわかってもらえた」あるいは「はじめてわかってもらえた」，「はじめてよく話を聞いてもらった」という気持ちを伴って，セラピストの理解を認めるのである。

　さらに，自分自身を共感的に理解するというものもある。ある意味，これは心理療法の成果ともいえるものだろう。セラピストとのやり取りを何度も繰り返していくうちに，（あのとき自分はこういうことに腹を立てていたのだろうか），（このように考えていたから傷ついていたのだろうか），（こういう考え方の癖があるから動けなくなってしまったのだろうか），などと本当の自己が感じていたことを理解しようとして，自分で自分に問いかけるようになることがある。自分のセラピストだったらこのような場合，このように問いかけてくれるのではないだろうか，などと想像することもある。このような場合，クライエントは自分があたかもセラピストであるかのように，自分自身に問いかけて，自分でそれを確認するというやり取りを行うことになる。これは自分自身に対して共感的理解を示しているといえるし，治療的な自己内対話ができるようになっているともいえるかもしれない。心理療法が一定の終結を迎えるころには，このようにして得た気づきの方を参照しながら生き始めるようになる人も少なくないものである。

　それでは次に，この共感的理解を成立させるために，セラピストはどのように傾聴しているのかについて考えてみよう。

3．セラピストの傾聴

（1）条件を付けずに積極的に関心を向けること

　共感的理解は成立させるものであるが，そのためにセラピストは，クライエントに積極的に関心を向けて，考えたり感じたりし続けなければならない。ロジャーズはこれを無条件の積極的関心（unconditional positive regard）と呼んだ。これは当たり前のことのようであるが，そう簡単なことではない。クライエントの話を信じられなかったり，クライエ

ントの自己卑下があまりにも強すぎたり，言動がセラピストの価値観と
著しく異なっていたりすることもあるからである。

　たとえば，「しつけのためには殴ることは必要である」などと発言する人に対して，われわれはその発言をそのまま無条件に受け入れることはなかなかできないだろう。しかし，セラピストはそのような場合であっても，クライエントは自分と違って，そのように考えているのだと認めて，そう言わしめるクライエントの世界に積極的に関心を向けて話を聞く。発言を通して，クライエントが言わんとしていることはどのようなことなのか，という仕方で話を聞いていくことといえるかもしれない。そしてそれを聞く際には，自分の意見や価値判断は，いったんわきに置いておく必要がある。そのようにしてクライエントの発言に耳を傾けていると，意外と事態が見えてきて，なるほどと感じられる局面が出てきたりすることも少なくない。

　いずれにしても，共感というものを，クライエントの言うことすべてを受け入れて受容すること，ぴったりとその気持ちをわかることととらえていると，クライエントの発言に積極的に関心を向けて聞くことも難しくなってしまう。クライエントがなぜそう考えるのかわからないからこそ，クライエントのフレームをいっそう理解しようと思って，積極的に関心を向けるのである。

（2）実感が伴うことの大切さ

　心理療法では，クライエントがどのような内容を語るかということに意識が向きがちである。特にクライエントが普段人には話さないようなことを話してくれたようなとき，セラピストは深い話をしてくれたと判断して，その内容に注意が向きがちになる。しかし，話す内容よりも，どのように話すのか，その話し方の方が心理療法の効果を左右するという指摘もある（池見，1995）。クライエントがたとえ普段話せないようなことを話したとしても，そこに血の通った実感が伴っておらず，状況説明や情報伝達のような話し方をする場合，そのクライエントはその体験に対して，心が閉ざされていると判断できる場合もあるだろう。

これと同様に，セラピスト側も実感を伴わない表面的で通り一遍の話し方をしているときには，その言葉はクライエントに伝わりにくいものである。そのためセラピストは，クライエントの実感を大切にするのと同じくらい，自分自身の実感も大切にする必要がある。セラピストは，自分の実感をつかむような能動的な働きかけを，自分自身に対してもしているのである。次に，セラピストが自分自身に対して行う，能動的な働きかけについても考えてみよう。

（3）自己一致から生まれる感覚への気づき

クライエントが心の実感をどのように感じ，どのように表現するのかということが心理療法の効果を高めるという指摘は，そのままセラピストにも当てはまる。セラピストは，クライエントに対して条件を付けず積極的に関心を向けて，共感的に理解しようとする。そのようなとき，セラピストはその場にどのような態度でいることがふさわしいのだろうか。これをロジャーズは「一致していること（congruence）」であると明確に述べており（Rogers, 1957 伊藤・村山監訳 2001），これこそがクライエントの人格を変容させる，もっとも根本的なものであると考えるようになっていった（Rogers & Russell, 2002 畠瀬訳 2006）。

クライエントと同様セラピストも，セラピストとしての役割を生きている。セラピストの役割を担って，クライエントに無条件の積極的な関心を向け共感的理解に努めようとしている。それと同時に，セラピストは本当の自己を生きてもいる。ときにそれは，クライエントの話に集中できなかったり，うんざりしていたり，反発していたりなどといった，セラピストとしては歓迎すべきでないような体験であることもある。そのようなとき，セラピストの役割を取ろうとして，無理やり本当の自己との接触を断ち切って心の中から排除しようとすることは，セラピスト自身が本当の自己，自らの内側の声を無視することになる。セラピストが自己不一致な状態の中，取り繕った態度で面接を行っても，その言葉はどこか表面的なものとなるであろう。そして，そのような言葉はクライエントには響かず，クライエントの心に届きにくいものである。一方，

たとえネガティブな内容であっても，セラピストがその体験に開かれ，その体験の意味することを吟味していると，「これだ！」という感覚を得られることがある。これまでセラピストが暗々裏に感じていたけれども，うまくつかめなかったのは「これだ」というひらめきにも似ており，それは自己一致の感覚を伴っていることが多い。このようにしてクライエント理解が進んでいくと，クライエントとの交流の次元が変わって，またちがった意味に気づくことがある。

　たとえば，これまで陰鬱で粘り気のある重たい感じに聞こえていたクライエントの言葉が，以前よりも乾いて枯れてきているような軽さの感覚としてとらえられたり，怒りの熱気と勢いのあったクライエントの発言の中に，あきらめの感覚を察知している自分をどこかで感じ取っていたりすることもある。また，キンキンと突き刺さるような，身体を貫いていくようなクライエントの声が，気づいてみると，いつの間にか自分の心の中に届けられるような，柔らかなものになっていることに気づくこともある。最初はどれも，ネガティブな感覚を引き起こし，セラピストの心を圧迫し，苦痛を感じさせるようなものであったのだが，その体験に開かれ，あえてその苦しみとの接触を保ち続けておくことで，新たな感覚が生まれてくるものである。こうしたセラピストの態度は，クライエントの心の変化を感知する道具的な役目を果たしてくれることがある。

　セラピストが暗々裏に感知しているこれらの体験を，何の吟味もせずそのままクライエントに伝え返すことは厳に戒めるとしても，そのような体験を排除することなく接触を保ち続けておくことは，クライエントに響きそうな言葉を探るヒントになる。心理療法においてセラピストは，自分自身を道具にして，そこで浮かび上がってくる感覚を感知し，それをうまく掴める言葉を探しながら傾聴しているものである。自分が感知していることを，なかなか言葉にできないこともしばしばあるが，それを何とか言葉にしようとして，何となく言葉になっているものをクライエントに問いかけ，何度も確認することもある。先に言及したように，このように問いかけられたクライエントは，そのセラピストの問いかけ

を手がかりにして，今の自分の気持ちに接近していくようになる。セラピストの傾聴というのは，そのような能動的な作業を伴うものである。

4．まとめ

（1）クライエントが学ぶもの

　セラピストがクライエントの言葉に関心を向け傾聴し，クライエントの言わんとするところを推測して伝え返す。その伝え返しは，クライエントが自分でも気づかなかった内容を含むことも多いが，たとえセラピストといえども，クライエントの気持ちをぴったりと言い当てることなどなかなかできないことにもクライエントは気づいていく。ときにセラピストは，自分自身の気持ちすらぴったりと言い表すことができず，それでも何とか自分が感じていることを言葉にしようと苦悩する。そのような姿を見ながら，クライエントはセラピストからの問いかけに応えようとして，自らの内面で本当に感じていることに注意を向けたり，セラピストからの伝え返しと自分の感覚とを比較したりしながら吟味する。そしてクライエントは，セラピストの問いかけが自分の感覚や言いたいこととどのようにずれているのか，どの部分では重なっているのかといったことを感じようとする。

　そのプロセスにおいて，クライエントは自分では気づいていなかったが，確かに言われてみればセラピストの言う通りかもしれない，などと新たな気づきを得ることもある。そのような対話を繰り返しながら，クライエントは次第に自分の感覚をより細やかに吟味できるようになっていく。クライエントは自分自身を参照するということを学び始めるのである。同時にセラピストも，クライエント理解が進むので，クライエントが調子を崩すパターンにはまり込んでいることを指摘したり，よりクライエントの気持ちに即した提案ができるようになったりする。このようにしながら，心理療法は続いていく。

（2）セラピストの内面化

　心理療法を続けるクライエントは，やがて自分の内面を探ろうとする

セラピストの在りようを真似し始める。つまり，今，自分が感じている自己一致した感覚というものがどのようなものなのかを感じようとし，セラピストと同じような態度を自分自身に向け始めるのである。このことはセラピストの在りようを内面化しているといえるかもしれない。これはクライエントが自らの内側で響く声に耳を傾け，本当の自分が実感していることをとらえてみようという気持ちが高まっている状態といえる。このようにして，セラピストの共感的理解や傾聴は，自分を深く理解しようとするプロセスにクライエントをいざなうことになる。クライエントはこれまで聴こうとしてこなかった自分の声を聞こうとし，感じようとしなかったからだの感じに注意を向けようとし始める。こういったことに敏感になり，本当の自己というものを基準にして，できるだけそれを参照し一致しておこうとする態度を示し始めるのである。やがてクライエントは，そうする中で開けてくる自分なりの道があることに気づき，これまでとは違う新たな道を歩むようになる。セラピストの傾聴や共感的理解は，理想的に働くときこのような機能を発揮すると考えられる。

研究課題

1．セラピストの共感的理解が，なぜクライエントに役立つのかについて自分なりにまとめてみよう。
2．芸術作品を見たり，散歩をしたりしながら，自らが感じ取っていることにぴったり合う言葉を探してみよう。

引用文献

池見陽（1995）．心のメッセージを聴く　講談社現代新書

諸富祥彦（2021）．カール・ロジャーズ―カウンセリングの原点　角川選書

Rogers, C. R. (1957). The necessary and sufficient conditions of therapeutic personality change. *Journal of Consulting Psychology, 21*(2), 95-103. （カーシェンバウム, H.・ヘンダーソン, V. L.（編）伊東博・村山正治（監訳）(2001)．ロジャーズ選集（上）pp.265-285　誠信書房）

Rogers, C. R. (1961). *On Becoming a Person : A Therapist's View of Psychotherapy*. Houghton Mifflin. （ロジャーズ, C. R. 諸富祥彦・末武康弘・保坂亨（共訳）(2005)．ロジャーズが語る自己実現の道　岩崎学術出版社）

Rogers, C. R. & Russell, D. E. (2002). *Carl Rogers : The quiet revolutionary*. Penmarin Books, Inc.（ロジャーズ, C. R.・ラッセル, D. E. 畠瀬直子（訳）(2006)．カール・ロジャーズ　静かなる革命　誠信書房）

杉原保史（2015）．プロカウンセラーの共感の技術　創元社

3 | 初回面接

波田野　茂幸

《**本章の目標＆ポイント**》　相談過程の中でクライエントと初めて会い，心理的問題について話を聞くインテーク面接のことを初回面接と呼ぶ。加えて，相談機関にセラピストが複数在籍していて，インテーカーとは別の継続担当者が「初めて」会う場合も初回面接と理解できる。本章ではセラピストが複数いる相談機関を想定し，心理面接において「初回」がもつ意味とインテーク面接の在り方について述べてみたい。

《**キーワード**》　初回面接，インテーク面接，見立て，出会い

1．はじめに

　相談過程の中においてセラピストとクライエントが初めて出会う場となる面接を，一般的には初回面接あるいはインテーク面接と呼んでいる。これを相談手続きの観点から捉えると受理面接に位置づくと考えられる。しかし，それは単に新規相談の申し込みを受理するという手続き上の意味で捉えるべきではないと考える。なぜならば，そこでのセラピストの作業には様々な役割と意味が含まれているからである。

　まず，インテーク面接の第1の目的は，クライエントの訴えをしっかり聴き，何にどう困っていてどのようなニーズがあるのかを見極め，どのような心理学的対応をしていくことが最善であるか見当をつけることである。そして，第2の目的はクライエントの情報やインテーク面接での感触から多面的に検討し「見立て」を作ることである。その際に，クライエントの症状や心理的問題について臨床心理学の観点ではどのように捉えていけるか，精神病理学的にはどう理解されうるものか，医療的ケアは必要と考えるか否か，自傷他害等の緊急性を含んでいるか否かなどを見極めることが求められる。その上で，当該機関で引き受けること

が適切であるかどうかといった判断を行う必要が出てくる。場合によっては，インテーク面接を1回で終わらせずに何回かに分け，時間をかけて丁寧に進めていくことや，別途心理検査を導入したアセスメント面接を行い，当該機関で引き受けていけるかどうかを検討する場合もある。このような複雑でより専門的な判断が求められるため，インテーク面接を行うインテーカーは，量的にも質的にも様々なクライエントへの実践を積んでいる経験豊かな者が担当する場合が多いと考えられる。

　当該機関にセラピストが複数いる場合は，面接担当者を誰にするかについて，インテーカーなりにクライエントを見立てながら，面接担当者との組み合わせやマッチングについても考えていく必要が出てくる。したがって，インテーカーは当該相談機関のセラピストの人となりや個性，特徴についてよく知っている必要がある。クライエントは多様な特徴や個性を備えている。また，症状や心理的問題の性質，精神病理学的な病態水準の様相も様々と考えられる。心理療法を引き受けていく場合，セラピストがどのようなクライエントと会ってきたかという経験は考慮されるべきではある。しかし，大場（2019，p.62）は「クライアントの個性とセラピストの個性の関係性というものが心理療法においては大きな役割を演じる」と述べて，クライエントとセラピストとの「相性」が重要と指摘している。クライエントについての見立てを作り，どのように援助するかの判断については客観的な根拠に基づくことが重要となる。しかし，人と人とが出会い，関係を作る中で展開していく心理療法においては，人のもつ直感性も担当セラピストを選び判断する際の基準に含まれると考えられる。

　インテーク面接の第3の目的は，当該機関において引き受けていくことができないと判断した際には，他の治療相談機関へ紹介していくという役割である。その場合には，どのような理由から当該機関で引き受けることができないのか，他機関への紹介を提案しようと考えたのかについて，クライエントにわかりやすく説明する必要がある。クライエントは専門家に援助を求めてアポイントを取りにきている。当該機関が「入口」となりクライエントのニーズを的確に把握し，適切な対応がなされ

ると考えられる機関に橋渡しをして繋いでいくことも専門家としての責務と言える。

ところで，インテーク面接を行うインテーカーとその後の担当セラピストが異なる場合，インテーカーにとってもその後にクライエントの担当者となるセラピストにとっても，クライエントとの初回となる出会いの体験は重要と考えられる。したがって，本章ではインテーク面接を担当するインテーカーのみならず，継続面接担当者となり初めてクライエントと出会う面接についても「初回」として含め考えてみることにする。

「初回」となる面接には，セラピストとクライエントが初めて「出会う」という意味合いが強く含まれていると考える。初めての「出会い」に込められてくる相手に対する初期印象や心理的手応えは，相手との関係を作る上で大きな意味があると考える。それはお互いに観察し合い，評価して相手が自分をどのように捉えているかについて鋭敏に感じ取っている場面であり，両者ともに神経を使っていると考えられるからである。また，セラピストとクライエントの相互作用は最初に出会った時から開始されていて，そこには面接という場を生成していく共同作業の始まりという意味合いも含まれている。心理療法の流派に限ることなく，セラピストとクライエントが出会うことによって面接は開始される。それはこれからの関係を作る上での出発点である。クライエントにとってもセラピストにとってもどのような出会いとなったかという体験の在り方は，その後の面接過程にも影響すると思われる。初回面接においてセラピストがクライエントから何を感じ取り，どう見立て，どのように働きかけるかを判断するという行為は重責である。初回面接において，セラピストは様々な局面でクライエントへの関わり方について逡巡することになる。クライエントを引き受けていく場合には，セラピストは相当な覚悟を決めることが求められる。

本章では心理面接における「初回」がもつ意味について触れながら，クライエントからの相談申し込み，初回面接となるインテーク面接，インテーク会議を経て継続面接が開始される範囲までを想定しながら，その実際の手順と留意点についても説明してみたい。特に心理面接経験は

あるがインテーク面接の経験が少ない場合，初回となる面接に臨む際にどのような意識や態度で実施していく必要があるかについて述べてみたい。

2. 「初回」「出会い」を巡って考えたいこと

　初回面接はセラピストにとってもクライエントにとっても初めての相手と相対する機会となる出会いの場である。「初めて」となる体験は一回限りのものであり，どのような出会いとなるか，その体験はその後の関係に作用する。先述したように，そこではセラピストもクライエントもまだよくわかっていない見知らぬ相手を理解していくために，相手からの言語的・非言語的な働きかけに対して注視していくことになる。クライエントの立場で考えてみると，セラピストからの働きかけには自分への脅威となるようなリスクがあるかもしれないといった不安と同時に，安心した感覚を得ながら自分について語りたいという期待を抱くという両極の気持ちがあると推察される。

　妙木（2010）はセラピストとクライエントとの最初の出会いの重要性について「居場所」「より所」「文脈」のキーワードを上げて説明している。クライエントは「居場所」や「より所」の感覚が失われている状態にあり，心理療法の時空間はクライエントの心の居場所となり，失われた「居場所」や「より所」の感覚を取り戻して回復させていく場であるという。「居場所」には2つの意味があり，自分らしくいることができる場所ということと，安心して人といることができる場所ということである。つまり，自分らしくいることが保証されている場であり，抱える環境として安心できる場所であるという（妙木，2010）。そして，「心理療法はあくまで仮の宿ではあるのですが，その場を有効に使うためには，そこが一時的にでもより所になる必要がある」（妙木，2010，p.24）と述べている。妙木の考えに従えば，心理面接や心理療法の場にクライエントが登場する際は，クライエントは心の居場所を見いだせなくなり行き場のない気持ちを抱いている。そして，特有の心身の不調を有している状態にある。その状態に対してセラピストはどのような配慮をもち，

お互いが安心して率直に語り合えるような出会いの場を設けていくことができるか，その準備をしていくことが面接開始以前からセラピストにとって重要な仕事になる。この場合の「準備」とは実際的に面接室をどう設えるかといった物理的な内容のみならず，セラピスト自身の心理的構えについて自己点検していく意識も含まれている。

　クライエントは専門家に会う決意をし，どこに相談に行こうかと考えて相談機関を探して選び，申し込みに至った経緯があると考えられる。クライエントによっては心理的相談が全く初めてとなる者もいれば，以前に相談経験がある場合もある。以前に相談経験があった場合には，その面接がよき体験であり役に立ったと感じていることもあれば，厳しい思いにさせられ，ひどい扱いをされたと感じて途中で面接を中断した体験があるかもしれない。あるいは，他の治療相談機関から紹介を受けて当該機関を知った経緯があるかもしれない。このようにクライエントが面接場面に登場するまでの経緯は様々である。つまり，クライエントが相談場面に至るまでには，それぞれの事情や背景を含む文脈があると考えられる。クライエントは心理的問題への解決をめざした手だてのひとつとして，セラピストに相談するという方法を選んだと考えることができる。したがって，セラピストはクライエントのそのような文脈について把握し，目前に登場するまでにどのような事情があったのかについて関心をもっていき，専門家に会うことを決意するまでの過程について連想をめぐらせたい。

　クライエントは自らの問題を抱えていただけではなく，そのことにどう対応してきたかについての歴史も併せて有している。そして，どうしてこのタイミングで専門家に会うことにしたのか，クライエントなりの考えがあるかもしれない。したがって，セラピストはこの場に登場するまでのクライエントの苦労といま，ここに登場してくれたことへの敬意も含めてねぎらう言葉をかけて会っていきたい。その上でどのような経緯で来談したのかについて確認する必要がある。そのことを把握することで，初めて出会ったクライエントとどう向き合っていけるかを見定め，インテーク面接の進め方について考え，その枠組みを明示していく必要

がある。

　インテーク面接や初めてクライエントと会う面接回において，セラピストもクライエントがどのような不安や期待をもち込んでくるのかとても敏感になっていると考えられる。特にセラピストがインテーク面接に慣れていない初心者である場合は，さらに深刻な感情を抱くと考えられる。また，クライエントの問題が複雑で緊急性を有している場合には，その影響を強く受けやすいと考えられる。クライエントからの問いかけや雰囲気に圧倒され慌ててしまい，十分な見立てが作れず，「正しい」対応ができていないと意識するかもしれない。クライエントと視線が合わないことや，セラピストからの問いかけに対して沈黙が多い場合，確認したい情報の聞き取りができず，どのように働きかけたらいいか困惑するかもしれない。さらに，セラピストのこのような不安をクライエントが感知した場合，情報収集のためのやり取りが展開せず，セラピストは面接場面をコントロールできていないと不安になるかもしれない。このような状態をできるだけ少なくしていくために，セラピスト自身が気持ちを落ち着かせていけるような手だてをもつことや，面接に向けて心身を整えていく術を普段から見つけておくことが大切といえる。たとえば日常的にできることとして，面接開始前にクライエントをイメージしながら椅子の位置やテーブルの状態，時計の位置などを確認することや，使用する部屋のスケジュールを頭に入れておくことなどの準備をすること等は，慌ててしまう気持ちを和らげていくための工夫になる。

　また，語り始めたクライエントの様子もいろいろで，ときには話を始めてみたら話題があちこちに広がっていき，整合性がないように感じる場合がある。その結果，セラピストはどのような方向性をもって話を聞いたらよいか戸惑うかもしれない。そのような場合はクライエントの話の流れに任せていく方法もあれば，聞き落とした点や把握できなかった部分について，若干の間が生まれた瞬間に，再度教えて欲しいことを伝えてみるといった進め方もある。クライエントがセラピストに対して話していきたいという気持ちを支えた上で，いま確認しておきたい情報をその場で判断して必要な問いかけを行いたい。

ところで，クライエントがセラピストとの新たな出会いを求めて登場した心境には，クライエントなりに自らの将来について，いまよりもより良いものにしたいという願いが込められていると考えられる。自らの状況を変えていきたいという気持ちの中に，クライエントなりの現状を変えていくための工夫や取り組みといった努力も含まれている。セラピストはそのようなクライエントの努力に対して敬意を伝えるとともに，クライエントがどのようになっていきたいと考えているか，現実的な目標やあり方について尋ねてみることが，最初の出会いにおいて大切ではないかと考えられる。

3. 初回面接を開始する以前の情報

一般的に相談の開始はクライエントからの申し込みで始まる。最近はメールによる申し込みを受け付けている場合もあるが，電話にてインテーク面接日時を設定していく場合が多い。この際のクライエントの様子もクライエント理解に繋がる情報となる。また，インテーク面接の開始前にクライエントに相談申込書を記載してもらうことも多い。その様子についても貴重な情報であり把握していきたい。

（1）受付電話の様子

クライエントが最初に申し込みをする際に電話をかけてくるときの心境は，様々な想像ができる。申し込みを考える当該機関の情報についてある程度知っている場合もあれば，全く知らないこともあるであろう。電話での申し込みは受付時間が決まっていることが多い。その時間内に電話をするためにクライエントは時間を工面するかもしれない。電話を掛けたら通話中や留守番電話になることもある。そのような場合，クライエントは肩透かしにあったような残念な気持ちになる者もいれば，かえって緊張が和らぐかもしれない。このようにクライエントが来訪してインテーク面接が開始される以前に，すでにクライエントは当該相談機関に対して様々な思いを抱くと推察される。したがって，インテーク面接以前の申し込み段階での受付電話応対は極めて重要で，その様子から

当該機関の第一印象が作られていくことになる。電話受付応対は必ずしもそのクライエントの担当セラピストが担うわけではない。受付電話を取る対応者は事務職員の場合もある。そこでの印象を抱いたまま，クライエントとセラピストは出会うことになるといえる。

　ところで，受付電話での応答は非常に中立的で淡々と予約時間の案内や確認を行うことが一般的である。クライエントの立場からすればもっと親身に電話口で自らの話に応じてほしいという期待をもつことがある。しかし，心理面接や心理療法を受けていくにはその作業を行うに相応しい場を設定し，一定の約束に従った枠組みを設けることが重要となる。クライエントと会うための時空間を確保して構造化するには，最初の受付を行う段階から淡々と進めていく必要がある。このような応対に対してクライエントがどのように反応するかは，クライエント理解の手掛かりになる。クライエントによってはできるだけ早くにセラピストに会いたい気持ちがあるかもしれない。しかし，面接は予約制でありクライエントはセラピストと会うために待たされることになる。「待つ必要がある」と分かったクライエントが，そのことをどう受け止めるかという点も，クライエントの状態を理解する上での材料となる。ある程度待つことができる自我状態にあるのか，自らで抱える方策がないほど事態が深刻であるのかといった様子を判断する手掛かりともなる。

（2）相談申込書の内容と記載時の様子
　他にインテーク面接以前にクライエント情報を得られる機会には，インテーク時に記載してもらう相談申込書がある。相談申込書の記載内容は相談機関によって異なると考えられるが，一般的にはクライエントの氏名・年齢，住所や連絡先，主訴，現病歴，来談経路や治療相談歴，成育歴や家族歴，学歴・職歴・社会生活歴，紹介を受け来談した場合には紹介先機関についても記載できる項目があったりする。これらの記載項目をクライエントが実際どのように書くのか，記載された情報に不一致な点や不協和な内容があるかどうかということも，クライエントの心情や背景を理解する際の手掛かりとなる。また，クライエントの受付や待

合室での様子もクライエントの心境を理解する情報となる。

　先にクライエントの主訴を知ることがインテーク面接の最大の作業と述べた。したがって，主訴欄にクライエントが何をどのようにどう記載していくかという点に注目したい。クライエントの主訴の認識や説明の筋立てからは，自らの訴えを言語化して表現する能力がどの程度あるのか，どのような自我状態にあるのかが推測できる。現病歴からは現在の症状や問題との関連の有無や，生活状況がわかるかもしれない。成育歴からは過去から現在までの出来事とその影響がわかるであろう。家族との関係，同居・別居の有無などからはクライエントの生活状態を知ることができる。同時に，家族成員同士の力関係や特徴，家庭環境はクライエント自身の自己形成にどう影響したのかなどを考える素材となるであろう。学歴・職歴・社会生活歴などからはクライエントの集団場面での人間関係の持ち方や特徴，活動に取り組む態度，学校生活における失敗や成功の体験などを知ることができる。そして，就労や転職の有無，職業生活，同僚関係などからは仕事への取り組み方，社会参加に向けた本人の考えや価値観などを知ることができる。社会的場面でのクライエントのかかわり方も主訴を理解する参考になる。

　このように相談申込書の内容からクライエントの行動様式や特徴など，クライエントの主訴につながると考えられる問題の情報を整理し，仮説を立てる作業ができる。たとえば，クライエントは上記の項目に関して非常に詳細に書き入れる場合がある。あるいは，必要最低限の情報を一言書く場合もあれば，まとまりに欠けていることもある。このように記載の仕方やスタイルからもクライエントの状態を見立てる手掛かりが得られる。さらに筆圧や字の大きさなどからもクライエントのエネルギー水準や緊張状態について推測ができる。セラピストは相談申込書に基づいてクライエントへ質問をしていくことになるが，記載内容と対面での返答の様子の一致・不一致の感触からもクライエントについて連想を広げていくことができる。クライエントが書いた内容，面接開始直後の言語的・非言語的感触，応答性などから，セラピストはインテーク面接をどう構造化して進めていくか方針を立てながら，クライエントと応

答しなくてはならない。このようにクライエントの申込受付電話の様子，来室時の応答・待合の様子等は貴重な情報源となる。複数の職員がクライエントとかかわった場合にはそれぞれのクライエント印象を知ることも参考になる。

4．インテーク面接の進め方

　心理面接は，クライエントの心理的問題の解決をめざしたセラピストとクライエントの対話を基盤にした共同作業への取り組みといえる。それは一般社会における人と人との出会いのもち方，礼儀作法に基づく関係を土台としている。私たちは初対面の場面で相手に対する敬意を示す意味で互いに挨拶をするが，面接場面で相手の様子をうかがっているのはセラピストだけではない。クライエントもセラピストの挨拶の仕方や応対が常識的な礼儀作法に即していて，配慮が含まれているか，言葉の交わし方も含めて慎重にセラピストの人となりを見極めようとしてい

表3-1　インテーク面接の手順

面接の契約	①	自己紹介：名前，立場の説明
	②	面接手順の説明：面接時間の目安，記録を取ることへの同意，秘密保持について
	③	面接目的の説明：相互理解と信頼関係の形成
クライエントの理解	④	主訴（問題）の全体像を把握する：問題や症状，苦悩の程度，頻度，持続期間，緊急度等
	⑤	主訴（問題）の整理と具体的理解：問題が生じた経過や経緯，生活に支障を及ぼしている影響，問題や症状に伴う感情・行動・認知，状況，これまでに試みた解決策や努力，面接へのニーズ等
	⑥	クライエントの性格傾向，対人関係の様相，成育歴・家族歴，社会生活歴等
	⑦	クライエントの適応的能力・問題解決能力，サポートとなる資源，クライエント自身の問題や症状への理解
今後の方針	⑧	セラピストの理解（見立て）と援助方針の説明
	⑨	援助方針の提示：面接目標の検討と合意，他機関への紹介
	⑩	今後に向けた取り決め：面接時間・料金・頻度・連絡方法等

る。特に初回となる面接場面ではこのような確認を繰り返し行っている。セラピストがクライエントの機微を感受して細心の注意を払うことができれば，面接は順調に展開していくと思われる。初回の面接においてセラピストはクライエントの状態を見立て，どう面接の場を設えていくか，出会った瞬間から即時に考えていかなくてはならない。このことはインテーク面接がその後に続く心理的援助の起点であると考えると，重要といえる。

　インテーク面接を開始するにあたってセラピストが意識しておきたい点がある。インテーク面接まで待つことを余儀なくされたクライエントは，その間に体験していた感情が表出するかもしれない。それに対してどう対応するか想定しておく必要がある。また，紹介を受けて来談した場合は紹介状の有無を確認したい。紹介状を持参した場合には紹介をした理由が書かれているのであり，そこにクライエントの主訴が含まれていることがある。できればセラピストは紹介状に書かれている内容について読み上げていき，クライエントに補足がないか尋ねていくことで，直接本人から説明を受けることができる。紹介状が無かったとしても，「こちらに来るに至ったのにはどのような経緯があったのでしょうか」など，来談に至る経緯について説明を求めたい。そうすることで，これまでの治療歴や相談歴についてやり取りがしやすくなると考えられる。

　クライエントから「以前のセラピストの対応が納得いかず，新たなセラピストを求めて申し込んだ」といった説明がなされる場合がある。そこには，セラピストとの関係を求め親密になっていきたい気持ちとセラピストとうまく関係が作れないかもしれないといった不安が同時に存在している可能性がある。また，クライエントの来談意欲が高いこともあれば，動機が低く周囲から背中を押された場合もある。子どもの相談では子どもではなく保護者が問題意識をもち，子どもは保護者から何も説明を受けないまま連れて来られ，不安や不満な状態であることも珍しくない。成人の場合でも同様にクライエント以外の家族や親近者が一緒に来談することがある。

　心理面接では通常，主訴を有するクライエントと会っていくことが原

則である。しかし，家族などに連れて来られた際にセラピストは，面接時間において誰とどのように会うことにするのか時間の使い方を決めなくてはならない。そのためには，インテーク面接に登場した家族や関係者にその理由を問う必要がある。彼らは単にクライエントにとって初めての場所だったので，面接に参加する気持ちはないが，ただ同行しただけかもしれない。あるいはクライエントを案じて支えたく，できれば事態の説明をしたい気持ちをもっているかもしれない。クライエント自身が単独で来談しなかった際には，セラピストはクライエントと一緒に登場した関係者に対してその理由と面接参加への意向確認をし，面接の進め方を判断して説明をする必要が出てくる。ちなみに子どもの場合には親子並行面接の構造を作ることが多い。

　さて，クライエントはインテーク面接ではどう対応されるか，また，その後はどのような対応となるかについてよくわかっていない。そのため，セラピストはインテーク面接の役割や面接の手続き，流れについて説明したい。そして，セラピストは「今日はどのようなことから来談されたのでしょうか」「どういうご心配があって来談されたのでしょうか」といったように来談の理由について質問して面接を開始していく。来談に至った理由とは主訴のことであり，そこにはクライエントがセラピストの援助に求めるニーズが含まれている。したがって，インテーク面接ではクライエント自身が意識しているニーズの確認から始めていきたい。

　しかし，クライエント自身がどのようなニーズを求めているかはっきり自覚できていない場合もある。さらにはその表現も多様である。たとえば，一見，主訴とは無関係な話を続ける場合や話の全体像を示さずに極端に細部を語り尽くし，明確なニーズがわからないことがある。あるいは，どのようになりたいかについて語れないということもある。反対にセラピストに問いかける間を与えず，クライエント自らが面接でのテーマを明確化して方向づけていこうとする場合もある。また，情緒的混乱が激しく涙しながら話すといった場合，困っていることを語り始めるがすぐに沈黙し，セラピストの問いかけや質問からも話が広がらない

こともある。他にもクライエントが極度に緊張していることもある。そのような様子が見受けられた場合には「緊張されていますか」と声をかけて確認し，いまの状態を共有することでクライエントが落ち着く場合もある。このように初回面接におけるクライエントの反応は実に様々であり，必ずしもセラピストにとって了解しやすいように自らのニーズについて説明してくれるわけではない。そして，セラピストが自分にもっと注目してくれるような関係を求めてくると感じたならば，セラピストはクライエントとの距離感について十分意識する必要があるであろう。以上のように，セラピストはクライエントの状態に応じた働きかけができるような面接構造を考え設定していきたい。

　ところで，クライエントが自身の問題について語る際には，自らが意識しているある側面から捉えた内容を語ることが多い。また，クライエントは自らが語ることによって潜在化していた不安に気がつき動揺し，自らの対処に困ることがある。インテーク面接の経験が浅いセラピストの場合，上記のような状況にセラピスト自身が反応し困惑するかもしれない。このような場合には，セラピストは主訴の具体的な内容について聞き取っていくことよりも，クライエント自身の気持ちを受け止め，「いま，ここ」でのクライエントの感情を知り，尊重して扱う必要がある。そもそも心の中の葛藤や不安について語ることは大変な作業である。したがって，基本的にはクライエントが意識できている部分のニーズについて把握するところから面接を進めていきたい。

　このようにインテーク面接においてセラピストは，クライエントが過度な不安に圧倒されないような範囲内を見定め，クライエントが敏感になっている心理的テーマについて扱う必要がある。それでも，クライエントが語っていく中で連想が広がり記憶が蘇ることや，自分でも予想外な内容を語ってしまうことがある。その場合にセラピストは，たとえば，「専門家に援助を求めていくことに不安を感じる人は珍しくないです」とか「非常に個人的な内容を誰かに話すということ自体とても勇気がいることだと思います」等と述べた上で，「ここで一緒に話し合うことを通して，あなた自身の問題への対応に繋がる第一歩になればと考えていま

す」といったように，クライエントの抱く感情を受け止めていきたい。そして，セラピストはクライエントがそれまでに語った内容を要約して，セラピストなりの理解を伝え返してみる。それを確認することでクライエントは落ち着く場合がある。たとえば，「あなたのお話を聴いてこのように理解したのだけれども，私の理解が異なっている点や修正したい点があれば教えてください」などといったように問いかけていきたい。クライエントは動揺した気持ちが受け止められたことによって，意識している部分が浮かびあがってくる感覚をもつことがある。このように自らのニーズをより明確にしていくことを当面の面接目標にして話し合っていきたい。つまりこれは，主訴が確立されていくことを目標として，継続面接の提案をしてみるという試みといえる。

　以上のように，インテーク面接ではクライエントが来談に至った経緯や背後のストーリーといった文脈に注目していく。そして，受付申し込み時，来室時・相談申込書の記載内容や記載場面での様子等の情報を総合させていきながら，クライエント像について出会った瞬間から様々な仮説を立てていく。クライエントの問題について仮説を作っていく過程は，クライエントとの関係を形成していくプロセスでもある。クライエントが示してくれた来談に至った理由（主訴）をめぐって，セラピストはクライエントと対話を開始することになる。インテーク面接が初めてとなるセラピストの場合，自らの体験や以前に会った同様の主訴を抱えたクライエントを思い浮べ，目前のクライエントの語る言葉と結びつけて捉えるかもしれない。しかし，同じ「うつ状態」であっても，様相はいろいろである。自らの思い込みを崩すようにクライエントに問いかけ，説明を求め，目前のクライエントの状態や生活実態の把握に努めていきたい。クライエントからの言語的・非言語的な応答により表現される内容は，クライエント理解に向けた手掛かりとなる。

5．初回面接の終了とインテーク会議

　インテーク面接においてはクライエントがどのような主訴を訴えているのか，その内容について把握することが第一であり，セラピストにとっ

ての最大の関心事といえる。インテーク面接で大事なことは，主訴の把握とその問題がどのように展開してきているのか，どうしてこのタイミングでこの場に援助を求めることにしたのかという点である。セラピストは相談申込書の内容に基づきクライエントに来談の理由を尋ね，主訴となる問題の性質について見極めていく必要がある。クライエントが主訴について，どのような言葉を用いて説明するのかに加えて，セラピストはクライエントがどのような雰囲気や様子で語るのかという点を観察していきたい。そして，クライエントがこれまでその問題についてどう対処してきたのかという点を確認していきたい。クライエントの対処の仕方を知ることでクライエント自身がもつ健康さや潜在可能性について検討できる。

　また，クライエントの訴えに含まれているニーズにおいて他の専門家の援助を活用していった方が，クライエントのニーズに適うと考えられる場合には，そのような助力を要請していく方が確実であり，クライエントにとって役に立つことを伝えていきたい。実際，様々な専門家の援助を要することも多い。セラピストも協力しながらそのような専門家と援助実践をしている様子を伝えていきたい。また，セラピストは精神科的意味合いで医療によるケアの必要性や緊急性について判断を行う必要がある。

　セラピストはクライエントの訴えを聴きながら見立てを作っていくわけであるが，クライエントが伝えたいと考えた内容とセラピストが理解した内容が一致しているか，差異がないか，セラピストは確認や質問を細かに行いながらクライエントのニーズを正確に把握していきたい。クライエントに対してセラピストが見立てを伝えていく場合には，クライエントにとっても理解しやすい言葉で説明をしていきたい。それはセラピストの考えについてクライエントにも検討して貰い，意見を求めていくためである。そのことで問題についての仮説修正が行われていく。

　このように見立てについてクライエントから意見を出してもらい修正することを繰り返していくことで，セラピストとクライエントとの両者が合意をしつつ仮説を立てていく構図が生まれてくる。そして，同時に

クライエントが語る問題の何がクライエントにとって支障となっているのかについて，焦点を当てていくことにつながる。このことは主訴についてのセラピストとクライエントの認識のずれを小さくしていくための工夫といえる。セラピストの認識を伝えていく際には，クライエントの話の中で理解できた点と不明確で推測として捉えている点，よくわからずにいる点に分けて説明をしていくことで，クライエントは検討しやすくなる。同時にそれは継続面接における話題についての準備となる。

　さて，インテーク面接の終わり時間が近づいたら，どのような話題が語られたか手短に要約してクライエントに確認を求めたい。そして，その内容について改めて認識を問うてみたい。話をしてみてどのような感じがあるのか，また，このような進め方でよいかについても聞いてみることで次回以降の準備となる。そして，この場で語ってみて心配になることや懸念点がないかも尋ねていきたい。一般的な内容であれば，セラピストがその場でコメントを返すことでクライエントは安堵するであろう。

　また，クライエントに対してこれからの相談の流れについて改めて説明をしたい。クライエントが面接の継続を希望した場合には，今後の流れについて確認していく。先述したように一般的に相談機関においてはインテーク後に会議を行い，継続となる担当セラピストを決定する手続きがある。その場合インテーク面接担当者とセラピストが異なる場合があることも含めて述べておく。その上で，次回面接の希望日や要望について確認し，会議で検討した上での回答になることを伝えておく。以上のようにクライエントに対して見通しを伝えることで，クライエントにとっては安心感が増すと考えられる。

　そして，インテーク面接が終了した後にインテーカーはインテーク会議に向けて面接記録をまとめていく作業を行う必要がある。そして，会議に向けた資料を作り，他のスタッフに対して新規ケースの概要について報告する役割がある。このとき，クライエントがどのような人物であるのかについて臨床像をいかに伝えていけるかが重要になる。クライエントから得られた情報を吟味しながら，簡潔で明瞭にわかりやすく伝わ

るように整理をしておきたい。クライエントについての情報を体系的に伝えていくことができれば，報告を受ける同僚はクライエント像が描きやすくなる。クライエントの属性となる情報に加えて，身体的な特徴，コミュニケーションのスタイルや特徴，距離感，雰囲気などについてインテーカーとして感じ取った点を含め伝えていくことで，クライエントの雰囲気を聴き手は描きやすくなり，クライエントの主訴や来談の理由について検討しやすくなる。

　主訴について説明する際には，クライエント自身が表現した言葉や話し方をできるだけそのままの形で述べていきたい。クライエントが述べた内容がインテーカーからするとクライエントの主たる問題のように思えなかったとしても，できるだけクライエントが表明したように正確に報告がなされていくことが大切である。そして，クライエントとしてはいつごろからどのように問題が生じてきたと捉えていて，どのような支障が生活の中にあると訴えているかについて説明をする。そして，どのような経緯があってこの場へ援助を求めることにしたのかについても言及していく。

　クライエントが自らの問題についてどう認識し，どの程度の問題だと捉えているのかについて，クライエントが表現したままに伝えるようにしてみたい。それは，クライエントの自我水準や現状の適応の様子などについて評価する際の参考になる。また，主訴との関連において，クライエントの生活史において重要と考えられるような出来事や病気などについても述べていきたい。主訴と生活史との関連において選び出された情報には，クライエントの臨床像や行動スタイルをどのように理解したのかというインテーカーのクライエントへの見方に対する論拠となる素材が含まれてくると考えられる。その際に，できるだけクライエントの生活史を詳しく説明しながら主訴との関連の中で情報を精査し取捨選択していきたい。一般的にはクライエントの出産時から幼少期にかけての家族関係や家庭状況，学校生活や職場での様子と適応状態などについて，クライエントの現状に合わせて詳細に報告する点と簡潔要約しながら報告する部分に整理する。そうすることで聴き手にとってはわかりやすく

なる。

　紹介先から紹介状や心理検査等の報告がある場合は，それも併せてインテーク会議では検討することになる。多様な情報源から得られたクライエントについての情報を含めて検討することは，見立てや臨床的な判断の参考となり援助方針を検討することに役立っていく。また，クライエントからの要望や求めている配慮があれば，それも報告していく。このようにインテーク会議では多様な側面からの情報を合わせてクライエントの全体像を示し，主訴について理解し，クライエントが求めているニーズについて検討する。その上で援助方針を決めて継続担当者を決定していくことになる。インテーカーと継続担当者が異なる場合には，クライエントにどのように説明するのかについても一緒に考えていく。このようにインテーク会議はクライエントについての情報をクライエントの言葉に基づいて構造化していく作業といえる。クライエントの何をどのように一番伝えていきたいか，客観的な情報だけではなくインテーカーとなったセラピストの実感も大切にしながら，クライエント理解のための仮説形成を行う機会といえる。

　最後に，初回面接は単にクライエントのニーズを理解する情報を得るだけの機会ではない。もうひとつ意識しなくてはならないことがある。それは，セラピストが面接を進めていく上で基盤となる関係性の雛型を，クライエントが経験していくことになるという点である。対話精神療法を提唱している精神科医の神田橋（1992）は，患者と医者との対話の構造は「三角形」であるとしている。一般的には患者と医者の関係は，症状を抱えている患者を医者が治すあるいは解決するといった二者関係と考えられるが，神田橋は，患者が抱えている問題を患者と医者が一緒に眺めてそのことを巡って両者が対話し，一緒に考えていく三角形の構図になるようにしていくことが大切だとしている。それは，患者が症状や問題にどう対処してきてその結果がどうであったかについて医者が聞き，医者からも対応策について提案しながら「さまざまな解決法について，2人で眺めている関係，つまり，三角形の図柄を，少しずつ作ってゆく作業」（神田橋，1992，p. 124-125）と述べている。初回面接からこ

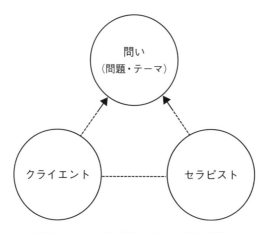

図 3-1　2人で眺める三角形の構図
（神田橋，1992，p.122-129 を参考に作成）

のような対話の構図をセラピストが意識してはおくことはとても重要ではないかと考える。

　初回面接はクライエントが抱えている具体的な問題や症状について問いを立てて考える準備段階にあたる。面接の導入時点でのセラピストの態度・姿勢や働きかけは，その後の相談のもち方に影響するのである。継続面接となった場合に心理的問題についての探索的対話は本格的に開始される。クライエントとセラピストは具体的な問いを立てて，互いに解決に向けたアイディアを出し合い，そこで挙げられた取り組みを実際にクライエントはやってみて，その結果がどうであったかについてセラピストと共に眺め，さらに問題の解決に向け取り組むことになるであろう。問題への取り組みがうまくいかなかったとしても，そのことも対話をし続けていく材料になる。困難で複雑な問題ほど解決に向けた方法はひとつではなく，また，問題が落ち着くには時間がかかると考えられる。

　クライエントが初回面接でのセラピストとの出会いにおいて，自分が受け入れられていると感じる感覚が得られたならば，その手応えは問題に取り組む最初の一歩であり，自己効力感の回復に繋がる可能性がある。セラピストは初回となる面接にそのような意味があることを十分理解した上で，新たなクライエントを迎え入れていく姿勢と覚悟をもちたい。

なお，本章の内容をより深く理解するため参考文献を示した。是非参照していただきたい。

🔔 研究課題

1．初回面接について報告している事例論文を読んで，セラピストとクライエントの相互作用に注目し，セラピストの対応として難しいと感じた部分について考えてみよう。
2．参考文献にあげた妙木浩之著「初回面接入門」を読み，あなたがクライエントと初めて会う場合に，どのような点に留意すべきか考えてみよう。

引用文献

神田橋條治（1992）．治療のこころ　第二巻　精神療法の世界　花クリニック神田橋研究会

妙木浩之（2010）．初回面接入門―心理力動フォーミュレーション　岩崎学術出版社

大場登（2019）．初回面接　大山泰宏・小林真理子（編）　臨床心理面接特論Ⅰ：心理支援に関する理論と実践（pp.57-70）　放送大学教育振興会

参考文献

神田橋條治（1997）．対話精神療法の初心者への手引き　花クリニック神田橋研究会

妙木浩之（2010）．初回面接入門―心理力動フォーミュレーション　岩崎学術出版社

Zaro, J. S., Barach, R., Nedelman, D. J. & Dreiblatt, I. S. (1977). *A Guide for Beginning Psychotherapists.* Cambridge University Press. (ザロ，J. S.・バラック，R.・ネーデルマン，D. J.・ドレイブラッド, I. S.　森野礼一・倉光修（共訳）(1987)．心理療法入門：初心者のためのガイド　誠信書房)

4 │ 心理面接での ケースフォーミュレーション

村松　健司・高梨　利恵子

《**本章の目標＆ポイント**》　心理職はある主訴をもとに来談したクライエント
の話や心理検査などから，クライエントの主訴（改善したいと願っているこ
と）のメカニズムを読み解き，クライエントと共有する必要がある。ケース
フォーミュレーション（ケースの概念化）は，クライエントの全体像を想定
し，介入の方針を提示するための重要な専門的過程である。本章では，2つ
のケースフォーミュレーションの基本的考え方を学ぶ。
《**キーワード**》　力動的フォーミュレーション，認知行動的ケースフォーミュ
レーション，治療契約と介入

1. はじめに

　心理面接を申し込む際に，基本的には来談者に「主訴」の記入をして
もらう。「主訴」は専門用語なので，「相談したいこと」「困っているこ
と」などと言い換えられて，記入してもらうこともある。ところが，た
とえば「気分が落ち込むことが多い」といった記載があって，それにつ
いて聞いていくうちに，本当に心理面接で取り上げたいことは家族関係
やトラウマティックな体験，職場や学校など現在の生活環境との折り合
いの悪さなど，「主訴」の中身がより詳細になったり，クライエントが
「そう書いたけど，ちょっと違う気がする……」と主訴を確かめること
が必要だったりすることが少なくない。初回面接はその意味で，「主訴」
欄には記入されなかった「隠れたニーズ」を含めて，「なぜクライエン
トが心理面接を求めてきたのか」「この心理面接で何ができるのか」と，
「心理面接の設定（回数，時間，料金など）を受け入れられるのか」な
どを確かめる重要な機会である。

　そのためのツールとなるのがケースフォーミュレーションである。土

居（1992）はケースフォーミュレーションを「見立て」と表現し，「専門家は相手が問題とすることを聞いて，それを新たに理解しなおさなければならない」と指摘している。治療者は，初回面接におけるクライエントの相談に至るストーリーの「理解」を伝える役割を担っており，同時にその困難なストーリーの改善に役立つと考えられる治療方法（介入）を提示し，クライエントとの合意形成が得られてから，心理面接が開始されることになる。林（2019）によれば，このストーリーと面接の目標設定のためのフォーミュレーションには，以下の4つがある。

> 精神力動的フォーミュレーション
> 認知行動療法的フォーミュレーション
> システム論的フォーミュレーション
> 統合精神療法的フォーミュレーション

　本章では，力動的ケースフォーミュレーション（精神力動的フォーミュレーション）と，認知行動療法的ケースフォーミュレーション（認知行動療法的フォーミュレーション）を紹介する。

2．力動的ケースフォーミュレーション

（1）精神力動について

　抑圧などを用いて無意識に押し込めた「意識したくない」心的内容は，そのまま心の底に沈んだ（沈めた）まま動かないのではなく，夢などを通して私たちの意識にアプローチしてくる。一方で，それを阻もうとする心の働きが生じる。心はさまざまな力がせめぎ合い，葛藤し，揺れ動いている。この動きや相互作用を精神力動（psychodynamics）と呼ぶ。フロイトが創始した精神分析の重要な観点である。

　精神分析における，ケースフォーミュレーションの方法はひとつではない。サリヴァン（Sullivan, H. S., 1953　中井他訳　1990）が提唱した対人関係療法では，クライエントの内的な自己や他者のイメージをパーソニフィケーション（personification）と呼び，その内的イメージと実際の対人関係（外的対人関係）の相互作用から生じる「不安の源泉」を重視

する。そして，クライエント自身が傷つくことを回避しようとして身につけてきた対人関係のパターンを，治療者への転移や治療者の逆転移などを通じて，クライエントと治療者が相互に「2人に起きていること」への理解を深めていく治療的実践を問いかけによって行った。このため，治療者に向けられるクライエントの混沌とした感情に振り回され治療関係が不安定になることを避けるために，クライエントの「不安の源泉」や対人関係のパターン，対処行動や対人操作のパターン，現実検討力などを「参与観察(注1)」などからアセスメントすることが必要になるのである。

　では，力動的フォーミュレーションはどういった観点からケースを捉えるのだろうか。チェシック（Chethik, M., 1989 齋藤監訳　1999）による精神力動的専門アセスメント，守屋・皆川（2007）の精神力動フォーミュレーションにおいて述べられているように，治療が開始されるときには，症状の背後にある環境との相互作用によるパーソナリティ形成（防衛のあり方）と葛藤（不快な体験そのもの）の由来をこれまでの経緯から解き明かしていく必要がある。その中核はクライエントがどんな発達をしてきたか（発達プロファイル）であり，その総合的な判断（メタサイコロジーによる評価）が重要となる。表4-1にその際の指標を示した。

　面接初期のアセスメントで，治療関係の展開や予後までを見通すことができれば，クライエントに合わない治療を提案することを回避することができる。「治療者が複数の選択肢を用意して，患者が『自分から』選べるようにする自由を持つことは，主訴の解消を願うクライエントにとって，選択の積極的自由という主体体験の契機となる（p. 48）」という妙木（2019）の指摘は重要だろう。クライエントにとって望ましい治療ができない場合には，十分な説明のもとに適切なリファーをすべきであり，自分の得意とする技法にクライエントを当てはめるような本末転倒な事態は避けなければならない。

注1：クライエントの言動は，彼にとっての「環境」の一部である治療者の影響を排除できない。治療者は自らの言動，振る舞いを参照しながら，クライエントの心の動きを理解しようとする。

表4-1 精神力動フォーミュレーション

	病歴のまとめかた
1	受診の理由と主訴
2	患者の記述，面接者との交流の仕方
3	現病歴
4	家族背景と発達歴・生活歴・既往歴
5	重要な環境的要因
	評価
1	非力動的要因（葛藤外の自我機能）
2	防衛と情動
3	対象関係機能および自己関係機能
4	超自我機能
5	力動的・発生的見立て
6	適応的機能の特徴
7	治療初期の転移と抵抗の現れの予測
8	医学的診断

（遠藤・守屋，2007．p 183-197 をもとに作成）

　妙木（2019）はさらに，自分の人生を再構成するためにも成育歴を丁寧に聞き，「主訴の共有だけでなく，主訴のもととなっている主観的な困り感を，その人の人生やライフヒストリーのなかにプロットしていく（p.48-49）」ことが精神分析であり，「アスペクト（視点）」という概念を用いて，「成育歴のライフヒストリーを横から，あるいは斜めから（中略）成育歴を聞きながら，今起こっている現病歴の中での困り感が，反復の中で成育史や病歴と連結している，と見なすこともできるし，現病歴を遠近法的に見て，発症の経緯を成育歴とパラレルに読み込むことができるようになる。この作業は質的研究のカテゴリー関連図を描く作業に限りなく近い（p.49）」と述べている。

　養育者との関係で言えば，多くの子育てでは養育者が子どもの欲求をうまく調節しながら超自我や自我の成長のサポート役になるのだが，養

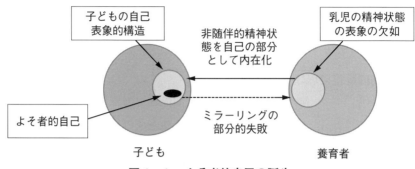

図 4-1　よそ者的自己の誕生

(池田，2021 p.87 より転載)

育者に未解決の内在化された葛藤があると，そこから派生する関係のパターンを子どもも取り込んでいくことになる。アタッチメント（愛着）における養育者のメンタライジング機能（自己と他者の精神状態に注意を向けること）の重要性を指摘したベイトマンとフォナギー（Bateman, A. & Fonagy, P., 2004 狩野・白波監訳 2008）を参考に池田（2021）が作成したモデル（図4-1）はこの関係のパターンの反復を理解する一助になる。このモデルでは，養育者側の要因による反応を，子どもが取り込んでしまう結果，子どもが養育者の反応を「よそ者的自己」として取り込んでしまうことになる[注2]。反復される関係のパターンを見出すことと，クライエントの体験のなかにどういった関係が欠けているか（McWilliams, N., 1999 成田監訳 2006）も力動的フォーミュレーションの要素になる。

さらに，できれば3世代のジェノグラム（家族関係図）を作成し，家族システムで反復されている課題についても明らかにしたい。先に指摘

注2：映画『愛を乞うひと』(1998年，監督：平山秀幸，脚本：下田治美，主演：原田美枝子）では，実母から虐待を受けている照枝が実父に引き取られていく際，「お前なんか死んじまえ！」という呪いの言葉を叫ぶ。照枝は平穏な結婚生活を送り，娘深草を授かるが，思春期の深草との言い合いで思わず手が出て，うすら笑いを浮かべてしまう。それを娘から指摘された照枝は，自分の過去を向き合うことを決意する。「よそ者的自己」の内在化を知ることができるすぐれた作品である。

した妙木(2019)の「質的研究のカテゴリー関連図」のような力動的フォーミュレーションはこのようにして練り上げられていく。

（2）初回面接における留意点

　クライエントの成育（発達）歴を，初回面接で詳細に聞き取ることは困難であるし，過度な情報収集は治療の合意形成の妨げにもなりかねない。成育歴で注目すべき観点については，妙木ら（2022）の著書で詳細に述べられているので，これらを参考に精神分析の予備面接（精神分析の適応の可否を検討するためのもの）や初期の数回の面接からその概要を聞き取れるようにしたい。

　その際に，どのようにしてクライエントが来談に至ったのか，一般的に「主訴」とされる症状や行動問題はいつから始まってどのような経緯をたどってきたのか（家族や関係者はそれにどう対応したのか）などはクライエントの状況理解に役立つので，できるだけ聞き取っておきたい（図4-2）。

　主訴をどう考えるかは難しい。たとえば，「小学校入学後から落ち着きがなく，ひとりでいることができない。クラスメイトとトラブルになるとすぐに手が出てしまう。自分の思い通りに行かないことがあると，すぐにパニックになり，部屋のものを壊したりする。夜尿は毎日あり，着替えを促すが，新しい下着しか嫌だと言って泣き叫ぶ」小学校低学年の施設入所児が，ケアワーカーが困り果てて心理面接を提案し，心理職

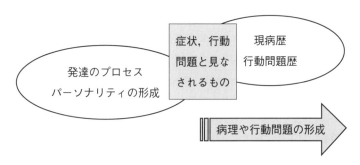

図4-2　クライエントの来談経緯

(妙木，2022 p.15を参考に作成)

のもとに連れてきたとする。この時の「主訴」は一見子どもの主訴に見なされやすいが，「ケアワーカーの主訴」であることが多い。だから，心理職は「君が学校や毎日の生活で友達と喧嘩になったり，部屋のものを壊したりして担当の先生が困ってしまうことがあるようなんだけど，たとえば暴れちゃったりね。それを君はどう思う？」とまず子どもがここになぜ来ることになったのかについて尋ね，主訴に「名前をつけること（p.46-48）」（妙木，2019）が，自分の歴史を理解する（自己の歴史化）ために役立つことになる。

　子どもの場合，どんなことで困っているかを訪ねても，無言になったり，「わからない」「ない」という返事が返ってくることが多い。一方，一般的な子どもの発達のプロセスを振り返ると，子どもの情動は「そういうことがあると，どうしていいかわからなくて悲しいよね」などと養育者から「名付け」られ，どうしていいかわからないモヤモヤした情動や悲しいという感情は，身体感覚とセットになって子どものこころに刻まれ分化していく。児童虐待等，人生の早期から厳しい生活を余儀なくされてきた子どもは，この「自分の心の状態を名付けられない」子どもが多い。治療者の「悲しい」という言葉と子どもの「悲しい」という言葉は，受け取り方が違う可能性があり，その言葉の共有から取り組んでいく必要があることを指摘しておきたい。

3．力動的ケースフォーミュレーションの実際

（1）連想テキスト法に基づくケースフォーミュレーション

　連想テキスト法は妙木（2022）が考案した力動的フォーミュレーションのトレーニング・ツールである。妙木はカーネマン（Kahneman, D., 2011 村井訳 2014）が指摘した認知システムにおける2つの回路，すなわち「システム1（ファスト回路）」（物事を即断する働き）と「システム2（スロー回路）」（時間をかけて検討する働き）に注目し，とくにスロー回路を働かせて連想を広げていくことに注目した。ここでは，質的研究の手法を用いて主訴，来談経緯，現病歴や既往歴などの情報を文の単位に分解し，「それぞれの意味構成を組み立てなおす」（妙木，2022, p.19）

ことが必要になる。

この作業は面接者の認識の偏りを防ぐために複数の臨床家が行い，グループで検討される。グループは初めてケースの概要を聞いたメンバーによる連想と，事前に時間をかけて思案してきた2人のフォーミュレーションが比較検討されることで，メンバーに新たな気づきが得られるようだ。とくに，自身のファスト回路の認知的バイアスの発見が，ケースフォーミュレーションの質を高めることにつながることが指摘されている。

（2）子どものケースフォーミュレーション

　紙面の関係上，児童養護施設に入所している被虐待児A（小学校低学年・男子）の模擬事例を通じて力動的フォーミュレーションの流れを紹介する。まず確認されるのは，来談の経緯である。Aは，「生活場面で入浴や食事時間の切り替えができず，パニックになる」ことを心配したケアワーカーに付き添われ来談した。チェシック（Chethik, 齋藤監訳1999）が指摘するように，患者はだれしも，「治療のなかで感情や経験を思い出すよりは，それらを生活上で表現しがち（p.52）」である。ケアワーカーからの現病歴・問題歴は以下の通りであった。

　小学校入学直後から離席が目立ち，それを注意されると教室を飛び出してしまうことが繰り返された。級友とトラブルになると手足が出ることもあった。施設入所後も，自分の思い通りにならないと（たとえば，「一緒に遊ぼう」と誘ったスタッフに用事があり遊べないときなど）大声をあげてパニック状態になる。部屋のものを壊したり，スタッフに椅子を振り上げて殴りかかろうとしたこともあった。入所してからずっと部屋にひとりでいられない。夜尿は施設入所以来ほぼ毎日のようにある。自宅ではまったくなかったという。少しでも自分の服に身に覚えのない汚れがあるとそのまま着ていられない。

　次に，粗暴行為やパニック，夜尿などの行動問題の背景にあるものを

成育歴から連想する。児童養護施設入所児の児童票は詳細が記載されていないことが多いので，わからないことは児童相談所の児童福祉司や児童心理司に照会したり，家族の面会時に尋ねるなどして理解を深めたい。

Aの成育歴は以下の通りであった。網掛けの部分は，特徴的なエピソードと考えられる部分を示している。

出生時の状況：出産前から，実父母は諍い(いさか)が絶えなかった様子。母子手帳がなく周産期の詳細は不明。実父によると，実母は妊娠当時，飲酒，喫煙をしていた。

養育環境：出生後，自宅に戻ってからまもなく母親が蒸発，父方祖母宅に預けられることになる。しかし，あやしても泣きやまず，夜泣きも頻繁なAに祖母は疲れ果て，次第に関わらなくなったという。Aが6か月の頃，「最近赤ちゃんの声が聞こえない」という近隣の通報で保健所が家庭訪問，栄養状況がよくなく放置されているAを発見し，児相が一時保護，乳児院入所となる。始歩は13か月。2歳頃から特定の保育士になつく様子がみられ，発語も飛躍的に多くなった。ただ，当時から多動であることと，感情のコントロールができず，手がかかったという。2歳半で児童養護施設に措置変更となる。児童養護施設でも他児が遊んでいるおもちゃを突然取ってしまい，ニヤニヤと笑うなどトラブルが絶えなかった。また些細な刺激に敏感でいつも周囲をキョロキョロしている子どもだった。他児とのトラブルについて話をしようとしても，ボーッとしてしまうことがしばしばだったという。ブツブツ独り言を言うことがあり，誰かと会話しているようだった。あまりに落ち着きがなく生活状況も不安定だったので，幼稚園通園は時期を遅らせたが，1年半の通園期間中はひとりでいることが多かった。就学を機に家庭引き取りの話が進み，家庭に戻ることになる。小学校では席に座っていることができず，教師の指示をほとんど聞くことができなかった。そのため頻繁に継母が学校に呼び出されることになった。次第に，Aの行動問題に対して継母がしつけと称し体罰を加えることになった。夏休み直前，

体操着に着替えている途中，姿が見えなくなり担任が探していたところ，建物外側の排水パイプによじ登っているＡを発見し，保護された。Ａに事情を聞くと，「家にいたくない。高いところに登って落っこちたかった」と言ったので，学校が児相に通告，児相が家庭訪問し，保護者同意の下，一時保護になる。その後，別の児童養護施設に入所となった。

　Ａの家族は実父の母（Ａの祖母）に被虐待体験があって家族の諍いが絶えず，Ａの継母も離婚を経験するなど，心理的葛藤を行動で解消しようとする傾向にあることがうかがえた。そして，何よりもＡにとって主たる養育者が不在になる（あるいは関係が断ち切られてしまう）経験が反復されている。これは家族の葛藤への対処方法とも関連があると考えられた。

　これらの経験から「心理力動的な仮説」として，以下のことが想定された。

　幼少期から大人の安定した養育を受けることができなかった。Ａからのメッセージはほとんどマイナスなものとして周囲の大人に認識され，Ａ自身が当惑している状況の改善には至らなかった。放置されたり，厳しく罰せられてきた結果，大人のイメージは基本的に「守ってくれるもの」というよりも，「自分にダメージを与えるもの（迫害的なもの）」と認識されている可能性がある。こういった混乱した大人のイメージから，Ａは他罰的（大人への怒り）であると同時に自罰的（自分はだめな人間であるというメッセージ）な傾向を併せもち，衝動的に自己破壊的行動を示す危うさがあると考えられる。

　この仮説にもとづいて，「精神機能（心の働き）」のアセスメント，パーソナリティ構造の仮説（子どもなので「その子の在り方」），外傷的イヴェントの影響から反復的主題が再検討され，総合的な仮説が以下のようにまとめられた。

幼少期からのネグレクトに加え，ようやく言葉によるコミュニケーションが生じてきた頃にその対象を失う，という経験から，自分の内側（内的体験）と外側（現実）がつながる体験を積み重ねてくることができなかった。その結果，自分自身は混乱し，現実は訳の分からない恐怖を与えるものとＡには感じられているかもしれない。コミュニケーションの手段がない状況では，自分の混乱に対しては多動（または脳波異常という生理的な反応）や解離，そして現実や他者に対してはＡなりの対抗を試みるしかなかったのだろう。後者は社会的には暴力と見なされるため，ますますＡ自身の混乱は周囲に伝わりにくくなった。コミュニケーションの問題は深刻であり，知的レヴェルも考慮に入れながら，言葉によるやり取り以前のＡの実感に近い言葉が「与えられる」体験（自分の状態が，他者によって好意的に説明される）が重要になってくると考えられる。

　力動的フォーミュレーションは治療に役立つものでなくてはならないので，具体的な介入指針を関係者やできれば子ども本人と共有することが求められる。支持的かかわりと自分自身の行動を理解する手助けを通じて，子どもに「何らかの意味ある文脈や生育史的枠組みを提供していくこと」（Chethik, 1989 齋藤監訳 1999，p.50）が治療の基本的スタンスになる。

　このフォーミュレーションは，子どもが心理面接を受けるときを想定しているが，子どもの見立てに役立つ新しい情報が得られたり，子どもの姿がよくつかめないとき，また一定期間施設などでの生活が経過したときになどに見直されることが必要になる。さらに，「総合的判断」は多職種にもわかるような文章であることが望ましいし，子どもへのフィードバックとして使用することで，トラウマ・インフォームド・ケアへの導入になることも期待できるだろう。

4．認知行動的ケースフォーミュレーション

（1）はじめに

　認知行動的ケースフォーミュレーションは，クライエントの陥っている困難について，主に「認知」と「行動」に焦点をあて，これらの悪循環や成り立ちについて理解しようとするものである。ケースフォーミュレーションそのものの詳細に入る前に，以下の3つの点を指摘したい。

　まず，本章では紙幅の関係上十分に議論を深めることができないが，短絡的に認知や行動にこだわり，クライエントの全体的な人となりを十分理解しないならば，認知行動的ケースフォーミュレーションはかえって支援の妨げとなってしまうという点に注意を喚起したい。ケースの理解に際しては，認知や行動，そして問題や困難のみではなく，クライエントの生き方やゴール，強みを含めた人としてのクライエントを理解しようと努めることが重要である。

　そして，認知行動的ケースフォーミュレーションはその作成プロセスに，認知行動療法のエッセンスが集約されているということである。つまり，クライエントと協働して具体的な現実の経験に基づいて進めること（協働的実証主義），ケースフォーミュレーションの作成を通して，クライエントが認知行動モデルに基づいて問題を理解していくことができるようになるという心理教育的なプロセスとなることなどである。本章ではこのような点にも注目しながら認知行動的ケースフォーミュレーションについて述べる。

　最後に，認知行動療法には第一世代と呼ばれる行動療法系と第2世代とされる認知療法系の系譜があるが，ケースフォーミュレーションについても同様に系譜ごとに特徴がある（下山，2017；榎本，2007）。本章では主にベック（Beck, J. S., 2021 伊藤・藤澤訳 2023）やパーソンズ（Persons, J., 2008 坂野・本谷監訳 2021）などの提唱する認知療法系のモデルに基づきながら述べていく。

（2）認知行動的ケースフォーミュレーションの基礎〜認知モデル〜

認知行動的なケース理解の基礎には，気分や行動，身体反応といった人の反応は，状況や出来事に直面したときに自動的に頭に浮かんでくる認知（自動思考）によって影響を受けるという認知モデル（Cognitive Model）がある。認知にはさらに，図4-3のような層構造が仮定されている。自動思考は表層にある認知であり，より深い層にある信念に影響を受けて生じてくると考えられている。信念とは，人が人生のかなり早い段階で自分自身や他者，世界について抱くようになるもので，とくにその人が無条件に信じ込んでいる信念は「中核信念」と呼ばれる。自動思考と中核信念を媒介するのが，中核信念に基づいて形成されたその人なりの生きていく上での思い込みやルールであり，「媒介信念」と呼ばれる。

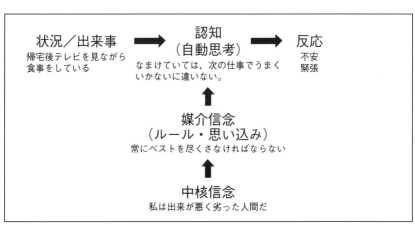

図4-3　認知の階層

（3）ケースフォーミュレーションの作成プロセス

下山（2008）はケースフォーミュレーションを現在の問題を理解する「ミクロ」なものと，問題がどのように発展してきたかを含む全体を理解する「マクロ」なものとに分けて整理している。クライエントと協働でケースフォーミュレーションを作成する際には，まずはミクロなケースフォーミュレーションを作成し，さらに広範で成育歴も含んだ情報か

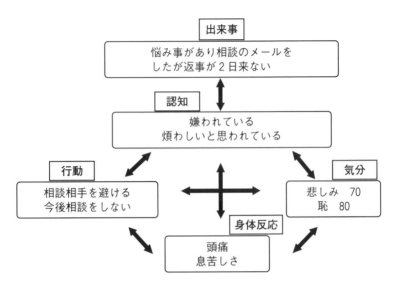

図 4-4　ミクロなケースフォーミュレーションのための枠組みの例

ら，縦断的なマクロな理解を構築していく。ここでは，このミクロ，マクロの 2 段階に分けて，ケースフォーミュレーションの例をそれぞれ説明する。

① 問題の悪循環を理解する～ミクロなケースフォーミュレーション～

図 4-4 は，状況と反応の悪循環を示すミクロなモデルであり，先に述べた状況の認知がさまざまな反応を引き起こすという認知モデルを背景にしている。「出来事」「認知」「気分」「行動」「身体反応」の 5 つのパートで構成されており，セラピストはこのモデルをクライエントに提示しながら，問題に陥った場面ではどのような「出来事」があり，その時どんな「認知」が頭をよぎり，結果として「気分」はどう変化し，いかに「行動」したのか，その際の「身体反応」はどうであったのかを尋ね，それぞれのパートを書き込んでいきながらモデルを共有する。クライエントはこのようなモデルをセッション中にセラピストと協働で作成するだけでなく，セッション間に宿題という形で作成を繰り返していき，体験を認知行動モデルでとらえられるように練習していく。

このようにモデルの作成を繰り返していくと，自己の問題を客観的にみられるようになったクライエントは，「いつもこのようにネガティブ

な考えになっている気がする」とか，「辛さから逃れようとしてやっている行動が却って事態を悪くしている」などの気づきを語るようになる。これをセルフモニタリングと呼ぶが，自分の認知・行動の悪循環のパターンを理解できるようになることが，認知行動的ケースフォーミュレーションの心理教育的な意義である。この図式をもとに，これから開始される治療的介入への動機づけを高め，クライエントと協働して介入の計画を立案する。セッション中は介入の効果を評価しながら，ケースフォーミュレーションを修正したり，アップデートしていく。

② 問題の発展を理解する〜マクロなケースフォーミュレーション〜

ミクロなケースフォーミュレーションを通して見出された悪循環は，成育史で経験した出来事や遺伝的な要因，さらには文化的な背景などより広範な文脈の中で形成・維持されているものである。従って問題の成立過程の縦断的理解を含んだマクロなケースフォーミュレーション，すなわち，自動思考のもととなる中核信念や媒介信念が，育ちの中でどのように形成されたのかについて理解することが必要となる。その時々の自動思考をとらえることに加え，自動思考に影響を与える中核信念や媒介信念といった認知を踏まえて，クライエントの考え方の成り立ちを理解する。このような理解は，**図4-5**のような枠組みを利用しながら，セラピストの側ではアセスメントの段階から暫定的に行われ，情報が加わるたびに付け加えられたり修正されていく。

一方，このような縦断的理解をクライエントと面接の初期から共有することはまれであり，まずは①で示したような具体的な問題状況のミクロなフォーミュレーションの作成を通して，その時々の自動思考に自ら気づくようになっていく。そして，多くの自動思考が集まり，そこにある種のパターンが見られることに気がついたり，その思考がクライエントにとってどのような意味合いを持っているのかについて話し合うことを通して，自動思考の背景にある媒介信念や中核信念が浮かび上がってくる。そのようなタイミングで改めて，これまでの生き方や育ちと関連付けながら，クライエントと協働でマクロなケースフォーミュレーションを築き上げていく。近年ではこのような標準版のケースフォーミュ

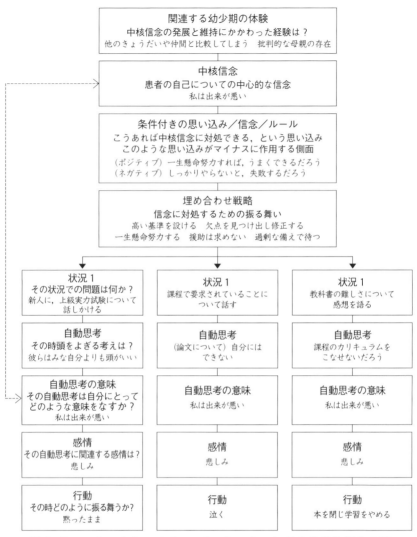

図 4-5　マクロなケースフォーミュレーションのための枠組みの例
（Beck, 2011　伊藤・神村・藤澤訳　2015, p.277）

レーションに加え，クライエントの「強み」に基づくケースフォーミュレーションを合わせて作成して，クライエントが持っている「助けになる認知と行動」のパターンを見出すことも行われている（Beck, 2021 伊藤・藤澤訳 2023；Kuyken, et al., 2009 大野監訳 2012）。パーソナリ

ティ障害や，慢性化している問題を抱えているケースなどは，表面的な悪循環という「ミクロ」な理解のみに基づく介入では，効果が短期的，限定的となることも少なくない。そのため，より広い「マクロ」な視点からの理解と介入が必要となる。

（4）疾患ごとのケースフォーミュレーションモデルの利用

　これまでに述べてきた認知行動的ケースフォーミュレーションを行う際には，疾患ごとのモデルを参照することができる。認知行動療法には，主に精神疾患の診断ごとに，問題の発生，維持，増悪の悪循環に関するモデルがあり，それに基づく介入技法がパッケージ化され，マニュアルが作られ，その効果検証が行われている。これらを利用することで，ケースフォーミュレーションの効率性と実証性を高めることができるだろう。図4-6に，厚生労働省（2016）が公開している認知行動療法マニュアルが基にしている社交不安症とパニック症のケースフォーミュレーションの例をあげる。

（5）認知行動的技法の使用とケースフォーミュレーション

　認知行動療法には，効果が実証されている多様な技法があるため，最近では認知行動療法の文脈を離れて，それらの技法を断片的，部分的に取り入れているケースも増えているようである。しかし，各技法の効果を十分にあげるためには，クライエントと協働で作成したケースフォーミュレーションに基づき，問題の全体像を踏まえた上で活用する必要があることを強調したい。

社交不安症

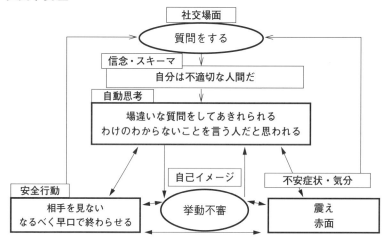

（クラーク&ウェルズモデル；厚生労働省，2016，p.7 をもとに作成）

パニック症

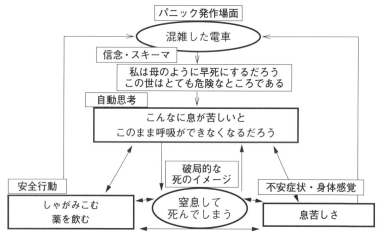

（厚生労働省，2016，p.10 をもとに作成）

図4-6　疾患ごとのケースフォーミュレーションの例

5．おわりに

　「見立て」という言葉は金などの地下鉱脈を探す際にも用いられている。「露頭」と呼ばれる地表に露出した鉱脈の先端は風雨にさらされ変色しているが，それが鉱脈探しの手掛かりになるのだという(注3)。

　心理面接でもクライエントの中心的な課題や葛藤がすぐに明確に共有されるわけではない。それはクライエントの対人関係や生活体験，あるいは防衛の反復によってさまざまにその有りようを変えている。あるクライエントは自らの強迫症状の要因として父親との葛藤を連想し，対話を深めていったが，問題はそこにあったのではなく，症状が現れる前に偶然目撃してしまった不仲なはずの両親の性交渉が，クライエントの両親像を一変させてしまったと苦悶の表情で語った。そのことをクライエントは完全に忘れていたが，知人の性にまつわる出来事を聞いてから徐々に「自分は取り返しのつかない失敗をするのではないか」という強迫観念が強くなっていったと述懐した。

　力動的フォーミュレーションに基づけば，粗野な父親から母親を守ってきたのは自分だったはずなのに，それは家族関係の一コマに過ぎず，大人はもっと複雑な情緒（情念）の世界を生きているということは，成年に移行しつつあったクライエントの世界観を一変するようなトラウマ的出来事だったと理解できる。

　この事例を認知行動的フォーミュレーションにあてはめるなら，生活もままならない強迫症状の心理的メカニズム（自動思考やスキーマ）と行動への影響をもとにクライエントと治療者が協働的に目標を決め，それが実際の生活にどう反映されたかが問われていくことになる。ベック（2021/2023）はこの実践を協働的実証主義と呼んだが，その結果，短期的に症状が軽快するのなら，クライエントの経済的，時間的負担は少なくてすむ。ケースフォーミュレーションは，クライエントの生活状況や

注3：この方法を専門的には，「露頭探鉱」と呼ぶようで，1960 年の地質調査月報
　　　11(4) に「岡山県帯江鉱山付近の銅鉱床」という調査報告がある。

課題へ向き合う力，あるいは課題に取り組める時間の長さや現実的な対人関係の質などを考慮に入れながら，目に見える「露頭」から手繰れる鉱脈をいくつかの手法に基づいて提示し，クライエントが自ら選択できるための素材を提供する専門的取り組みである。少なくとも初回面接では，治療への動機づけになるよう各々のクライエント理解に基づいたフォーミュレーションが提示できることが必要になる。

　ケースフォーミュレーションは一朝一夕にできるものではない。ケースカンファやスーパービジョンで自分の「見立て」を言語化し，指導者や仲間との対話を通じて「どのように考え，取り組めばいいか」を会得していくものである。人のこころに携わる心理臨床という仕事では，専門家になるための鍛錬が求められることをあらためて指摘しておきたい。

🔋 研究課題

1．自分が経験した振り返ることができる範囲の日常の出来事について，なぜそんなことが起きたのか，前後の文脈，関係者のいつもの言動などから，まずは異なる3つのことを連想する練習をしてみよう。
2．映画やドラマ，小説，歴史上などの人物，または想像上の人物について，マクロな認知行動的ケースフォーミュレーションを作成してみよう。

引用文献

Bateman, A. & Fonagy, P. (2004). *Psychotherapy for borderline personality disorder : mentalization-based treatment*. Oxford University Press. (ベイトマン，A.・フォナギー，P.　狩野力八郎・白波瀬丈一郎（監訳）(2008). メンタライゼーションと境界パーソナリティ構造―MBT が拓く精神分析的精神療法の新たな展開　岩崎学術出版社)

Beck, J. S. (2011). *Cognitive Behavior Therapy : Basics and Beyond* (2nd ed.). Guilford

Press.（ベック，J. S.　伊藤絵美・神村栄一・藤沢大介（訳）（2015）．認知行動療法実践ガイド：基礎から応用まで　第2版　ジュディス・ベックの認知行動療法テキスト　星和書店）

Beck, J. S. (2021). *Cognitive Behavior Therapy: Basics and Beyond* (3rd ed.). Guilford Press.（ベック，J. S.　伊藤絵美・藤澤大介（訳）（2023）．認知行動療法実践ガイド：基礎から応用まで　第3版　ジュディス・ベックの認知行動療法テキスト　星和書店）

Chethik, M. (1989). *Techniques of Child Therapy: Psychodynamic Strategies.* Guilford Press.（チェシック，M.　齋藤久美子（監訳）（1999）．子どもの心理療法　サイコダイナミクスを学ぶ　創元社）

土居健郎（1992）．新訂　方法としての面接―臨床家のために　医学書院

遠藤幸彦・皆川邦直（2007）．精神力動フォーミュレーションのまとめかた　守屋直樹・皆川邦直（編）精神分析的診断面接のすすめかた（pp. 183-197）　岩崎学術出版社

榎本真理子（2007）．ケースフォーミュレーション　下山晴彦（編）認知行動療法―理論から実践的活用まで（pp. 84-96）金剛出版

林直樹（2019）．ケースフォーミュレーションの概念と歴史　林直樹・下山晴彦　「精神療法」編集部（編）ケースフォーミュレーションと精神療法の展開　精神療法増刊第6号（pp. 6-13）　金剛出版

池田聡史（2021）．メンタライゼーションを学ぼう　愛着外傷をのりこえるための臨床アプローチ　日本評論社

Kahneman, D. (2011). *Thinking, Fast and Slow.* Farrar Straus & Giroux（カーネマン，D. 村井章子（訳）（2014）．ファスト＆スロー―あなたの意思はどのように決まるか？上・下　早川書房）

厚生労働省（2016）．社交不安障害（社交不安症）の認知行動療法マニュアル（治療者用）　平成27年度厚生労働省障害者対策総合研究事業「認知行動療法等の精神療法の科学的エビデンスに基づいた標準治療の開発と普及に関する研究」Retrieved from https://www.mhlw.go.jp/file/06-Seisakujouhou-12200000-Shakaiengokyokushougaihokenfukushibu/0000113841.pdf（2024年1月31日）

厚生労働省（2016）．パニック障害（パニック症）の認知行動療法マニュアル（治療者用）　平成27年度厚生労働省障害者対策総合研究事業「認知行動療法等の精神療法の科学的エビデンスに基づいた標準治療の開発と普及に関する研究」Retrieved from https://www.mhlw.go.jp/file/06-Seisakujouhou-12200000-Shakaiengokyokushougaihokenfukushibu/0000113842.pdf（2024年6月9日）

Kuyken, W., Padesky, C. A., & Dudley, R. (2009). *Collaborative case conceptualization: Working Effectively with Clients in Cognitive-Behavioral Therapy.* Guilford Press.（クイ

ケン，W. パデスキー，C. A, ダッドリー，R. 大野裕（監訳）（2012）．認知行動療法におけるレジリエンスと症例の概念化　星和書房）

McWilliams, N. (1999). *Psychoanalytic Case Formulation*. Guilford Press. (マックウィリアムズ，N. 成田善弘（監訳）（2006）．ケースの見方・考え方　精神分析的ケースフォーミュレーション　創元社)

守屋直樹・皆川邦直（編）（2007）．精神分析的診断面接の進め方　岩崎学術出版社

妙木浩之（2010）．初回面接入門　心理力動フォーミュレーション入門　岩崎学術出版社

妙木浩之（2019）．力動フォーミュレーション　林直樹・下山晴彦「精神療法」編集部（編）ケースフォーミュレーションと精神療法の展開　精神療法増刊第6号（pp. 45-51）金剛出版.

妙木浩之（監修）小林陵・東啓悟（編著）（2022）．実践力動フォーミュレーション──事例から学ぶ連想テキスト法　岩崎学術出版社

妙木浩之（2022）．臨床に活かす力動フォーミュレーションとは　妙木浩之（監修）実践力動フォーミュレーション──事例から学ぶ連想テキスト法（pp. 10-33）岩崎学術出版社

Persons, J. B., & Tompkins, M. A. (2022). Cognitive-behavioral case formulation. *In Eells*, T. D. (Ed.), Handbook of psychotherapy case formulation (3rd ed.,) (pp. 252-286). Guilford Press.

Persons, J. B. (2008). *The Case Formulation Approach to Cognitive Behavior Therapy*. Guilford Press. (パーソンズ，J. B. 坂野雄二・本谷亮（監訳）（2021）．認知行動療法ケース・フォーミュレーション　金剛出版)

下山晴彦（2017）．臨床心理フロンティアシリーズ　認知行動療法入門　講談社

下山晴彦（2008）．臨床心理アセスメント入門──臨床心理学は，どのように問題を把握するのか　金剛出版

Sullivan, H. S. (1953). *The interpersonal theory of psychiatry*. NewYork : Norton. (サリヴァン，H. S. 中井久夫他（訳）（1990）．精神医学は対人関係論である　みすず書房)

5 | 心理面接における関係性

大山　泰宏

《**本章の目標＆ポイント**》　心理面接における関係性について，セラピストとクライエントが相互に体験する気持ちや感情について論じるとともに，心理面接の進展において，それがどのような役割を果たしているのか論じる。また，セラピストとクライエントの「あいだ」に存在する，あるいは生起する「第三項」の意味について検討する。

《**キーワード**》　転移，逆転移，エナクトメント，第三項

1. 関係性の視点

（1）関係性は無関係ではない

　心理面接は，セラピストとクライエントが出会うことで行われる営みである。それは，深層心理学であれ認知行動療法であれ，学派や技法にかかわらず共通する事態である。心理面接には人と人との関係がある。それを積極的にセラピーに使うにしろ，あまりテーマ化しないにせよ，セラピストとクライエントの関係は，心理面接に何らかの影響を与えている。こうしたセラピストとクライエントのあいだの人間関係の諸相のことを，セラピストとクライエントの関係性と呼ぼう。

　第1章でも述べたように，セラピストとクライエントの関係は，それまでのつきあいや利害関係のないところから始まる。多くの場合は，お互いが初対面である。このときに私たちは，どのように「関係」を取り結び開始していくであろうか。初めて出会ったときに私たちは，それまでの自分の人間関係の経験によって蓄積された情報から，意識的にせよ無意識的にせよ，いま目の前に現われた人を理解しようとする。クライエントはセラピストのことを，中学のときの社会の先生に似ているとか，

叔父さんに似ているとか思うかもしれない。あるいは，何となく好きなタイプだとか，気が合わなそうだとか思うかもしれない。要するに，本当はどんな人かまだ分からない人に対して，過去の経験や記憶が持ち込まれているのである。

　このような個人的経験による判断ばかりではない。クライエントは，セラピストという「役割」に対しても，何らかの判断を持ち込む。自分を苦しみから解放してくれる救世主のような理想化した期待を抱いているかもしれない。こころを理解するとかこころに寄り添うとか胡散臭いことを言うペテン師のように思っているかもしれない。あるいは，これまで受けたカウンセリングが思わしくなかったとしたら，セラピストというものに腹を立てたり失望したりしているかもしれない。このように，相手がどんな人であるのかという個人的な要因を離れて，セラピストという役割そのものに対する思いがある。日本では，クライエントはセラピストを「先生」と呼ぶことが多い。たとえまったく訓練を始めたばかりの学生であっても「先生」と呼ばれる。こうした目上の人に対する呼称をセラピストに使うのは，日本や台湾，中国などの儒教文化圏の特徴である。このことは，クライエントにとってセラピストは，ひとりの個性をもった人間であるというより，「専門家」として暗に位置づけられ，役割に対する暗黙の期待が大きいことにつながる。

　いっぽうセラピストのほうは，初めて出会うクライエントをどう思っているであろうか。もちろんセラピストも日常の関係性を生きている人間であるから，クライエントに対して，自分のそれまでの個人的な人間関係から何らかの印象を形成し，意識的・無意識的な判断をするであろう。ただそのことに対しては，後に詳述するが，いわゆる「逆転移」の一様相として，専門的な訓練をきちんと受けたセラピストは十分に自覚的であり，不要な影響を与えてしまわないように意識している。セラピストは，自分の個人的な人間関係ばかりでなく，セラピストとしての体験，すなわち，自分がこれまで直接出会ってきたクライエントとの経験，事例検討や事例報告で間接的に接したクライエントのことを参照しながら出会っていく。あるいは物語や映画などの作品の登場人物（しばしば，

それらでは人間のパーソナリティや心の本質が，見事に描かれている）などを参照しつつ，出会っていくであろう。いずれにしても，セラピストはクライエントを「見立て」つつ出会い始めるのである。

（2）心理面接の進展における関係性の諸要因

　セラピストはクライエントを見立てつつ，専門家として出会おうとしているのであるが，その専門的な技能やあり方について，詳しくみてみたい。

　クライエントがセラピストのもとを訪れる。そこでの出会いをどのように行うか，実際にそれを構造化していくのは，セラピストである。クライエントのほうが面接を仕切るということは，よほどの例外であり，もしそういうことが心理面接のプロセスの中で生じたとしたら，それはそれでとても意味があることである。しかし，いつもそうであれば心理面接そのものが成り立たない。まずはセラピストのほうが，いわゆる「治療枠」とか「治療構造」と呼ばれるものを設定し，セラピストとクライエントが相互作用を展開していく場を設定する。

　その場を成り立たせるものとして，時間，料金，面接の契約上のルールなどの枠がセラピストから提示されることは，第1章で述べたとおりである。いっぽう，そうした明示的なルールだけでなく暗黙のルールもある。セラピストは，クライエントの成育歴やこれまでの経過，家族構成など個人的な情報を事細かに聞いていく。対してセラピストのほうは，自分のパーソナルな情報をクライエントに伝えることは，ほとんどない。セラピストの個人的なことを訊ねてはいけないというルールを明示しないにせよ，セラピストの応答はそうしたルールにのっとっている。クライエントがセラピストの個人的なことを尋ねたならば，なぜそうしたことを訊きたくなったのかと逆に尋ねられるであろう。セラピストがどのような人なのか，クライエントは一人相撲のように，想像するしかない。これは内的な枠のひとつであるが，この不自然な非対称関係の意味については，後述する。

　そうした関係の中であるのだが，セラピストはクライエントとラポー

ル（rapport）を作り上げていこうと努力する。ラポールとはもともと，催眠の創始者であるメスメル（Mesmer, F. A.）が言い出した言葉で，催眠術師と患者の「動物磁気 magnétisme animal」（動的な内的生命の動き）が共鳴しあい，両者のあいだに交流関係が生まれてくる状態を指していた。現在の心理面接ではラポールは，クライエントとセラピストが心理面接という共同作業を展開していくために必要な，心理的な交流と信頼関係を意味するものである。セラピストはラポールを通して，クライエントの立場に身を置いて感じとったり理解したりすることができ，またクライエントのほうは，安心した感覚や受容された感覚をもつのである。

　心理面接の関係では，セラピストは価値判断や評価をせず，また極力自分の考えを伝えることなく，クライエントの感じ方や考え方というものを，心から体感できるようにチューニングしていく。そこには心理面接のもっとも基本的な原則である「共感」が展開し，そのことでクライエントは受容された感覚をもつ。この共感と受容ということは，ロジャーズの来談者中心療法でもっとも重視されているように，この状態を体験することで，クライエントに本来の「自己」の動きと成長の動きが活性化し，自然的な治癒力というものが動き始める。

　このような「共感」というものは，あらゆる心理面接の展開において大切な駆動力である。ランバート（Lambert, M. J., 1992）は，数多くの学派の異なる心理面接の効果のメタ研究から，心理面接の成功の要因のうち30％は学派にかかわらずセラピストとクライエントとの関係性によるものであると論じている。またスイスのグラーヴェら（Grawe, K., Donati, R. & Bernauer, F., 1994）も膨大な数の心理面接事例のメタ分析により，類似した結論を提出している。これらの研究に関しては，その妥当性を批判する論もあるが，いずれにしろ，心理面接における共感の要因の意義に関しては，現在でも注目されているところである。

2. 転移と逆転移

（1）転移の発見と意義

クライエントに対する心の底から自己一致したセラピストの共感は，単に共感能力といった情動的側面だけから成し遂げられるものではない。クライエントの生育史や現症歴をしっかりと臨床心理学的に読み解き，クライエントが懸命に生き延びてきた足跡を理解するという，専門的で知的な営みも必要である。とはいえ，それだけで全ての心理面接がうまくいくわけではない。共感ということは，必要条件ではあるが十分条件ではない。このことは，現在の力動的心理療法の祖である精神分析が生まれた当初から認識されていた。もっと正確に言えば，共感のみでは不十分であるという認識から，精神分析という技法が生まれたのである。

紙幅の都合でここでは詳しくは述べないが，『ヒステリー研究』にブロイアー（Breuer, E.）が紹介している症例「O. アンナ」のその後のエピソードに，それがもっともはっきりと示されている（Jones, 1961）。アンナ嬢は，当初は重篤で多彩なヒステリー症状を示していたが，献身的で温かな関わりを丹念に続けるブロイアーを絶対的に信頼し，催眠下で「話をすること」によって自分の症状の原因に気付いたり，自分を表現できたりするようになり，その症状も改善へ向かいつつあるようであった。しかし，何時間も話を聴いたり，家に招いて食事を一緒にしたりもするブロイアーと心理的な距離が近くなりすぎ，過度な心理的依存の状態を引き起こしてしまい，そのことは両者の「医者と患者」という関係性を越えてしまいかねないものであった。ブロイアーがそれ以上近づきすぎることに躊躇しはじめると，アンナの状態は再び悪くなり，ついには「ブロイアーの子どもがお腹の中にいる」と，想像妊娠による腹痛まで訴え混乱するようになってしまった。結果，ブロイアーは他の医師に治療を引き継がざるをえなかったのである。

この例では，ブロイアーは十分に共感的であり，O. アンナと良好な関係が築けていたのだが，それだけではうまくいかなかった。また，ブロイアーが用いていた催眠の技法は，患者の意識を眠らせる。そのため

催眠下で行なったことや感じたこと，催眠下で思い出した記憶などは，当の患者自身は知らず，医者のほうが知っているのである。すなわち，「自分の心の秘密を治療者のほうが知っている」という事態となり，これも治療者の絶対視や依存を引き起こしてしまうことにつながるのである。

「セラピストは何でもよく分かってくれる」「自分にほんとうによくしてくれる」「セラピストは私よりも私のことをよく分かっている」と思うことは，転移（transference），なかでも陽性転移（positive transference）と呼ばれる。転移というのは狭い意味では，自分にとって大切な，とりわけ人生早期の大切な人間関係を，別の人間関係に移し替えて体験することである。たとえば，クライエントが自分の父親との関係を，セラピストとの関係に知らず知らずに移しかえ，父親に向けていた様々な感情をセラピストとのあいだで体験するという例である。人生早期の大切な人間関係は，その人の人格形成において重要な役割を果たしているので，それをセラピストとのあいだで再現して体験し，そのときに生じてくる感情や思いや繰り返されるパターン等を分析し話し合っていくことは，人格の変容につながることが期待できよう。さらに転移を広い意味で定義するなら，自分の存在の根源とかかわるような原初的な願望や衝動を他者に投げかけることである。人生早期の対象との関係は，まさに自分の存在の根源にかかわる願望や衝動に満ちたものである。また，「セラピストは私のことを私よりもよく分かってくれている」と思うことは，自分の存在根拠をセラピストに託すことであり，そのような存在であって欲しいと願望することである。十分に良好なラポールと共感的な心の通い合いがあり，セラピストに対するポジティヴな転移すなわち陽性転移が生じることは，自分の人生を早期から肯定的な人間関係の中で生き直すことだとも言える。

しかしながら，そうした思いはあくまでも自分の心に生じているものであり，セラピストの現実とは異なるということを理解することも必要である。「セラピストは私よりも私のことをよく分かっている」という幻想は，いつか必ず崩れる。セラピストが誤解したり，どうしても分からなかったりすることは，セラピストが他者である限り必ず生じる。あ

るいは，セラピストの都合で面接の日時の変更を言ってきたり，どうもプライベートのほうを大切にしていそうだということが透けて見えたりすると，セラピストに自分の存在の根拠を預けているがゆえに，見捨てられたという感覚や，怒りや悲しみなどが出てくることもある。しかしこうした感情も，やはりセラピストとの現実的な関係から出てきているというよりも，クライエント自身の存在の根源にかかわる対象に関する空想が投影されたものである。

　転移とは現実のものであるというより，自分の心の中の現象であるということに気づき，それを把握することが，自分の心を理解していくことにつながっていく。心理面接，特に力動的な心理面接・心理療法は，そのためのさまざまな技法や設定が工夫されている。時間を区切ること，料金を支払うことは，セラピストとの関係に「契約」というルールを持ち込むことで，関係が過度に近くなりすぎることを防ぐであろう。また，どんなに感情が動こうとも，抱きしめたり身体的関係をもつことは禁じられている。これも両者のあいだで生じている関係というものを，安易に現実化するのではなく心の中の出来事として扱っていくために重要なことである。また，セラピストの個人的な情報があまり開示されないことは，クライエントのセラピストに対する空想の自由度を高め（自由な転移の余地を与え），自分の心に向かい合うことを助けるであろう。さらには，セラピストの中立性ということも，ここに加えることができよう。クライエントがさまざまな感情で揺れているときも，セラピストはそれにそのまま共鳴するのではなく，一定の範囲での静かさを保っている。ときにはそれは，クライエントにとって冷たく感じられたり物足りなく感じられたりするほどである。しかしこのことにより，クライエントの気持ちはクライエント自身に照り返され，自分の感情や思いに気づき考えることにつながっていく。

　クライエントが，自由に自分の連想や思いついたことを語っていくというのも，まさに転移に気付いていくための設定である。催眠下での心の秘密の曝露では，クライエントは自分にとって大切なことを知らないままであった。しかし自由連想であれば，自分が思い出したり，思わず

言ってしまったりする現場に，自分自身が立ち会うことができる。それがゆえに，クライエントは自分自身で自身の心の探究を行うことができ，セラピストがそれを支えていくのである。

（2） 心理面接家としての訓練と転移

　クライエントからの転移は，ポジティヴなものばかりではない。時には，激しい怒りや嫌悪を向けられることもある。こうした負の感情を伴う転移は，陰性転移（negative transference）と呼ばれる。陰性転移は，最初から単独で出てくることは稀である。強制的に治療を開始しなければならない精神病圏や重篤な人格障害のクライエントの場合，初対面のセラピストに対して，強い陰性の感情を向けてくることはある。しかし多くの場合，最初は陽性転移をもっていたものが，心理面接が進む中で，より心の深い層にある感情が出てきたときや，何らかのきっかけで，セラピストに失望したり怒りを感じたりすることで生じてくる。最初から陰性転移だけでは，そもそも心理面接の関係性そのものに入っていけないであろう。したがって，純粋に陰性転移のみということも稀で，ほとんどの場合は，陽性と陰性とのアンビバレンスや揺れ動き，一方から他方への極端な反転といった形で生じてくる。

　陰性転移が生じてくると，クライエントはセラピストの言動ひとつひとつが気に障り，揚げ足をとるかのように激しく責めたててきたりする。それはあまりにも理不尽な批難である場合もあるが，多くの場合は，実に見事にセラピストの痛いところを突いてくる。セラピストは，その批難に混乱したり戸惑ったりするが，かといって平然と冷静にしていても，そのことで責めたてられる。そんなに腹がたつのであれば，心理面接関係を終了しようと持ちかけようものなら，さらに怒りに火がつく。子どものプレイセラピーであれば，毎回楽しそうにやってくるのに，いざセッションが始まるときにはセラピストを面接室の外に閉め出したり，めった打ちにしたりする。このように表立った表出ばかりではない。内側に密かな怒りを抱えて，突然に終結の申し出があったり，連絡もなく休むことが繰り返されたりすることもある。

陰性転移が生じているとき，セラピストの側にも負の感情が生じ，その扱いにセラピスト自身が困ることも多い（もちろん，もっと困って混乱しているのはクライエントのほうであることを忘れてはならない）。陰性転移ということはプロセスの必然だと頭で理解していたとしても，セラピストには，クライエントに対する怒り，「会いたくない」と思ってしまう嫌悪感情，「自分はセラピストとして未熟だ」とか「自分はダメなやつだ」という自己愛の傷つきなど，さまざまな負の感情が生じうる。しかも，クライエントから陰性転移だけを受けるのならまだ分かりやすいが，ちらほらと陽性転移も混じっているので，セラピストはますます混乱してしまう。

　陰性転移を体験するときにはっきりと認識されるのであるが，じつはセラピストの側にもクライエントに対して，転移が生じているのである。陰性転移に巻き込まれたときにセラピストの側に生じてくるさまざまな負の感情は，セラピストの根幹を揺るがすようなものである。その意味では，セラピスト自身の人生早期の大切な他者との人間関係が活性化されるものであり，自分の存在の根源とかかわるような，原初的な願望や衝動を，クライエントという他者に投げかけているのである。こうしたセラピストの側からの転移は「逆転移」（counter transference）と呼ばれる。面接の経過を溯って考えれば，陰性転移が生じる前も，実はセラピストからクライエントに対して，陽性の逆転移が向けられていたことが分かる。クライエントがセラピーを心待ちにしていると，セラピストの自己愛が満たされるであろう。自分はセラピストとしてずいぶん成長したな，と思うかもしれない。あるいは，「なんて気の毒な人だ。この人のためにがんばろう」と思っていたかもしれない。「この人とは気持ちが通じ合える。好きなタイプだ」と思っていたかもしれない。そうしたセラピストの側からの転移は，面接の駆動力であり心理面接を支える力であった。しかし，陰性転移に直面したとき，セラピストは自身の陽性の逆転移も含めて，問い直さなければならなくなる。

　陰性の転移と逆転移とが布置された面接関係を生き抜いていくのは，なかなか困難な仕事である。しかしながらそこにこそ，その心理面接の

きわめて重要な局面がある。クライエントからの負の感情の噴出は，クライエントの中に長い間眠っていて密かにクライエントを苦しめ続けていた，人生早期の不幸な体験の記憶の再現である。極限まで否定的な自分で振る舞っても決して見捨てられないという体験をセラピストとのあいだですることは，クライエントが人間に対する信頼を得るために，決定的に重要なことかもしれない。強い陰性の感情が目覚めたのは，セラピストとの関係という基盤があったからこそである。そして，セラピストの専門性があるからこそ，関係を壊してしまわずにそこを生き抜いていくことができる可能性があるのである。

　転移と逆転移の絡み合いを生き抜いていくには，何が２人のあいだで生じているのか，何がクライエントの心に生じているのか，そして何がセラピストの心に生じているかに，気付くところから始まる。こうした転移関係の解きほぐしは，その渦中にいるセラピストが独力で成し遂げることは案外難しい。渦に巻き込まれてしまうばかりでなく，陰性転移をまったく考慮せず，あたかもクライエントとの関係は陽性のものしかないかのように認識し振る舞う分割排除（spliting）や，陰性感情を抑圧するといった防衛機制が，知らず知らずのうちにセラピストに働いてしまうことも多い。セラピストも人間であるので，いくらトレーニングをしてもまだまだ未消化な心のこだわりがあったり，どうしても冷静になれないポイントがあったりする。そのようなときに助けになるのは，「仲間」の関係である。スーパービジョンや事例検討会などで，他者の視点から，傍目八目に眺めてもらい話し合うと，何が生じているのか腑に落ちて，その難局を冷静に眺めることができるようになる。また，他者と共有し情緒的に支えられることで，生き抜いていく勇気をもらうこともある。

　それよりも何よりも，セラピストは自身の心の深い動きに気づき，そのことの意味を尋ね続けることができるように，トレーニングを受けていなければならない。また，自分の中の強いこだわりや統制のとれない感情の動きなどに表れてくる，自分自身の心の問題に関して，ある程度取り組んで解決しておかねばならない。セラピストの逆転移のほうがク

ライエントの転移よりもっと理不尽でクライエントを巻き込むようであれば，それはひとえにクライエントに迷惑であり，専門家としては不適格である。最低限迷惑はかけぬよう，セラピスト自身が教育分析や訓練分析を受けることが必要であり，もしその機会がないのであれば，スーパービジョンをしっかり受け続けることは必須である。セラピストの訓練分析の体験では，実感をもって転移とはどのようなものであるかを会得することができる。セラピスト自身が自分の心の深い動きに到達できていることが，クライエントの心の深い動きを分かることにつながり，関係性の理解を中心として心理面接の力量を向上させることとなる。

3．関係性における「第三」のもの

（1）エナクトメント

これまで，セラピストとクライエントの関係性を，両者のあいだに生起し布置されるものとして論じてきた。しかしながら，そうした二者関係から捉えるのみではなく，両者のあいだに布置される「第三のもの」を含めて関係性を考える視点もある。

精神分析の最近の進展では，エナクトメント（enactment）という考え方がある。これは，両者のあいだに布置される無意識により，セラピストとクライエント双方が，ある役割を演じさせられている（act），あるいはその場面での無意識の行動や仕種などに表れ出てしまう（act out）という事態のことである。面接の中で，セラピストが思わず言ってしまったりやってしまったりすること，普通であれば絶対自分はそんなことは言ったりやったりしないのに，なぜかそのときはそれをしてしまったというときには，セラピストは関係性の舞台のうえで，何かからそれを演じさせられていると考えるのである。クライエントのほうにも，本人の意に反してついやってしまうこと，あるいは，意に反して繰り返しやってしまうことがある。たとえば，めったにないことなのにセラピストが面接をダブルブッキングしてしまい，とっさの判断でひとりは断らざるをえなくなったというとき，セラピストは，断った相手とのあいだでも，選んだ相手とのあいだでも，ある関係性を演じている。断った相手は，

いつも後回しで我慢することで人生を歩んできた人かもしれない，選んだ相手は自分の要求をいつも通してきていた人かもしれない。そのようなことは面接の中で既に話し合われてきたかもしれないが，まさにその事態を，両者の関係のあいだで再現してしまっているのである。もちろんダブルブッキングなどはあってはならないことであり，それは起きてしまうより起きないほうがずっといいが，それでも生じてしまったとき，単に平謝りに謝るのではなく，そのことで実現化されていることが何であるのかを，セラピストは考え，また，クライエントと話し合うこともできるのである。

　演じさせられたこと（エナクトされた）ことは，たしかに二者のあいだの転移の現れだと考えることもできるかもしれない。しかしながら，転移されるものは，それが感情であったりイメージであったりして，少なくとも何らかの心的な作業を介したものである。しかしながら，エナクトされるものは，本人ではまったく気付かない，意識にものぼらず感情としても認識もされないようなものである。それは繰り返し行動化されたり，身体化されたり，あるいは微細な非言語的な振る舞いとして現われてくるものであり，転移よりもずっと心理面接の中で対象として扱うことが困難なものである。その意味では，心の内側にあるというよりも，心の外側にあると言ってもよい。セラピストあるいはクライエントという主体の外側にある第三の無意識と言ってもよいであろう。

（2）第三項の多様性と共通性

　セラピストとクライエントの両者の主体の外側にある無意識に関しては，精神分析におけるエナクトメントの考え方以外にも，いろんな形で概念化されてきた。たとえば，オグデン（Ogden, T. H., 1994）は，「分析的第三者 the analytic third」という概念で，セラピストとクライエントの両者の出会いから生まれると同時に両者を包み込むような，両者の主体のあいだにある間主観的な「第三の主体」を想定している。それはセラピストとクライエントとの相互作用から生じるというよりも，それ自体が自律的な主体であり，セラピストとクライエントはむしろ，その第

三の主体の両端として個別化されたものである。セラピストもクライエントも，その第三の主体が何を自分たちに語りかけもたらそうとしているか，その声を聴くことになる。面接中にふと浮かんでくるイメージや連想，思わず言ってしまうことなどに，第三の主体の声を聴くヒントがあり，第三の主体に十分に私たちが参与し味わうことできるようになることが，治癒につながるというのである。

同様の第三の主体は，ビオン(Bion, W. R., 1963)によっても「O(オー)」として概念化されている。それはセラピストとクライエントを超えて流れ生起している究極の現実である。私たちは決してそれに到達することはできず，それは未知のままに留まる。そのOが変形された形で私たちに届き，認識させられるのが，私たちのもつイメージであり思考であり空想である。Oが何を語りかけているのか私たちが知ることが分析の本質であり，Oに「なる」あるいはOを生きるときこそ，私たちの創造性は最大限に発揮されるというのである。

このように，セラピストとクライエントの関係性を超えた「第三のもの」を想定するのは，ユングの考え方にもみられるものである。たとえば，集合的無意識そして元型という概念である。私たち個人はその一部として具現化されているのであり，集合的無意識にせよ元型にせよ，それそのものは不可知である。それらは，セラピストとクライエントという主体を超えているものである。さらには，コンステレーションという概念も，第三のものを前提としている。コンステレーションは，元型の働きが外界に布置されたものであるとされる。セラピストもクライエントも，コンステレーションの生起にいつも一歩遅れ，その意味に事後的に気付かされる。あるいは，それが何を意味するのか，自分に何をもたらすのか，事象生起の後に読み取っていくのである。このように，コンステレーションという概念は先述したエナクトメントとも共通する部分が多い。

さらに敷衍していくのであれば，「第三のもの」がセラピストとクライアントの関係性の中で現われてくることは，心理面接の中では，しばしば生じていることである。クライエントが報告する夢，クライエントの

描画，クライエントの箱庭作品などなどは，セラピストとクライエントの両者の主体を超えて，両者のあいだにもたらされ，両者はその意味を探究していく。すなわち，イメージが両者のあいだに布置されることは，まさに第三項との関係に誘われているのである。

研究課題

1. 自分がクライエントの立場になったと想像してみよう。あるいは，自分がクライエントの立場を経験したときのことを思い出してみよう。そのとき，セラピストとの関係の中でどんなことが気になるだろうか。セラピストにはどんな人であって欲しいだろうか。セラピストのプライベートのどんなことが気になるだろうか。セラピストから自分のことをどう思ってもらいたいだろうか。

2. セラピストとクライエントの関係性の中での「第三の主体」という考え方と，東洋的な思想との関連を考えてみよう。その際，禅の思想，木村敏の「あいだ」の考え方などを参考としてみよう。

引用文献

Bion, W. R. (1963). *Elements of Psychoanalysis*. Heinemann Medical Books. (福本修 (訳) (1999). セヴン・サーヴァンツ（上）法政大学出版局)

Grawe, K., Donati, R., & Bernauer, F. (1994). *Psychotherapie im Wandel-von der Konfession zur Profession*. Hogrefe.

Jones, E. (1961). *The Life and Work of Sigmund Freud*. Basic Books. (竹友安彦・藤井治彦 (訳) (1969). フロイトの生涯　紀伊国屋書店)

Lambert, M. J. (1992). Psychotherapy outcome research: Implications for integrative and eclectical therapists. In J. C. Norcross & M. R. Goldfried (Eds.), *Handbook of Psychotherapy Integration*, (pp. 94-129). Basic Books.

Ogden, T. H. (1994), *Subjects of Analytics*. Jason Aronson. (オグデン，T. H.　和田秀樹 (訳). 「あいだ」の空間—精神分析の第三主体　新評論)

参考文献

ドンネル・B・スターン（著）小松貴弘（訳）（2014）．精神分析における解離とエ
ナクトメント：対人関係精神分析の核心　創元社

6 | 心理面接での取り組み①：動機づけ

丸山　広人

《**本章の目標＆ポイント**》　心理療法の効果を高める要素として来談者の治療動機は欠かせないものである。治療動機があるということは，自分のなかに苦しみや困難があることを自覚しており，それを改善したいという気持ちがあるということだからである。それに取り組むための時間とお金をかける準備も整っているだろう。しかし，必ずしも治療動機の高い人ばかりが心理療法の場に来るわけではない。たとえ治療動機があったとしても，いざとなると変化に抵抗することもある。本章では，変化への動機づけを高めるための工夫を探求し続けてきた動機づけ面接を中心に解説する。
《**キーワード**》　動機づけ面接，両価性（アンビバレンス），チェンジトーク，OARS，間違い指摘反射

1．来談するまでの葛藤

（1）揺れる治療動機

　クライエントが心理療法の場を訪れる理由には，仕事や人間関係がうまくいかず悩んでいたり，ずっと気になっていた親子関係に向き合う必要性を感じたりと実にさまざまある。このような場合，自分を心理的に苦しめる何かがあることを自覚し，それを解決したい，克服したいという気持ちがあるだろう。来談者はお金と時間をかけてまでして解決や克服を願っているのであり，そこには明確な変化への動機づけがあると理解できる。何かを変えなければならない，自分のなかの何かが変わらなければならない，このままではいられないという切実な想いである。これは治療動機となり，心理療法を始めて，それを続けていく原動力になるだろう。

　しかし，治療動機が低く，自分のことを振り返ろうという意欲が低い

まま来談する人たちも少なくない。たとえば，スクールカウンセリングにおいては，「親や教師から相談に行くように強制されたから来た」という児童生徒がいたりする。本人はどうして面接に行くのか，何をすればよいのかということがよく分からないまま，「とにかく親や先生が行けというから来た」という感じである。「連れてこられて来ただけだ」と，不満げな態度の人もいる。「話したいことがあるわけではないが，相談に行かないと家でゲームをさせてもらえないから」といい，来談がゲームの交換条件になっていたりすることもある。

　司法場面では，本人の意思とは関係なく面接が半ば強制的に組み込まれていることもあるだろう。医療の場では，本人は全く困っていないが周りの人が困りはてて，強制的に連れてこられるような場合もある。強迫性障害の人は，自分の強迫的な行動に困りつつも，一方ではその症状は絶対的に必要なものであり，これを消すことなど到底できることではないと強く信じている場合もある。困っていることを自覚してはいるが，治そうとは思っていないという状態である。このように心理療法は，変化への動機づけを強くもっているクライエントばかりを対象にしているわけではないのである。

　このような場合は，たとえ来談意欲がないように見えても，まずは心理療法の場に来てくれた労を最大限みとめることから始められるであろう。せっかく来てくれたのだから，とりあえず30分程度でいいから話をしていかないかなどと誘いながら，来談者の話に興味をもって耳を傾けていく。そうして関係の糸口を探りながら話を聴いているうちに，本人も来談当初の防衛的な構えが薄らぎ，打ち解けて話ができるようになることも少なくない。そして，そのまま来談が継続されて，いつの間にか毎週来談するようになることもある。思春期のクライエントとはそのような出会いの方がむしろ自然かもしれない。結局，その1回だけで面接が終わってしまうかもしれない。しかし，そのような場合であっても，自分のことを話すのはそれほど嫌なことではないという印象だけでも持ち帰ってもらいたいと願っているセラピストは多いのではないだろうか。そして，その来談者が本当に必要としているタイミングで相談に来

てくれれば，などと願いながら話を聴くことになるだろう。

（2）積極的に動機づけるとき

　人は本当はこうした方が良いのは分かっているけれども，そうはできないという葛藤状態を抱えたまま，不健康な行動を続けてしまうことがある。たとえば過度な飲酒，喫煙，ゲーム，ギャンブル，運動不足，睡眠不足などは，それが悪いことは分かっており，それを続けることがその後の人生にとって良くない結末を生じるリスクがあることもよく分かっている。しかし，今は自覚症状がなく普通に働けて，生活もできている。健康診断の数値には悪いところもあるが，それはみんな同じであり，特段心配する必要はないなどと素人判断をしてしまうこともある。このような場合は，なかなか治療の動機づけは高まらない。

　受験が迫っているのにスマホゲームから離れられず，本人も勉強を開始しなければならないことは分かっているのだが，なかなかゲームを止めることができずにいるということもある。本人の中では，どうにかしてこの葛藤を解消し，やるべき行動をすみやかにできるようになりたいと望んでいるのだが，どうしてもその行動ができないのである。このような場合は，変化に向けての動機づけを高めることや，動機を維持し続けることが心理療法の中心的な仕事になるであろう。そしてこの仕事は長い間，次のようにしてなされてきた。

　たとえば，アルコール依存症の治療の場では，そのまま飲酒を続けたらどうなるのかという悲惨な結末を並べ立てて，なかば脅すような形で治療に向けさせる傾向があったという（原井，2012）。現在では，このような働きかけはあまり効果を発揮せず，患者たちの無力感を高めることになってしまうので，その効果は限定的であることが知られている。このようなかかわり方は，アルコールの問題に限らず，上記のようなゲームやギャンブルなどさまざまな問題に対してもとりがちな対応である。

　それでは，このような対応の効果が期待できないとするならば，どうすればよいだろうか。このような経緯と問いの答えとして開発されたの

が動機づけ面接（motivational interviewing）である。本章では，ミラーとロルニックによって開発された，この動機づけ面接に着目して，心理療法における動機づけについて考えていくことにする（Miller, W. R & Rollnick, S., 2013　原井監訳　2019）。

（3）両価性への注目

心理療法は，クライエントが抱えている悩みや課題を解決する方向に向けて会話を進めていくことであり，それは現状から離れて変化に向けての会話を進めていくことであるといえる。目指す方向は，本人が望む方向に向けての変化であったり，QOL を高める変化だったりすることになるだろう。しかし，心理療法では，抵抗という現象もよく知られており，クライエントは変化に向けて着実に進んでいくとは限らない。同じ話が繰り返されたり，セラピストに恋愛感情を抱くことによって自分の問題を棚上げしたり，変化を達成する意欲がなえてしまい現状維持でかまわないと思ったりすることもしばしば起こる。

動機づけの面からこの抵抗を考えてみると，それは問題に取り組みたいけれども取り組めないというアンビバレンス（ambivalence）な状態に陥っているということである。つまり，変化したいけれども現状も維持したいという，2つの異なる動機が同時に存在しているわけである。このような場合，上述したように，変化に向けての動機づけを高めるべく，変化するとどのような良い未来が開けてくるかということを思い描いてもらったり，このまま現状維持を続けるとどのような悪い結末になるかということを思い浮かべてもらったりして，このアンビバレンスな状態から一刻も早く抜け出させようと，変化に向けた方向に話を進めたくなる。しかし，動機づけ面接が重要視するのは，このアンビバレンスな状態から早く抜け出させることではなく，むしろ，この状態にとどまって，アンビバレンスを十分に育むことである。

クライエントは，相反する力が心の中で綱引きをしているアンビバレンスな状態にあるので，動機づけ面接では，そのアンビバレンスをていねいに検討する中で，本当の希望や目標を探求し，変化に向けた行動へ

と納得感をもってコミットできるように働きかけていく。クライエントの心の奥にある希望に焦点を当てて，そちらに向けて方向づけるところは目的志向的であるが，言動の奥底にある本当の希望に向かって進むところは，来談者中心と位置づけることができる。

（4）セラピストの間違い指摘反射

　対人援助の場で働いていると，クライエントの苦しみを少しでも緩和するお手伝いをしたい，予測される困難を何とか回避させてあげたいと思う場面に出くわすことが多い。しかし，そのようなセラピスト側の想いが強すぎてしまうと，アンビバレンスな状態のクライエントに対して，「あなたが進むべきは，そちらではなくてこちらではないか」，「それ以上そちらの道を進むとこれまでと同じ過ちを犯してしまうことにならないか」などと助言や説得をしたくなる状況になる。クライエントの発言をさえぎり，指示的な態度で進むべき方向性を示す誘惑にかられるのである。

　しかし，動機づけ面接の観点からすると，このような発言は，アンビバレンスな状態の人に対しては逆効果となりかねない。つまり，クライエントに2つの相反する欲求があるとき，セラピストが一方の欲求に肩入れしてその欲求を強めようとすると，クライエントの方は，防衛的な構えになってしまいセラピストとは反対の欲求の方を強めがちになってしまう。このように，セラピストがクライエントの発言を間違っていると認識して，それと正そうとするようなかかわりを，動機づけ面接では間違い指摘反射（righting reflex）と呼ぶ。間違い指摘反射は，セラピストがクライエントの福利を促進したいあまり，物事を正して害を予防しようと反射的に間違いを指摘してしまう一連の動きのことである。

　動機づけ面接は，今では，教育や福祉，司法，産業領域など幅広く用いられている面接法であるが，もともとは依存症や嗜癖の問題をもつクライエントを対象にして開発されてきたという歴史がある。アルコールや薬物依存の問題やギャンブルなどの嗜癖問題は，その問題が生命の危機に達していたり，離婚や離職という社会生活を崩壊させる危険と直結

していたりすることも多く，その結末が目に見えているからこそ，援助者側はどうしても間違い指摘反射をしやすくなる。しかし，クライエントに対して間違い指摘反射で応じてしまうと，信頼関係は築けず治療も進まない。それどころか関係は破綻してしまう。

　間違い指摘反射は，日常場面でもたくさん見られるものである。「お母さんは怒ってばかりで，僕のことが嫌いなんだ」という子どもに対しては，「それは違うんじゃない」などと疑問を投げかけることもあるだろうし，「もう死んでしまいたい」という人に対しては「死ぬなんて言わないで」と反射的に応ずることもあるだろう。相手の言うことを正したくなるような，このセラピストの間違い指摘反射は，クライエントの発言をそれとして認めることができないときに起こることだと考えられており，動機づけ面接では注意を要する対応と考えられている。

（5）動機づけ面接の会話スタイル

　動機づけ面接ではセラピストの会話のスタイルを，指示スタイル，ガイドスタイル，追従スタイルの3つに分類している。指示スタイルは，情報や指導，助言をして指示を与えるスタイルとされ，その隠れた意味は，「君たちが何をすべきかについては私が知っているので，私の言うとおりにせよ」というものになる。これとは反対のものとして追従スタイルがある。追従スタイルは，相手の言わんとしていることに関心をもち，自分の言葉をはさむことなく傾聴に徹するスタイルであり，その隠れた意味は，「私はあなたの知恵を信じているので，あなたの問題に対して，あなた自身のやり方で解決するまでそばにいます」というものになる。

　これらに対して動機づけ面接が求めるスタイルは，ガイドスタイルである。ガイドスタイルは，指示スタイルと追従スタイルの間に位置づけられており，クライエントを案内するような会話を心掛ける。そして，ポイントは，クライエントの語りを2種類に分けて考えることである。その2種類は，チェンジトーク（change talk）と維持トーク（sustain talk）と呼ばれる。

2．変化に向けた会話の工夫

（1）チェンジトークと維持トーク

　クライエントのアンビバレンスに注目するとき，その会話の特徴はどのようなものになるだろうか。それは，「今のままではだめだ」という気持ちが高まったり，「もう少しよくなりたい」という意欲的な言葉が出たかと思うと，「でも変わることは難しい，今のままのほうが良い」という理由が述べられたりもして，それらが混在した会話になるであろう。つまり，大別すると，変化に向けた会話と現状維持に向かう会話の2つに分けられるといえる。そして，動機づけ面接では，この2つをチェンジトークと維持トークと名づけ，それらを峻別して会話をすることを重視する。

　チェンジトークは，動機づけ面接の開発初期においては，自己動機づけ発言（self-motivational statements）と呼ばれていた（Miller & Rollnick, 1991）。これは自分で自分を動機づけるような発言のことであり，この発言を引き出して強めることが，すなわち動機づけを高めることになると考えられている。動機づけ面接は，人は自分の言うとおりに従って行動する，人は自ら話したことに動機づけられるという自己知覚理論にもとづいている（Rosengren, 2018 原井訳 2023）。自己知覚理論（self-perception theory）によると，人は自分自身の考えや感情など内面的なものをとらえるためには，まずはそれを言葉にして他者に話し，その話したことを自ら聞き，そして，他者の反応を観察してからやっと，自分の内面をより正確に考え始めることができる。そのため，たとえばスマホゲームをやめられない子には，ゲームをやめろと命令したり，ゲームがなぜダメなのかを説明して説き伏せたりするのではなく，子ども自らが「スマホはやめた方がいいと思う」，「運動の時間をもっと増やそうと思う」などと口にする方向に向けてガイドすることが理想となる。人は，他人から言われることよりも，自分が言ったことを聞く方が納得しやすいものであるため（Miller & Rollnick, 2002 松島・後藤訳 2007），納得感を高めながら面接をするということは，つまり丁寧にチェンジトークを

増やしていくということになる。

　チェンジトークで話しているときは，変化へ向けた動機づけが高まっているのであり，維持トークはその逆である。人が変化に向けて進んでいくときというのは，自然とチェンジトークを発しており，その量が増えていく。さらにチェンジトークをしているその会話自体が，また自らを変化に向けて動機づけているという側面がある。そのため面接では，チェンジトークを増やし，維持トークを減らすことができるならば，その会話は変化に向けた動機づけを高める面接をしていることになる。

　このとき注意しなければならないのは，維持トークを減らそうとして，クライエントの言葉を遮ったり，変化する努力を強いたりするような会話をしてしまうことである。これでは，セラピスト中心の会話のもと，セラピストが間違い指摘反射をすることになり，逆効果であることはすでに述べた。セラピストは間違い指摘反射をせずに，チェンジトークを増やしていくのである。そのためには，何がチェンジトークであるかを見分けるとともに，維持トークにはどのように対処するかを理解しておくことも必要となる。まずはチェンジトークを見分けるポイントについて考えてみよう。

（2）準備チェンジトーク（DARN）

　変化に向けた会話をする際には，クライエントの変化に向けた準備状態がどの程度整ってきているのかということを把握したいものである。変化に向けた準備状態が整ってきているとき，次のような会話が増加しているとされている。それぞれの頭文字をとって DARN（ダーン）と呼ばれる。

① 願望（Desire）

　これは，「こうなりたい」，「あのようになれたらいいのだけれど」といった願望の語りである。「こうなりたい」と思いながらも「それができない」というアンビバレンスを抱えているのがクライエントの心理である。そのため，このような願望の言葉に注目して頭にとどめておくと役に立つ。

② 能力（Ability）

「やろうと思えばできる」，「以前はできていた」，「今ならできるかもしれない」といったニュアンスの語りであり，自分の能力に期待する語りや，過去にはできていたと以前の能力を自覚するような語りである。もちろん「自分にはできない」，「そんな力はない」といった能力不足や能力欠如の語りもあるが，注目すべきはこちらではなく，「できている」，「できそうだ」といった方である。このような語りは自分で自分を動機づけていると考えることができる。

③ 理由（Reason）

変化する理由や変化しなければならない理由の語りである。「これをやらないとだめである」，「この目標を達成するためにはこれをしないといけない」，「これをすると確実に現状はよくなることは分かっている」などが挙げられるだろう。この場合，そうはいってもなかなかできないというのがクライエントの心理なのだが，それをしなければならない理由は明確であり，それをすることによって得られる利益のようなものを感じ取っているニュアンスが出ている語りである。

④ ニーズ（Need）

「こうする必要がある」，「自分にはこういうことが求められている」といった語りである。上記③の「理由」のように，それをすることによって何らかの利益が得られるというよりも，むしろ現状のままでは問題がある，いつまでも今のままではいられないといったように，問題のある現状から離れる必要性を感じ取っているニュアンスが強い。

以上のような語りは，アンビバレンスな状態の中にありつつ発言されるチェンジトークであり，必ずしも変化に向けた行動を実際に実行するとは限らない。アンビバレンス状態の中でなされるこれらの発言は，それがクライエントから出たからといって，すぐに取り上げて強めていくといったやり方をすると，セラピストが変化に向けた一方向のみに肩入れすることになるため，クライエントはもう一方の変わらない方向の語り（維持トーク）を強めてしまうことが懸念される。クライエントはアンビバレンスな状態の中でチェンジトークと維持トークを繰り返してい

ることを理解し，まずはその両方を丁寧に取り上げて検討することが求められ，それが，動機づけ面接の傾聴の仕方ということになる。

（3）実行チェンジトーク（CATs：キャッツ）

上述した準備チェンジトークは，実際の行動に向けた準備状態が高まっているときの発言と考えられているが，それがさらに進んで実行に向けた意欲が喚起されている時には，実行チェンジトークと呼ばれる発言になっていく。実行チェンジトークにも，いくつかの分類が可能である。

① コミットメント（Commitment）

「○○するつもりである」，「実際に実行します」という内容の発言であり，実行を予期させる内容である。準備チェンジトークより実行に動く意思や決断が強まっており，○○することを約束しますといった内容になる。これには，次の活性化や段階を踏むという発言を伴っていることも多い。

② 活性化（Activation）

何かを実行するときには，いつそれをするのか，どのようにするのか，どのような用意をしているのか，といった具体的な発言が伴うものである。実行可能で具体性のある発言が伴っていることによって，意欲は活性化されており，実行の直前にいると判断できるような発言が増える。

③ 段階を踏む（Taking steps）

実行に向けた発言をしているとき，あるいはその直前にいるときは，「実は，すでに○○のようなことをやりはじめている」，「○○のためにすでに〜した」という発言が伴うこともある。実行直前というよりも，一部実行し始めているという発言である。実行に向けた具体的な発言をしているうちに，「そういえば，すでにこんなことをしている」，「そういうことならいつもやっている」といった具合に思い出すこともある。

これらを参考にして，クライエントの発言の中にチェンジトークを探せるようになることがセラピストには求められる。

（4）維持トークへの対応

　クライエントとの会話の中で，維持トークが出現することはごく自然なことである。そのため維持トークを無理やり排除しようとすることは得策とはいえない。しかし，維持トークを口にすればするほどクライエントは自らの発言に説得されてしまい，変化しない方向に向かってしまいかねない。そこで，このような場合の対応にはいくつも考えらえているが，ここでは，維持トークとチェンジトークを並置して会話する「両面を持った聞き返し」という対応を取り上げてみる。

　たとえば「レポートを締め切りぎりぎりまで引き延ばしてしまうので早めに準備できるようになりたい」ということを主訴として来談した学生がいるとしよう。この学生はこのような主訴で来談したにもかかわらず，「レポートを早めに書くなんてムリ」，「計画を立てても何度も失敗している」といった維持トークを続けている。この場合の両面を持った聞き返しというのは，「レポートを早めに書くのはムリだし計画を立てることは何度も失敗している。その一方で，レポートを早めに準備できるようになりたい」と返すことをいう。こう返された学生は「それはそうである」，「そのために来談しているのだ」などと答えやすくなり，維持トークを弱める方向にいく可能性が高まるだろう。

　この両面を持った聞き返しには2つのポイントがある。ひとつ目は並置の順番であり，2つ目は接続詞の用い方である。まず並置の順番であるが，維持トークを前にもっていきチェンジトークを後ろにもっていくことが推奨されている。なぜなら，「レポートを早めに準備できるようになりたい。その一方で，レポートを早めに書くのはムリだし計画を立てることは何度も失敗している」と返してしまうと「それはそうである」のあとが維持トークとして続いていきやすいからである。もうひとつの接続詞の使い方として「しかし」や「でも」を用いず，「その一方で」を用いることである。「レポートを早めに書くのはムリ。しかし，早めに準備できるようになりたい」と返すと，セラピストが「早めに準備できるようになりたい」の方に肩入れして説得しているようになりかねない。セラピストが葛藤の一方に肩入れすると，クライエントはもう一方に肩

第6章　心理面接での取り組み①：動機づけ　|　**109**

入れし始めてしまうことはすでに述べた。これを防ぐために「その一方で」を用いることによって、どちらにも肩入れせず対等に葛藤を取り上げつつ、維持トークを減じる方向に進みやすくなると考えられている。

3．クライエントへの働きかけ（OARS）

　セラピストがチェンジトークと維持トークに気づき、クライエントにアンビバレントな状態をじっくりと体験してもらい、次第にチェンジトークの発言量が増えていくことを目指すのが動機づけ面接である。これを達成するための基本的な働きかけとしては次の4つが重視されている。頭文字をとってOARS（オールズ）と呼ばれている。

（1）オープンクエスチョン（Open question）
　オープンクエスチョンは、質問した後、少し考えるように求めて、答え方に幅広い自由度をもたせるものである。「はい」、「いいえ」では答えられないような質問であり、「普段は何時ころ寝るのですか」、「このモヤモヤはいつ頃から感じられましたか」といったようなものとなる。オープンクエスチョンは、会話を続けていくにつれて焦点づけられたものになっていく傾向にある。「気が合う友だちもいないし、もう学校に行きたくない」という子どもに対して、「そのことについて、もう少し話してもらえますか」という問いかけもあれば、より焦点づけて「あなたにとって気が合う友だちって、どんな友だち？」という問いかけもある。さらに、「気が合うとか合わないとかを決める、あなたなりの基準のようなものがありそうだけど、それは何だろう」という問いかけもできる。どれもオープンクエスチョンであるが、次第にポイントが絞られていることが分かるだろう。
　これに対して、クローズドクエスチョン（closed question）もある。これは、「はい」、「いいえ」で答えられる質問であるが、この質問はオープンクエスチョンと同じような役割をすることもある。たとえば、セラピストが「私の理解にはどこか間違いはありませんか」と問いかけたならば、クライエントは「あります」、「ありません」で答えられるだけで

なく，少し考えたうえで，「そうではなくで，こうである」といった答え方も可能である。その質問をクローズドなものとして受け取るかオープンなものとして受け取るかはクライエントが決めることができる。

　質問するのがセラピストである以上，問いかけは常にセラピストの関心が優先されてしまいがちになる危険がある。クライエントの半歩後を歩く感じで，クライエント中心で会話することが必要であることは言うまでもない。

（2）是認すること（Affirming）

　是認とは，クライエントの強みや努力，達成を認識して，それを認めることであり（Rollnick, Kaplan & Rutschman, 2016），単に賞賛したりほめたりすることではない。セラピストがクライエントを賞賛したりほめたりすることは，上下関係があるように認識させてしまうこともあり，そのような関係は避けたいと考えるセラピストが一般的であろう。

　是認は，セラピストがクライエントその人固有の価値を見つけて認識することともいわれる。たとえば，「自分は友人や同僚のためを思っていろいろとやってきたのに，それが裏切られた」と語る人がいるとしよう。セラピストは，その裏切られた出来事や気持ちに耳を傾けていくだろう。その時，この人が大切にしている価値とはどのようなものだろうかと考えながら話を聞いていくうちに，この人は，人間関係には互いに忠誠心のようなものが必要だという価値観を抱いているのかもしれないという認識に至ることがある。その場合，この人が大切にしている忠誠心という価値は是認できるもののひとつと考えられる。

　本人は自分の傷つきに関心を向けているが，それは自分の価値観が傷つけられたとは認識していないかもしれず，自分が人間関係に忠誠心を求めているなどということを考えたことなどないかもしれない。それをセラピストから伝えられることは，自らの価値観に目を向けてそれを生きる指針にしたり，あるいは自分を見直して変化に向けて動き出したりするきっかけになる可能性がある。クライエントが大切にしている価値観のようなものをセラピストが見つけて，それをクライエントが大切に

第6章　心理面接での取り組み①：動機づけ　|　**111**

しているものとして認識し伝えるというのも是認となる。

（3）聞き返し（**Reflective listening**）

　動機づけ面接において聞き返し（reflection）というのは，傾聴の要といわれるものである。この聞き返しには，動機づけ面接独自のクライエント理解が反映されている。動機づけ面接では，クライエントが本当に感じていたり考えていたりするプロセスは，セラピストに語った後から始まるということに注目する（Rollnick, Kaplan & Rutschman, 2016）。クライエントは，セラピストに何かを語るとき，とりあえず言語にコード化してそれを伝える。しかし，それはしばしば不完全なものである。われわれは，最初から自分が本当に言いたいことを掴んでいるわけではなく，とりあえず口にしている，とりあえず語っているということも多いものである。そのためセラピストは，クライアントの言わんとする元の意味を解読（decode）する必要がある。この解読作業が聞き返しである。つまり，セラピストが聞き返すことによって，クライエントは自らが語ったその意味することを考え始めるのであり，自らの考えをまとめようとし始めるのである。聞き返しによって，クライエントは自らの感情や言わんとすることを掴むための空間を提供されるのである（Rollnick, Kaplan, & Rutschman 2016）。

　ミラーとロルニックは，次のような例を挙げている（Miller & Rollnick, 2013　原井監訳 2019）。クライエントが「私はもっと社交的になれたらいいな」という発言をしたとしよう。この発言によってクライエントは，次のようなことを言わんとしていたのかもしれない。すなわち，「孤独を感じていてもっと友人が欲しいです」，「知らない人と話すときはとても緊張してしまいます」，「人気者になりたいです」，「私はパーティーに招待してもらえないのです」。どれも発言そのものではないが，クライエントの言わんとすることに当てはまりそうである。この発言の意味するところを話の文脈に応じて聞き返すということによって，クライアントの言わんとすることを解読するのが聞き返しである。聞き返しには大別すると単純な聞き返しと複雑な聞き返しがある。

① 単純な聞き返し

　これは，クライエントの発言にほとんど何も付け加えることなく伝え返すことである。「今日はかなり落ち込んでいます」というクライエントに対して「落ち込んでいるのですね」，「今日はかなり落ち込んでいる」といったように聞き返す。

② 複雑な聞き返し

　これは，クライエントの語った内容に対して，何らかの意味を付け加えたり，一部を強調したり，まだ述べられていないがこのまま話を続ければ次はこのようになるだろうと推測して，それを聞き返すことである。先の「今日はかなり落ち込んでいます」というクライエントに対して，「今日の落ち込みはいつもと違う」という聞き返しは，普段との違いという意味を付け加えて，そこを強調するような聞き返しになっており，複雑な聞き返しといえる。「この落ち込みの原因を深く考えたい感じですか」という聞き返しも複雑な聞き返しといえるだろう。

　複雑な聞き返しは会話を促進する役目をすることも多い。たとえば，生徒数人が「担任は私たちのことをすごく嫌っているんです」と訴えたとしよう。この時，「担任はあなたたちを嫌っているの」というのは単純な聞き返しであるが，「担任はひとりひとりを個人的なレベルで嫌っている感じなの」という聞き返しは複雑な聞き返しになる。担任は「ひとりひとり」を「個人的なレベル」で嫌っているのか，という２つの意味を付け加えて聞き返しているわけであり，そう問われた生徒たちは「それはどうかな？」と一瞬でも考えるであろう。そして今度は今までとは違う側面から語りだすであろう。たとえて言うならば，単純な聞き返しは，氷山の見えている部分を対象にし，複雑な聞き返しは，氷山の水面下にある内容を推測して聞き返すことであるといえる。

③ クライエントの間違い指摘反射の活用

　複雑な聞き返しは，クライエントがそれまでに語ったことを超えて会話を先に進める効果がある。しかし，クライエントの発言を加工することでもあるため，当然，クライエントの言わんとすることとズレてしまい，間違ってしまうこともある。しかし，動機づけ面接では，このズレ

はクライエントが言わんとすることをさらに探求する力となり，もっと詳しく話してくれるきっかけになると考えている。というのも，クライエントにも間違い指摘反射ということが起こるからである。

　先に，セラピストの間違い指摘反射について言及した。この間違い指摘反射というのは，相手の言動の中に間違いを認識した瞬間，それを反射的に正そうとする現象をいうのであった。そして実は，セラピストだけでなく，クライエントもしばしば間違い指摘反射をするのである。クライエントは，セラピストから複雑な聞き返しをされることによって，もしそこにズレを感知し間違いを認識したならば，それを反射的に正そうとするのである。こうしてクライエントは，自分の言わんとしていることをより正確に探究し理解していくのである。

（4）要約すること（Summarizing）

　要約はクライエントが話してきたことをまとめることであり，その本質は聞き返しである。クライエントは自分の話したことを要約してもらうことによって，自分が表に出した考えや感情をもう一度聞くことができる。要約にもいくつかの種類が考えられている。

① 集めの要約

　クライエントの話した情報をまとめて伝え返し，いったんまとめることによって，次の会話を続けるために行われる。クライエントの語りをセラピストが理解しているかどうかを確かめることにもなり，面接を行っている間，何度でも繰り返される。いわゆる一般的にいう要約は集めの要約である。

② つなぎの要約

　クライエントの語る情報をまとめるというよりは，両価的な内容の両方を対比させたり，今話した内容と以前話した内容との違いに気づかせたりする要約がつなぎの要約となる。先に維持トークへの対応において「両面を持った聞き返し」を取り上げたがこれと似ている。対比や違いに焦点を当てた場合，「以前は○○だった。しかし，今は△△である」といったように，「しかし（but）」でつなげてしまいがちであるが，両方

を同じ重みで伝え返すために，「一方で（and）」という接続詞を使うことが推奨されている。「以前は○○であった。一方で，今は△△である」であるとか，「○○ということが気になっている。一方で△△という気持ちも持っている」という感じとなる。日本語では，「それとともに」「と同時に」「と思いながらも」「併せて」といった接続詞使うことも多い（青木・中村，2017）。

③　転換の要約

　何か新しい話題や重要な話題に転換したり，面接を終わらせたりするときに用いられる。「これまで○○のようなことを話してくれました。その中でも△△について，もう少し詳しく考えていきませんか」，「今日は○○のようなことを話し合いました。時間が来ましたのでここで終わりにしましょう」といったような言い方になるだろう。

　クライエントの語ることを要約することはなかなか難しい。話を記憶にとどめておかなければならないし，どの話題を選択して伝え返すかということも同時に考えなければならない。大きなズレがあったり，重要なことを伝え返せなかったり，うまくまとめられずに冗長となってしまい，かえってクライエントの話す意欲を削いでしまう危険もある。それを少しでも防ぐためには，ある程度のところで話を区切って要約することを心掛けておくことであろう。

　動機づけ面接の用語であるチェンジトークや維持トーク，間違い指摘反射やOARSというものは日常会話の中にも表れることが少なくないので，日ごろから注意を向けておくと，面接のよい練習になるものである。

研究課題

1．誰かと会話をするさいに，チェンジトークと維持トークを意識してみよう。
2．誰かと会話をするさいに，OARSを意識してみよう。

引用文献

青木治・中村英司（2017）．矯正職員のための動機づけ面接　公益財団法人矯正協会

原井宏明（2012）．方法としての動機づけ面接―面接によって人と関わる全ての人のために　岩崎学術出版社

Miller, W. R., & Rollnick, S. (1991). *Motivational Interviewing : preparing people to change addictive behavior*. The Guilford Press.

Miller, W. R., & Rollnick, S. (2002). *Motivational Interviewing : preparing people for change* (2nd ed). The Guilford Press. （ミラー，W. R.・ロルニック，S. 松島義博・後藤恵（訳）（2007）．動機づけ面接法（第2版）―基礎実践編・応用編　星和書店）

Miller, W. R., & Rollnick. (2013). *Motivational Interviewing : Helping people change* (3rd ed). The Guilford Press. （ミラー，W. R.・ロルニック，S. 原井宏明（監訳）（2019）．動機づけ面接（第3版）上・下　星和書店）

Rollnick, S., Kaplan, S. G., & Rutschman, R. (2016). *Motivational interviewing in schools : Conversations to improve behavior and learning*. The Guilford Press.

Rosengren, D. B. (2018). *Building motivational interviewing skills : A practitioner workbook* (2nd ed). The Guilford Press. （ローゼングレン，D. B. 原井宏明（訳）（2023）．動機づけ面接を身につける（改訂第2版）上・下――一人でもできるエクササイズ集　星和書店）

7 | 心理面接での取り組み②：解決志向

丸山　広人

《**本章の目標＆ポイント**》　クライエントは，自らの問題を解決しようと思って心理療法を求める。そのような時，セラピストもクライエントも，まずは，問題の原因を探り，いくつか原因を特定することから始めるだろう。そして，それを取り除いたり，その影響を弱めたりすることによって，解決を目指していくだろう。このように問題の解決には，原因の特定が必要であるという暗黙の前提があるのは否めない。しかし，問題の解決には，必ずしもこのような思考をとらずとも到達できる場合も少なくない。本章では，問題を「解決する」という発想を止めて，解決を「構築する」という発想へと視点を変える，ブリーフセラピーの考え方を中心に解説していく。

《**キーワード**》　ブリーフセラピー，問題解決，解決志向，リソース，例外探し

1．心理療法の回数と時間

　本章では，いくつかの事例を取り上げるが，全て内容の本質が損なわれない程度の改変をして，登場人物が特定できないようにしてある。

（1）抑うつ症状の強いクライエントＡ

　抑うつ感が強く日常をうまくこなせないという症状のある人（Ａ）が来談したとしよう。ＡによるとＡの父親は昔から酒癖が悪く，両親はいつも喧嘩ばかりしていたという。父親が母親を殴ることは日常的であり，自分はそんな時，隣の部屋に避難してひとりで布団をかぶって震えていた。そんなＡを母親はなじり憎んでいたようだった。きょうだいがひとりでもいたらこの辛い気持ちは紛れたかもしれないが，ひとりっ子だったＡにはどうすることもできなかったという。

　セラピストは，父の酒癖の悪さ，暴力への恐怖，夫婦関係の悪さ，母

から愛されなかったこと，ひとりっ子だったことなど，さまざまなことが原因となって今の状態を作り出しているのかもしれないと考えた。心理療法では，このように苦しんできたクライエントが自らの人生を振り返って，それでも何とか生きてきた健気な自分を肯定できるようになったり，つらい中でも助けてくれた人のことを思い出したり，自分は本当はどうなりたかったのかということを発見するということを通して，その人なりの決着をつけて前に進めるようになることが期待されている。数年，あるいは十数年かけてこのような境地に達することもある。したがって，そのようなことに取り組む十分な時間と空間を提供し，それを維持し続けることは，心理療法にとって重要なことである。しかし，そのようなクライエントばかりではなく，このようなプロセスで解決に至るだけが唯一の道筋でもない。

（2）抑うつ症状の強いクライエントＢ

抑うつ感が強く日常をうまくこなせないという症状のある人（Ｂ）が来談した。Ｂによると，気分の落ち込みがひどく苦しい，特に夜になると孤独を感じてしまい状態はますますひどくなるという。オンラインで友だちと話しているあいだは少し気分も紛れるのだが，そのあとオフラインになるとかなり落ち込んでしまって，その苦しさを紛らわすために，昨夜は手首を傷つけてしまったという。手首を見せてもらうと，確かにうっすらと数本の傷がついている。それほど激しい自傷ではなく古傷もない。

クライエントは，日中はこのくらいだけど，夜になったらこれくらいになると，手を上下させながら，その落ち込み具合を説明していた。気分が高いときには手は上に上がり，落ち込むと手のひらは下にさがる。そこで，最悪な状態を0，とても調子の良い状態を10とした場合，夜はいくつくらいになるのかと尋ねてみたところ，最悪のときはマイナス（−）5で，普通のときは0，調子がいい時をプラス（＋）5にした方が考えやすいというので，それで話を進めた。Ｂによると，日中は−1くらいだけれども夜は−4あたりまで落ち込むという。そこで，最悪の−5ではなくて，−4である理由を尋ねたところ，学校の成績が少し上

がったからだという。

　なぜ，苦しくて日常をうまくこなせないにもかかわらず，学校の成績を上げることができたのかと尋ねると，スマホを親に取り上げられて，仕方がなく勉強をしているうちに成績が上がってきたという。成績のことで先生から褒められたとも教えてくれる。さらに，苦しい受験勉強が終わったら，アルバイトをしてお金を貯め，好きなアーティストのライブに行きたいという話になっていった。

　面接終了時間が近づいてきたので，夜の－4をせめて－3にした場合，どんなことが起きていると思うかと尋ねると，早く眠れるようになるとBはいう。さらに筋トレや運動をして，疲れたら少しは早く眠れるだろうというアイデアを自ら出してくれた。そこで，運動を取り入れた夜の時間を過ごしてみるという目標をたてて面接は終わった。それがうまくいったかどうかを共有するために，次回の面接を予約して帰った。その後，3回ほど来談したBは，夜は－2くらいで，日中は0に戻ってきており，もう大丈夫だと思うということで面接は終結となった。

（3）クライエントAとBから考えられること

　クライエントAもBも，最初の訴えは抑うつ感がひどくて日常生活に支障があるということであった。今のままでは苦しすぎる，これではいけない，楽になりたいと思って来談しており，ともに来談意欲は高かった。大きな相違点は，Aが終結までに数年の時間を必要としていたことに対して，Bはおよそ1か月半で終結したことである。クライエントAは，数年をかけて自らの人生を振り返り，これまで気づけなかった自分の心に時間をかけて目を向けていった。そして，新しい人生を生き始めたといえるような変容を経ての終結となった。一方，Bの場合は，夜ひとりになって極端に落ち込んでしまうということへの対処法を心理療法の中で編み出して，すぐに終結となった。

　このように時間をかけてじっくり自分の課題に取り組むクライエントもいれば，とりあえず困っていることへの対処ができたらそれで終わるというクライエントもいる。また，引っ越しや卒業を数か月後に控えて

いるので，その期間の中で一定の効果を求めるクライエントもいる。長期の心理療法と短期の心理療法のどちらが良くてどちらが悪いということはないだろう。クライエントのニーズを満たす結果であれば，どちらも一定の成功を収めたといえるのではないだろうか。つまり，心理療法は長期的に行うことによってクライエントのニーズに応えられる場合もあれば，短期によってニーズに応えられる場合もあるということである。したがって，セラピストは，そのクライエントのニーズをていねいに聴きとることが必要となる。

（4）クライエントのニーズに応じた心理療法の提供

再びAとBを比べてみよう。Aは，できるだけ早くこの苦しみから脱したいとは思っているだろうが，それがニーズなのかというとそうではなさそうである。長い時間をかけて，昔から悩み続けてきた苦しみを繰り返し語っているのである。本人もこの苦しみは簡単に取り除けるものではないと考えているようにも思われた。自分の苦しみをセラピストに理解してもらいたいという思いはあるだろうが，自分の苦しみはそんなに簡単に分かってもらえるわけでもなく，また，この苦しみを語りつくすには相当の時間がかかると考えているようにも思われた。Aにそのようなセラピストの理解を伝えたところ，Aはその通りだと言い，だからこそ意を決して心理療法の場を訪れたのだという。セラピストとAは，ゆっくりとAの人生を振り返っていきながら，心理療法を続けていくことで合意したのであった。

一方，話の展開が早そうなのはBの方であった。気分の落ち込みや自傷行為まであるのだが，自分で自分の苦しみの程度を把握し，自分の肯定できる部分にもすぐ目が向き，それが膨らんで，面接の後半では将来への希望を語り始めていた。話をしているうちに表情は良くなり，次第に自分の苦痛から距離を置いて考えられるようになって，最後は自分なりに対処法を導き出していった。自分の人生や生き方を振り返るニーズもなさそうであった。このようなBに対して，じっくりと時間をかけて数年単位で課題に向き合おうという構えでかかわっていたならば，Bの

ニーズとは，ずれていたかもしれない。

　心理療法に要する時間は，クライエントが取り組みたい課題の内容やその範囲，あるいはクライエントのパーソナリティなどによって変わっていく。さらには施設での決まりやクライエントの置かれた状況などの要因によっても影響される。そのような要因を考慮して，どのような課題に取り組みたいかをクライエントとともに決めていくことが求められるだろう。

　本章では，できるだけ短期で終結することを目指した心理療法であるブリーフセラピー（brief therapy）について解説する。さまざまなクライエントのニーズに応じるためのひとつの見方・かかわり方として，有益な介入方法であることが示されている（森・黒沢，2002）。

2．ブリーフセラピーの発想

（1）問題解決への一般的な見方

図7-1　問題解決志向

（森，1998, p.35をもとに作成）

　クライエントは何らかの不調を訴えて来談する。からだの不調，人間関係のもつれ，将来への不安などさまざまである。その解決を探るとき，クライエントもセラピストも暗黙に次のような前提をもって考えている場合が多い。それは，この症状や不調の背景にはどんな原因があるのだろうか，というものである。問題や症状は今現在起こっているが，その原因は過去にあり，それは特定できるものであり，それを取り除くことがダイレクトに問題の解決につながるという見方である。

　図7-1はその時間の流れを示したものである（森，1998）。クライエ

ントは，ひとりでは原因が分からないから，その原因の発見と除去に長けている専門家に相談し，専門家もそれを目指す。そして，なぜ，どのようにして問題が問題となって結実しているのかの理由を明らかにして，それに取り組み解決を導き出そうとする。つまり，①への取り組みの結果として，②の道は自然と導き出されていくはずだと発想しているわけである。このように，原因を特定しそれを取り除くことによって問題は解決されるものであるという前提を，ブリーフセラピーでは問題解決志向（problem oriented）と呼ぶ。ブリーフセラピーは，この問題解決志向をできるだけ回避して，心理療法に取り組もうとする。

（2）問題解決志向の問題性

　問題解決志向では，「原因がなくなること」がすなわち解決であると発想する。このような場合，あれも原因これも原因というように，たくさんの原因がターゲットになるのでは多すぎるので，その中核となっている原因を探して特定していくことになる。しかし，果たして中核的な原因というものを特定できるのであろうか。また特定された原因というものは取り除けるものなのだろうか。

　不登校の子どもの例を挙げて考えてみよう。この子の母親によると，子どもの不登校は本人のやる気のなさやだらしなさが原因だということである。朝は何度起こしても起きられず，なんとか布団から出しても，着替えるのが面倒だといって着替えない。朝ご飯を食べるのは遅く，いつも登校班に遅れてしまう。すると，「遅刻はいやだ，もう学校に行けない」といって，がんとして動かなくなってしまう。そういう意味ではプライドの高さも原因である。夫は力ずくで子どもを起こすのだが，それはかわいそうだと思うので，やめてくれと伝えるが夫はなかなか態度を改めてくれないという。その反動が反抗的な態度になっている一因と考えられるが，夫のように強く出られない自分にも問題があるという。自分の育て方も悪かったとのことである。短時間の面接でも様々な原因が語られた。子どものやる気のなさ，だらしなさ，プライドの高さ，夫のかかわり，自分のかかわり，自分の育て方などである。このように原

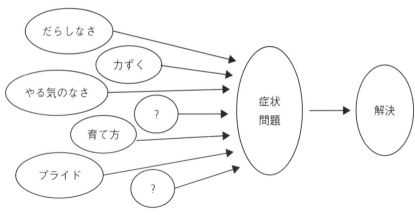

図7-2　問題解決志向と原因
(森・黒澤, 2002, p.40を参照して作成)

因を追究していくとさまざまなものを想定できそうである（図7-2）。

　それでは，これらすべての原因に取り組まなければ問題は解決しないのであろうか。もしそうであるならば，どの問題から取り組み，どのように取り除いていけばいいのだろうか。もしかすると，母親が気づいていないだけで，もっと重要な原因を見落としているかもしれない。さらに，これらの原因の中には，これまでの育て方といった過去のことも挙げられている。問題解決志向は原因を追究するので，時間的には過去にさかのぼっていく傾向にある。しかし，過去にさかのぼってその原因を取り除くことなどできない。このように問題解決志向では，たとえいくつもの原因を特定できたとしても，その原因の解消に取り組むことがなかなか難しい場合がある。

(3) 解決志向ということ

　問題解決志向は，問題がないことがすなわち解決であると考えるので，問題を特定し取り除くことを目指す過去志向的（past oriented）なものである。一方，ブリーフセラピーは，解決志向という発想を大切にする。解決志向（solution oriented）は，過去はともかく，未来に導き出したい姿をこれから作り出していこうという，より未来志向的（future oriented）なものである（森，1998）。今現在から未来に向かって，積極的

に解決を作り出していこうという方向性をもった心理療法である。「問題がない」というよりも「解決を構築する」ことを目指す。問題を原因とは切り離して，解決の構築にそれ単独で取り組むのである。

クライエントの中には過去や原因はともかく，今よりも少しでも良くなりたいという，これからのよりよい未来を思い描き，そこに向かって積極的に動きたいという人は多い。しかし，そのようなクライエントであっても，問題解決志向が唯一のルートと思い込んでいることが多く，そのような場合は発想を解決志向に転換するだけでも，クライエントにとってはありがたい支援になることもある。つまり，解決された姿に焦点づけるアプローチ（solution focused approach）をとるだけで，希望を見いだすクライエントもいるということである。図7-1でいうならば，①に取り組むのではなく，②に積極的に取り組むイメージになる。この発想は，クライエントの中にある解決する力を見つけ出してそれを用いるという発想になる。クライエントが自らで解決を構築するのであり，セラピストはそのお手伝いをするのである。

3．クライエントの強みを活用する

（1）リソースへの注目

解決の構築にとってもっとも注目せねばならないのは，解決に向けたリソース（resource）の探求であり，問題の原因ではない。リソースは，資源や資質という意味である。そしてこれに注目するということは，ないものを見出すのではなく，すでにある何かを探してそれを活用するということである。それは，すでにあるけれども心理療法の中では話題になっていなかったり，むしろ問題として語られていたりすることもある（森，1998）。次のような事例で考えてみよう。

学校に行きたくないと大騒ぎして登校を渋る子どもCの母親。そんな状態がもう2か月以上続いている。今は登校を続けているがこのままだとCは不登校になってしまうのではないかと母親は心配している。こんな状態の中にもリソースは眠っている。まず，大騒ぎできるということ。Cは母親に向けてしっかりとSOSを出せるのであり，主張すべきこと

をしっかりと主張できる子なのかもしれない。次にギリギリでも登校を続けていること。しかも大騒ぎになってしまうほど非常に不愉快で苦しい状態の中から、なんとか気持ちを切り替えてCは登校を続けている。毎日それを行っているのであるが、それができるのはなぜだろうか。その時の母親の対応が良いのかもしれない。Cなりに気持ちを切り替えて、登校に向けて気持ちを立て直すすべをもっているのは間違いない。毎日同じことが繰り返されている以上、あるパターンがあって、それが儀式化していることによって、登校に向かっている可能性もある。そのパターンを整理してみると、何らかの資源がもっとくっきりと見えてくるかもしれない。

　このように資源を掘り起こすのだが、最初はなかなか見つけられないこともある。母親によると、Cは普段からゲームばかりしていて家の手伝いなど全くしないのだという。Cは、家の手伝いは労力の無駄であり損だという認識らしく、損は絶対にしたくない子なのだという。そういう自己中心的でわがままなところにも手を焼いているらしい。母親が毎朝している対応は、今日はCが大好きな理科の実験があるよ、今日の給食はあなたの好きなハンバーグだよ、などと声をかけながらなんとか気持ちを切り替えさせているのだという。しかしなかなか気持ちは切り替えられないという。

　このような発言の中からまたリソースを探し出す。損はしたくない、無駄な労力はかけたくないというCは、損得勘定ができる子なのかもしれない。学校に行きたくないという思いは強いが、結局、学校に行くのと行かないのとでは、どちらが得でどちらが損かということを最後は考えられる子なのかもしれない。母親にとってわがままでしかないこの損得勘定は、見方を変えると、実はCの登校を維持するリソースになっているのかもしれない。そこで、「Cは損得勘定で動ける子のようだから、学校に行きたくない気持ちは強いけど、結局学校を休むことで一番損をするのは誰であるかということを考えられる子なのかもしれないですね」などと伝えると、母親ははっとした表情でそうかもしれないと同意した。そうすると、これまでの母親の対応は、Cにとてもマッチしたも

のだと考えることもできる。つまり，母親の声かけは，今日は学校に行くとこんなことで得するよ，逆に行かないと損だよと彼には聞こえているのかもしれない。母親の声かけは，学校に行くか行かないかと葛藤しているCの損得勘定を発動させるよい言葉かけになっているのだろう。そのようなCの思考パターンと母親の声かけがうまく相乗効果となって，Cはギリギリのところで踏みとどまって登校を維持していると推測できる。すると，この母親の対応は，Cのことをよく理解しているからこその対応であり，このような対応は続けていくことが必要である。母親の対応は解決に向けた最適解を導き出していたといえ，的確なルートをたどっていたのだともいえる。このように面接を進めていき，母親は今のままの対応を続けていくことで納得し，それでもだめだったらまた来ますといってその日の面接は終わった。その後，母親から相談はなく，Cは休まず登校を続けている。

　このように，登校渋りの原因を追究するよりも，リソースを探り出し掘り起こすことに焦点を当てて，解決に向けて話を進めていく。この事例で母親は，登校渋りの原因は何か，どのように問題を解決すればいいのかという発想であれこれ考えていたが，面接が終了した時には，今までのやり方でよかったのだと自信をもって帰っていった。

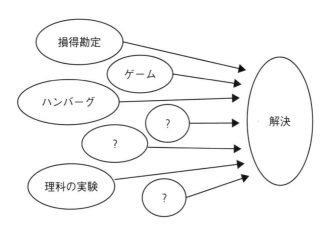

図7-3　リソースと解決構築

（森・黒澤，2002，p.49を参照して作成）

この面接では，損得勘定をまるで良いことのように扱っており，利己的であることを推奨しているように思われるかもしれない。もちろん利己的であることを推奨するわけではないが，ブリーフセラピーでは，リソースとして使えるものや解決に結びつきそうなものであれば何でも使うことをいとわない。この事例におけるリソースと解決のつながりは図7-3のように示せる。

（2）内的リソースと外的リソース

解決に焦点づけるということは，リソースを見出すことである。このリソースは内的リソースと外的リソースに大別できる（黒沢，2002）。

① 内的リソース

クライエントの内側にあるリソース。興味・関心，趣味，性格（穏やか，人なつっこい，好奇心が強い，粘り強いなど），能力（運動が得意，絵が上手，計算が早い，語彙が豊富，手先が器用），望み・希望，夢など。

② 外的リソース

クライエントの外側にあるリソース。守ってくれる人，ほめてくれる人，大切にしたい人，憧れの人，大事にしている物，宝物，好きな場所や時間，好きな食べ物，ほしい物，好きな教科など。

ちなみに，さきの事例Cは，「家の手伝いをしない」という悪い意味づけを「損得勘定で動ける子」といったように内的リソースとして捉えていった事例である。リソースはすでにある何か，すでにできている何かを発見することによって見出せるものである。この事例における給食のハンバーグというのは，外的リソースとして捉えられそうであるが，その話を続けていくうちに，Cの味覚の鋭さ，料理への興味，手先の器用さ，段取りの良さという話になるならば，そこに内的リソースを見出しているということになる。図7-3のクエスチョンマークのリソースはたくさん見いだすことができる。たとえば，料理に興味があって時々作っているという話があったならば，その料理を家族に振舞うこともあるのか，といった疑問もわいてきて，Cの新たなリソースを見出していけるかもしれない。そのようにしてリソースを発見し活用しながら解決に焦点

づけていく。このアプローチがフィットするクライエントは，このリソースを探求しているうちに表情がよくなり元気になっていくことが多い。

（3）例外への注目

　リソースに注目することについては理解できるが，それでは，それをどのように解決にまで結びつけていけばよいのだろうか。クライエントはいろいろなことに苦しめられており悩まされている。不安や怒りを抱えているかもしれない。解決に焦点づけることは難しそうでもある。そのようなとき，解決に結びつける有益な視点のひとつは，例外に注目することである。たしかにクライエントは，悩みや不安・不満を抱えているかもしれない。いつもそのことで悩んでいると訴えるだろう。しかし，それは本当だろうか。一日 24 時間 365 日，絶え間なくずっと悩み苦しむ状態が続いているのだろうか。実は問題が起きていない時間や場所がどこかにあるのではないだろうか。いつもよりちょっと気分がいい時や，好きな趣味をしている時，食後に新聞を読んでいる時など，ほんのささやかにでも問題から離れて生活している時や場所はないだろうか。そんな例外的な状況を探っていくことを「例外探し」と呼ぶ（森・黒沢, 2002）。

　解決志向にとって例外探しというのは，単に例外を探すというのではなく，その例外はすでに問題が一部分解決された姿であるという構えで行うことが重要である。解決を構築するどころか，すでに問題は解決されはじめているという構えをとるといってもよいだろう。例外は問題が解決された姿の一場面なのである。クライエントは主訴に悩み，そのことがずっと頭から離れないという状態だろうが，いったん問題から離れて日常生活の話をしてみると，実際のところは，その悩みを忘れて何かに打ち込んでいる時もあるだろうし，苦しみは一定ではなく少しはましに思えるときもあるはずである。それはたとえ一時のことであっても，問題が解決されたり軽減されたりした姿が現れているのである。

　実際，このような構えで例外を尋ねてみると，例外を思いつくクライエントは少なくない。心理療法の雰囲気が一瞬にして明るくなることもある。最初は思い出せないというクライエントも，一緒にリソースを探

し、ほんの少しましな時でもよいから、何かないかと質問していくと、それらしいエピソードを思い出してくれる。そうすると、それは問題が解決されたひとつの姿であるので、なぜ、どのようにしてその時がおとずれ状況が生まれたのかと、その要因を探っていく。ブリーフセラピーは、失敗や苦しみの原因探しはしないが、解決に至った原因さがしは積極的に行う。これを成功の原因探しという人もいる。

例外を探し、成功の原因探しをしていくうちに、それがたくさん出てきたら、今度は、それを意識的に実行してもらい、そのような時間を増やすように努力してもらう。このようにして解決された一部を膨らませ広げていき、結果として問題となっている主訴は小さくなっていくというのが、ブリーフセラピーの目指すところである。

4．アプローチの選択

（1）クライエントに合わせること

ブリーフセラピーは、問題が解決すればそれでよいと割り切って、セラピーをできるだけ効率化することこそがクライエントのためになると考える。そのため、図7-1①のプロセスを省き、図7-3のようにリソースや例外を探しながら、一気に解決を目指す。

しかし、セラピストのこのような構えは、クライエントにはどのように受け取られるのだろうか。主訴を軽視しているように思われたり、解決の押し売りのように思われたりすることはないだろうか。自分のことをゆっくりと振り返りたいというニーズをもっているクライエントにとっては、そのニーズを受けとってもらえないように感じられて、自分はこのセラピストとは合わないと判断されてしまうこともあるのではないだろうか。セラピストがクライエントの求めるセラピスト役割から著しく外れてしまい、心理療法のイメージや期待からも外れてしまうと、次からの来談を拒否されてしまいかねない。そうならないためにも、クライエントに合うアプローチを選択したいものである。心理療法というサービスをできるだけ短く効率を重視して提供するために、森（1998）は次のようにアプローチの選択をまとめている。

①クライエントに合わせようと思うこと。

②選択する以上，2つ以上の方法が頭の中に浮かんでいる必要がある。

③そのうちのどれがクライエントに合っているのか，クライエントに尋ねる。

④それがうまくいったときはクライエントをたたえ，うまくいかなかったときはセラピストがあやまる。そして②に戻る。

　クライエントとの出会いの中で，クライエントに合わせようと思い，クライエントに合いそうなアプローチを並べる。そのためにセラピストはいくつかのアプローチを思いつく必要がある。いくつかのアプローチとは，難しく考えないで簡単なことでよい。たとえば，相談室前の廊下にうっすらと涙を浮かべながら外を見ているひとりの女子生徒がいるとしよう。これまでかかわったことのない初めて見る子である。放課後の廊下には誰もおらずひっそりとしている。このような場面では，どのようにアプローチできるだろうか。声をかけるにしても何と言うか。どのような音量でどのくらい近づいて声をかけるか。声をかけるまでの間をどうするか。声をかけない方法もある。一度通り過ぎて少し間をおいてから戻ってくる中で彼女に動きがあるかどうかを見極めるのもよいし，すっと彼女の横に並び立ち一緒に窓の外を眺めることもできる。となりで眺めるにしてもどのくらいの間隔を空けて立つのか。彼女と目を合わせるかどうかといった選択肢も浮かんでこよう。このように選択肢を複数もってかかわっていくということである。

（2）クライエントのタイプ

　クライエントへのアプローチを考える上では，来談しているクライエントがどのようなタイプであり，何を望んでいるのかに合わせていくことも考えられるだろう。ブリーフセラピーでは，クライエントのタイプとして次の3つのタイプを想定している（白木，1998）。

①　ビジター・タイプ

　自分は単なる訪問者であり困っておらず，変化することなど望んでい

ないという態度のクライエントをビジター・タイプと呼ぶ。来談者のすべてに高い来談動機があるとは限らない。たとえば，飲酒問題で主治医から心理療法を指示されたから来ただけであり，自分には問題はないと言ったり，先生や親から無理やり連れてこられただけであるといった態度だったりすることもある。困っているのは周りの人であり，自分は指示されただけ，付き添っているだけといったクライエントであり，不本意ながら訪問したというタイプの人である。

　ビジター・タイプのクライエントには，心理療法に参加してくれた労をねぎらったり，しぶしぶ来談に至った経緯を話してもらったりしながら関係作りを目指すことになる。強制されて来談している場合，強制している人が考える問題とはまた別の，来談者自身が感じている問題を話してもらいたいと伝えることで，来談意欲が高まり次の来談につながることもある。少なくともセラピストや心理療法というものに対してネガティブな印象をもたれないようにしていると，しばらくして自発的に来談してくれることもある。このようなタイプのクライエントに対して，いきなり解決構築の話をしてしまうと，拙速なかかわりになってしまい逆効果となる。

② 　コンプレイナント・タイプ

　不平不満を強く訴えるタイプである。不平不満が強いということは，自分は悪くない，悪いのは周りの人や状況であるという感覚が強いということである。問題があることは強く認識しているが，その問題と自分とは関係がないという態度であり，問題と自分とが切り離されている。このようなクライエントに合わせるためには，クライエントに焦点を当てずに，原因となっている人や状況の方に焦点を当てるのが良いだろう。自分の外部にある原因を話しているうちに，状況が少しはましな時や，例外的な話に進んでいくこともできるかもしれない。そうして何ができそうかという話に焦点があたっていくと，変化に向けた意欲が高まることもある。

③ 　カスタマー・タイプ

　モノやサービスを購入しようというタイプであり，悩みを解消したい，

状況を変えたいという意欲も強い。多少の不平不満を語ることはあるが，その状況の中で少しでも良くなるためにはどうすればいいかとすぐに頭を切り替えられるタイプである。

　カスタマー・タイプのクライエントであっても，その思考法はほとんどが問題解決志向，つまり問題の原因を探りだそうとするのが一般的である。はじめはその流れに乗りつつも，早い段階で解決志向，解決構築に向けた発想を紹介すると，そちらにすぐ切り替えられる人が多い。その後はリソースの発見や例外探し，解決された姿の具体化と現実的なゴールの設定を目指して進んでいくことになるだろう。

　アプローチの選択というのは，クライエントのニーズをどれだけ正確に把握できるかということにかかっている。そのため，セラピストだけの判断では把握できず，クライエントとともに確認していく作業になる。このようなことは，ブリーフセラピーに限らず，すべての心理療法に当てはまる基本的な態度であろう。

研究課題

1．自分にとっての，あるいは身近な人にとっての，内的リソースと外的リソースを考えてみよう。
2．自分が悩んでいることや困っていること，気になっていることなどを思い出して，それの例外探しをしてみよう。

引用文献

黒沢幸子 (2002). 指導援助に役立つスクールカウンセリング・ワークブック　金子書房

森俊夫 (1998). ブリーフセラピーのものの見方・考え方　宮田敬一 (編). 学校におけるブリーフセラピー (pp.27-54) 金剛出版

森俊夫・黒沢幸子 (2002). ＜森・黒沢のワークショップで学ぶ＞解決志向ブリーフセラピー　ほんの森出版

白木孝二 (1998). 家族との接し方―ソリューション・フォーカスト・アプローチによる家族面接　宮田敬一 (編). 学校におけるブリーフセラピー (pp.85-101) 金剛出版

8 | 心理面接での取り組み③
：認知の検討

高梨　利恵子

《**本章の目標＆ポイント**》　その人らしい話し方や歩き方，文字のくせがある
ように，物事のとらえ方，すなわち「認知」にも過去の経験や価値観を背景
にしたその人らしい解釈のしかたがある。そしてその人らしい認知によって，
さまざまな状況でいつも落ち込んだり，不安になったりするという苦悩が生
まれることがある。
　本章では，認知行動療法の技法を紹介することを通して，このような認知
の問題を検討する方法について考えることを目標とする。
《**キーワード**》　認知行動療法，協働的実証主義，ケースフォーミュレーショ
ン，認知再構成法，思考記録表，行動実験，イメージの書き直し，マインド
フルネス

1．認知と苦悩

　同じ出来事を体験しても，人によってその反応はさまざまである。多
くの人々に喜びや満足をもたらす出来事が，あるクライエントには不安
や失望を生む。他愛のない会話を交わす妻子の笑顔を見て，幸せをかみ
しめる人もいれば，自分の能力不足でいつか仕事を失い，この家族を悲
しませることになるのだと考えて不安になるクライエントもいる。慢性
疼痛と呼ばれるような長引く痛みが軽快し，ようやく思う存分動き回れ
ると旅行を計画する人もいれば，痛みの記憶や再発におびえて疼痛に苦
しんだ日々と変わらぬ生活を続けるクライエントもいる。
　「人間は，生じる物事によってではなく，その物事に対する考え方に
よって煩わされるのである」と言ったのは，今から約2000年も前の古
代ギリシャのストア派の哲学者エピクテトス（Epictetus）であると言
われている。仏教や道教をはじめとした東洋哲学も，観念，すなわち認

知が人の心のありようを決めていることを強調している。物事のとらえ方，つまり認知次第で，気分や行動が大きく影響を受けるということは，歴史を超えて誰もが知っていることである。しかしながら，「ものは考えよう」とはわかっていても，自分で自分を苦しめてしまうようなネガティブなものの見方にとらわれてしまうことも少なくない。

2. 認知行動療法における認知モデル

（1）認知行動療法とは

　米国の精神科医ベック（Beck, A.T.）は，もともと精神分析の教育をうけていたものの，多数のうつ病患者との臨床経験の中で，抑うつや不安といった精神医学的な問題の中核には，思考障害，すなわち認知のゆがみの問題があるという主張を行い，ゆがみに気づいて修正していくことを目指す認知療法を開発した。彼とその後継者たちは，この新しい心理療法の効果について，臨床試験を通して検証するという当時としては画期的なアプローチを進め，現在ではその適応範囲を精神疾患にとどまらず大きく広げてきている。

　この認知療法は現在では認知行動療法と呼ばれることが多くなっている。本章では以降，「認知行動療法」に呼称を統一する。認知行動療法は，第4章で触れた「認知モデル」がその理論の基礎となっている。ここでは改めて認知モデルについて解説するので，第4章も参照してほしい。

（2）認知モデル

　認知行動療法の認知モデルは，人のあらゆる反応が，出来事そのものではなくその出来事に対する解釈の仕方で決まると主張する。先にあげた労働者や慢性疼痛を抱えるクライエントの例のように，全く同じ出来事を体験しても，その体験をどのように解釈するかによって，どのように感じるか，ふるまうかといった人々の反応は著しく異なる。この解釈は，その時々に自動的に頭に浮かんでくる考えという意味で「自動思考」と呼ばれているが，この「自動思考」は，その背景にある「スキーマ」

と呼ばれる認知構造によって影響を受けると仮定される。この「スキーマ」は幼少期の体験を通して作り上げられる自分や他者や世界に対する信念を含んでおり，生きていく上でのさまざまな思い込みやルールを作り出す。虐待やいじめを受けた経験があれば，「自分は愛されない」，「他者は自分を搾取する」，「世界は危険なところだ」といった信念ができあがり，そのためにすべての人に何とか愛されようとする無理なルールや，必要以上に他者を警戒するような不自由なルールを作り出して，みずからの考えや行動の自由を失ってしまう。

　当初の認知行動療法は，苦悩は物事のゆがんだ解釈によってもたらされるとして，このゆがみの同定と修正をめざしていた。しかし近年では，認知の「ゆがみ」よりも，その認知がどのような働きや影響をもたらすかといった認知の「機能」に注目し，その修正よりも柔軟で多様なとらえ方ができるようになることや，認知にとらわれず，受け流せるようになることなどもめざすようになってきている。

　次項からは，認知行動療法で認知を取り扱う際の基本的な姿勢や技法について詳しく解説していく。

3．認知行動療法における認知の検討方法
〜認知を検討する際の姿勢と認知的技法〜

（1）ケースフォーミュレーションと協働的実証主義

　心理面接を開始するにあたって，まず認知を含むどのような要素が，悩みや問題にどのように影響を与えているのか（問題のメカニズム），そして何にどう介入するのが望ましいのか（治療戦略）について，検討する必要がある。このような検討は，ケースフォーミュレーションと呼ばれ，第4章で解説しているので参照してほしい。

　認知行動療法において，ケースフォーミュレーションを作成したり，認知の内容や機能を変容させるさまざまな技法を実践したりする際には，第4章で述べた協働的実証主義を保つことが重要である。認知行動療法の技法はセルフヘルプの道具として，読書療法やインターネット上のプログラムを通して自習することでも，一定の効果が期待できるもの

が多い。しかし、セラピストと共に取り組む認知行動療法では、技法とともにセラピストの協働的実証主義の姿勢が治療効果を促進する。クライエントのどんな認知にも関心を持ってかかわり、先入観にとらわれない実証的なセラピストの姿勢が、クライエントみずからが認知を検討する際に取り入れられる。

（2）思考記録表

クライエントを苦しめている認知を検討するための代表的な技法に、認知再構成法がある。よく使われるツールとして、**表8-1**で示すような7コラムと呼ばれる思考記録表があげられる。7つのコラムを埋めていくなかで、苦悩が生じた場面で何が起きていたのか（状況）、その時にどのような気持ちになったのか（気分）、頭の中にどのような考えがよぎったのか（認知；自動思考）に気づく。さらに当初頭をよぎった自動思考の根拠や反証をあげることで多方面から状況を検討し、別のとらえ方（適応的思考）を導き出すものである。一番下の欄には新たなもの

表8-1　思考記録表（例）

状況	宴会の席で、上司に仕事のミスを指摘された。
気分	(1) 劣等感　90%　(2) 怒り　60%
自動思考	(1) こんな簡単な仕事を間違えるなんて、自分は無能だ。(90%) (2) 皆が聞いているところで、これ見よがしに指摘され恥をかかされた。(70%)
根拠	(1) タスクは単純なものだった。しかもそのことに指摘されるまで気づきもしなかった。最近ミスが増えている。仕事が滞ることが多い。 (2) 4人の同僚と部下が同席して指摘を聞いていた。
反証	(1) ミスが生じた時は大型プロジェクトを抱えていたため、多忙で確認をする余裕がなかった。 (2) 皆かなり深酒をしていた。
適応的思考	(1) 単純ミスをしたのは、多忙を極めてチェックができなかったため。大型プロジェクトを担当していて他の業務に支障が出たが、無事終わったので少し余裕が出てくるだろう。(60%) (2) 言った本人もあまり大意はなく聞いていた人たちもほとんど覚えていないだろう。(60%)
気分	(1) 劣等感　30%　(2) 怒り　40%

の見方で状況を眺めて，気分はどのようになったのかを記載する。気分や自動思考，適応的思考には0から100段階で，その気分の強さや考えを正しいと信じる程度（確信度）を評価する。認知行動療法ではこのような数値を使った評定をよく行うが，主観的な感情や認知を対象化して，振り回されずに観察することを促すものである。

　最初は反証や適応的思考を見つけることが難しいと感じられることが多い。自動思考の中でも，特に気持ちの動揺を強く引き起こすような「ホットな」自動思考と呼ばれるものは，クライエントのスキーマに結びついていることが多いため，反証をみつけづらい。そのため，考えのゆがみについて典型的なパターンを理解しておくことは，自動思考のバランスの悪さや極端さに気づいて，反証をみつけることを助ける。典型的な考え方のゆがみのパターンの例としては，物ごとを極端によいか悪いかに決めつけて判断する「全か無か」思考や，何か悪いことがあるとほかにもさまざま原因があるにもかかわらず自分のせいであると思い込む「個人化」などが知られており，リスト化されている（Burns, D.D., 1999 野村・夏苅・山岡他 訳 2004）。反証や適応的思考を挙げる際にクライエントに提示し，参照してもらうことも役に立つ。

　また，反証を見つける際に，**表8−2**に示したような質問をクライエントに投げかけることも有効である（大野，2010）。「ソクラテス式質問」

表8−2　反証を見つけるための問いかけ

①もう一度冷静に……
・見逃していることはないでしょうか？
・自動思考と矛盾する出来事はないでしょうか？
・自分の力だけではどうしようもない事例について，自分を責めていませんか？
②第三者の視点から……
・他の人が同じ立場にいたらなんて言ってあげるでしょう？
・○○が聞いたらどうアドバイスをしてくれるでしょう？
③経験を踏まえて……
・これまでに同じ経験をしたことはありませんか？
・その時にどのようなことを考えたら楽になりましたか？

（大野，2016 p.75）

や「誘導による発見」という技法があるが，セラピストが何かを教えようとするのではなく，このような質問をすることによって，クライエントが自ら現実的で役に立つ考え方を探索するきっかけを与えることができる。

（3） 行動実験

「思考記録表」は，自動思考の根拠や反証を考えながら探すことを通して，より広い視野から物ごとのとらえ方を見直すという頭の中での作業であった。一方，「行動実験」は実際に行動して現実に生じることを確かめることを通して，認知を検討していく方法である。ネガティブな気分を引き起こす認知が，事実を反映しているわけでも，役に立つわけでもないのに，長期にわたってクライエントを苦しめ続けるのは，クライエントが特定の行動や状況を避けていて，実際にどのようなことが生じるか経験していないためであることがある。行動実験では，生活の中で実験的に経験の場をつくりだし，思い込みの反証を目の前の現象からみつけることを目指す。

実施する際には**表8-3**のようなシートに従って計画を立て，結果をまとめるとよい。行動実験には一般の人に対して意見をきいたり（Surveys），観察したり（Modeling）するもの，セッション中にセラピストと行うものや宿題として実施するものなど，さまざまなやり方がある。**表8-3**①は社交不安症を抱える大学生の観察行動実験の例である。「会話をするときには面白いことや気の利いたことを言わねば退屈な人間だと思われて疎まれてしまう」という思い込みから，ちょっとした雑談の際にもあれこれと頭の中でリハーサルをしてから発言したり，なるべく発言を控えたりしていたため，社交場面で強い疲労感や緊張感を抱えていた。このようなクライエントに対して，一般に人は雑談でどのくらい面白いことや気の利いたことを言っているかを観察してみるという行動実験を行っている。まず，あらかじめ実験を行う場面（状況）と，このようなことが起こるであろうと懸念していること（予想）をできるだけ客観的に観察できる事象に落とし込んで記載する。そして，具体的な実

第8章 心理面接での取り組み③：認知の検討 | **139**

験のやりかたを記載するところまでセッション内に仕上げて，クライエントに宿題として実験を実施してもらい，次回のセッションで結果を報告してもらう。結果が当初の予想をどのくらい反映していたかを評価することもクライエントの思い込みの検討に効果的である。

表8-3②はパニック症のクライエントが行ったセッション内行動実験の例である（永田＆清水，2019）。息苦しさを感じるとそのまま過呼

表8-3　行動実験の表①　社交不安症の大学生

状況	予想 何が起こると考えますか？どのようにして分かりますか？その確信度は？(0-100%)	実験 予想を検証するために何をしますか？	結果 何が起こりましたか？予想は正しかったですか？(0-100%)	学んだこと 実験から何を学びましたか？予想したことは現実になりましたか？納得がいかないことはありますか？今後どのような実験に取り組むと良さそうですか？
昼食時のカフェテリア	✓ 話をしている人たちは，おもしろいことを言ったりウィットにとんだ話をしているだろう(100%)	✓ 2,3人で食事をしている学生たちの隣に座り，こっそり会話の内容を聞いて，「おもしろい発言」，「ウィットにとんだ発言」をカウントする	✓ 4人の女子学生グループはよく笑いながら話していたが，Tik Tokやファッションの話題で，特におもしろかったりウィットに富む発言ではなかった ✓ 隣にいた2人組の男子学生は，ほとんど何も話さずもくもくと食事をしていた。たまにぼそぼそと次の授業の話や，共通の友人について話題にしていたが，内容は薄かった ✓ 予想はほとんど正しくなかった（10%）	✓ 周りの人は雑談ではおもしろいことやウィットの利いたことを話さねばとは思っていないようだ ✓ 大した内容でなくても，普通に会話が続いたり，話題がそれほどなくても疎まれたりはしないようだ ✓ 観察実験を続けていきたい

表8-3　行動実験の表②　パニック症

状況	予想 何が起こると考えますか？それはどのようにして分かりますか？その確信度は？(0-100%)	実験 予想を検証するために何をしますか？	結果 何が起こりましたか？予想は正しかったですか？(0-100%)	学んだこと 実験から何を学びましたか？予想したことは現実になりましたか？納得がいかないことはありますか？今後どのような実験に取り組むと良さそうですか？
セラピストと一緒に階段を一気に駆け上がる	✓ 息苦しくなって呼吸が止まってしまいそう(20%)	✓ 身体感覚に注意を向けながら実践してみる	✓ 何も起こらなかった ✓ 息が切れたが時間とともに元にもどっていった(0%)	✓ 息苦しくても呼吸が止まってしまうことはないと思う ✓ 今後も過呼吸の疑似体験の実験に取り組む ✓ 納得がいかなかったことは特にない

（永田＆清水，2019）をもとに高梨が作成

吸となり，窒息して死んでしまうと解釈して強い不安を感じるため，常
に身体に注意を向け，少しでも息苦しさを感じると深呼吸をしたり，座っ
て冷静になろうとしたりしていた。このため，外出が困難となり，日常
生活が制限されていた。行動実験は，パニック症の心理教育やリラクセー
ション，「呼吸のしかたがわからなくなる」という非機能的なイメージ
の意味を再構成するなどの事前準備を経て実施された。セッション中に
行動実験として，セラピストと共に階段を一気に駆け上がり，「息苦し
くなると呼吸が止まってしまう」という思い込みを検討した。実際には
「息が切れたが時間とともに通常の呼吸にもどって行った（呼吸は止ま
らなかった)」という結果となり，恐れていたことは生じないことが確
かめられた。この後同様の行動実験を繰り返し，少しずつ行動範囲を広
げていった。

　なお，このような行動実験に対するクライエントの不安が非常に強い
時には，セラピストがまず実験を実施している様子をクライエントに観
察してもらい，結果が予想と異なっていることを確かめてもらうという
手順を踏むことも有効である。

　行動実験は上記の例が示すように，ネガティブな思い込みをあくまで
仮説として，この仮説を検証する実験をセラピストと協働して計画・実
施し，結果を客観的に観察して吟味するという，協働的実証主義を象徴
する技法と言える。

（4）イメージの書き直し
①　イメージとは

　認知は言葉で表現されるものだけでなく，映像などでも体験されてい
る。たとえば，パニック症のクライエントの中には，息苦しさを感じる
と，そのまま倒れて救急車で運ばれてしまう映像が頭に浮かぶ人もいる。
ベック（Beck, 2011 伊藤・神村・藤澤訳 2015）はこのような映像的な
自動思考を「イメージ的自動思考」と呼んでいる。我々の体験を言語化
できると，わかりやすく，伝わりやすくなるものの，時には言葉にする
ことでこぼれおちてしまう微妙なニュアンスやリアルな実感もある。イ

メージ的な認知は言語的な認知よりも感情に強い影響をもたらすことも報告されている（Holmes & Mathews, 2005）。従ってよりリアルな体験や感情に結びついた認知にアプローチするため，言葉にならないものも含んだイメージ的認知を扱うことが有効なケースがある。

② イメージの書き直し手続き

言語的な認知と同様にネガティブで非機能的なイメージを再構成していくが，イメージに対しては，「書き直し rescripting」と言う表現がよく使用される。イメージを書き直すステップは次のようなものがある。まず，ネガティブな気分に陥っている際に頭の中に生じてくるイメージを同定して，目を閉じそのイメージを五感で体験してもらう。イメージと言うとまずは映像的，視覚的なものが思い浮かぶが，映像以外のイメージもある。たとえば先のパニック症のケースでみられた救急車で運ばれるイメージでは，安否を問う叫び声（「大丈夫ですか？！」）や，近づいてくる救急車のサイレンの音といった聴覚的なイメージや，息苦しさなどの身体感覚的なイメージといった，さまざまな感覚でイメージを体験している。したがって，それぞれの感覚でイメージとして体験されていることについて探索的に尋ねてみて，できるだけ鮮やかにイメージを思い描いてもらう。

次に，より現実的であったり，望ましいと思われたりするようなイメージを考えてもらい，再度目を閉じ，新しいイメージを作り出し，さまざまな感覚モダリティで（視覚，聴覚，触覚，味覚，嗅覚といった感覚）体験してもらう。

たとえば先ほどのパニック症の例では，目を閉じて，電車に乗っているところ，しばらくすると何となく息が苦しくなってくるところ，しばらくは少し息苦しく心臓もドキドキしてくるが，さらにしばらくすると息苦しさが収まってくるところ，そして普通に電車を降りて喫茶店でおいしいコーヒーを飲むところをイメージ上で五感を使って体験してもらう。さらに，この新しいイメージを繰り返し生活の中で練習してもらう。

非機能的でネガティブなイメージの存在やその影響に気がついていなかったクライエントにとっては，イメージに気づいて，主体的に書き直

すことが，気分や行動に変化をもたらす場合が多い。それまでは，イメージと現実とが混同されていたが，イメージはあくまでイメージであり，自分で自由に書き直すことができるという気づきと書き直しの実践が，イメージと現実の混ざり合いを解く。

　一方で，イメージが現実を反映しているものであると信じていたり，そうたやすく書き直すことができなかったりするクライエントも多くいる。その場合，イメージが出来上がったルーツを探索して，その記憶にはたらきかけて書き直しを行うという，イメージ書き直し（Imagery Rescripting：IR）と呼ばれる方法がある。この方法では，そのイメージがはじめて出現した出来事，あるいはそのイメージが引き起こす感情を最初に体験した出来事の記憶を探索する。そしてその出来事をイメージ上で再体験し，当時とは別の見方で眺めたり，イメージの中で当時の自分が成し遂げられなかったことを実行したり，他者に「してほしかったけれどしてもらえなかったこと」をしてもらったりしているという新しいイメージを作り出すことを目指す。さらに，イメージ上で過去を再現しながら，現在の自分をそのイメージに登場させて，当時の傷ついた自分に対して客観的で現実的なものの見方を伝えたり，慈しみや思いやり（コンパッション：compassion）を持った姿勢で接し，共感を示し受容したりするイメージを思い描く。

　たとえば，人前で，赤面し挙動不審になっている弱い人間というネガティブな自己イメージが浮かび，恥ずかしさを感じているクライエントに対して，そのイメージを思い浮かべると生じるような恥の感情を最初に感じた出来事を探索してもらう。その結果，中学2年生の授業中に教科書を読んでいた時，突然声が震えだし，それを抑えようと焦れば焦るほどつかえてしまい，教師や友人に笑われた記憶を思い出す。まずはこの時の記憶について，目を閉じてイメージ上で詳細に再体験する（ステップ1）。さらにその同じ場面を今度は第三者的に，客観的にイメージする（ステップ2）。そして最後にステップ1のように記憶を再体験しながらそこに現在の自分を登場させ，恥じて傷ついている昔の自分に，その出来事についての別の見方を伝えたり（例：笑われても最後まで読み

続けたことは勇気がある証拠），ねぎらいの言葉をかけたりする。そして当時の自分が，落ち着きを取り戻して，スムースに教科書を読み終えたり，笑っている友人や先生に言い返したりするイメージを思い描く（ステップ3）。クライエントはこの新たに作り出したイメージを日常の中で繰り返し思い描いて練習していく。なお，ネガティブなイメージや記憶に結びついている意味や信念を明らかにして，それらを認知再構成した上で，イメージを書き直すという方法をとることも多い。

　以上のようなイメージ書き直し法は，言語のみでなくイメージを用いること，さらに現在の認知が出来上がったルーツとなる出来事の記憶を用いることで，強い感情を伴いスキーマレベルの認知を修正することにも効果を上げている。

（5）マインドフルネス

　これまで紹介した技法は，ゆがみがあったり役にたたなかったりする「認知の内容」に注目して，物事のとらえ方を検討する方法であった。一方，近年では，「認知との関係」や「認知の機能や影響」を変えていこうとするマインドフルネス（mindfulness）を用いたアプローチが広がりを見せている。

　カバットジン（Kabat-Zinn, 1994）によれば，マインドフルネスとは，「意図的に，今この瞬間に，価値判断することなく，特定の方法で注意を向けること」とされている。我々は，心配事や後悔などに気を取られていて，目の前の「今この瞬間」にある現実から離れて「心ここにあらず」の状態になることがよくあるが，これが極端になると頭の中にあるまだ来ない未来や過ぎ去った過去の世界に飲み込まれてしまう。このような「心ここにあらず」な状態で頭の中の考えと現実を混同し，どうにかしようと考え続けたり行動したりすることによって，ネガティブな悪循環にはまり込んでしまう。マインドフルネスは，「今この瞬間」の現実に気づき，考えは必ずしも事実を反映しているわけではなく，浮かんではまたいずれ消えていくものであるという「脱中心化」と呼ばれる視点をとれるようになることで，認知の機能や影響を変えていく。

マインドフルネスは呼吸法などの様々なエクササイズ，瞑想法などを通して体験的に習得されるものである。アジア各地に根付いているテーラワーダ仏教で用いられていた瞑想法に由来するが，カバットジンをはじめとした臨床家が，慢性疼痛や再発を繰り返すうつ病，パーソナリティ障害，その他のケースの治療に取り入れ効果があることを示していった。

　マインドフルネスと認知療法を組み合わせたマインドフルネス認知療法（Mindfulness-Based Cognitive Therapy : MBCT）を開発したシーガル（Segal, Z. V.）たちは，認知療法が高い効果をあげているうつ病の再発予防のメカニズムについて研究していた。当初は認知の内容を正しいものに変容することで効果を得ると考えられていた。しかし彼らが見出したことは，むしろクライエントが認知の内容が正しいかどうか検討する際に，その思考から「距離をとること」や，先述した「脱中心化」が生じ，認知との関係が変化することで効果がもたらされるということであった。MBCT は，このような認知と「距離をとること」や「脱中心化」を目指す訓練方法として，マインドフルネス瞑想に注目し，認知療法に融合させていった（Segal *et al.*, 2013 越川訳 2023）。

　ここでは，越川（2007）のマインドフルネス瞑想から，「マインドフルに呼吸する」を紹介する（表8-4）。このエクササイズは 15 分ほど，さらに続けたいという思いが出てきたら好きなだけ行うことが推奨されている。非常にシンプルなエクササイズであるが，やってみると思うようにはうまくいかないことに気づく。呼吸を「今この瞬間」とつながるためのアンカー（錨）として使用するが，エクササイズをはじめると，次第に呼吸から注意がそれてさまよいだす。それる原因は心配事であったり，過去に対する後悔であったり，あるいは「どうやったらうまくいくのか」とか「こんなことやって本当に意味があるのだろうか」という疑問や焦りだったりするかもしれない。このような考えが出たり，呼吸に集中できていなかったりする状態に対して，「うまくできていない」とか「失敗した」というような価値判断をせず，そしてどうにかしようと反応することもせず，「こころがさまよっているな」，とか「また考えが出てきたな」など，考えを含め起きていることをありのままに観察して，

ふたたび呼吸にやさしく，そっと注意を戻していく。そして，呼吸とそれにともなう身体の感覚の変化や，起きているあらゆることに対して好奇心をもってただ眺めて，その瞬間瞬間の経験に静かに気付きを向けていく。集中しようとしているのにこころがさまよいだすこと，ただ静かに注意を呼吸に戻していくこと，起きていることをありのままに眺めていくこと，これらの体験は認知を含む様々な物事にとらわれず受け流す，とてもよい練習だとして受け入れる（越川，2007）。

　最後に，先に述べたMBCTを運営するインストラクターの姿勢について述べる。MBCTはグループ形式により実践されるものであるが，インストラクター自身が継続的にマインドフルネスを実践し，グループ運営や参加者の体験に対して価値判断をせず，思いやりのある好奇心に満ちたマインドフルな姿勢を保ち続けることが重要であるとされる。参加者がグループ中のインストラクターのこのような姿勢をとり入れ，自分

表8-4　マインドフルネス瞑想「マインドフルに呼吸する」

呼吸を使ったマインドフルネス瞑想の具体的なやり方について説明しましょう。
会議前の心を静めたいときなどに役立ちます。
(1) いすや，床や畳の上に座布団などを敷いて座ります。
　　背骨はまっすぐに伸ばしますが，それ以外の部分はできるだけゆったりとさせましょう。額をゆったりとさせ，口元をゆるめましょう。
(2) あなたの意識を，体がいすや床と触れている部分にそっと向けます。1〜2分の間，その部分がどんな感じがするのか感じてみてください。どんな感覚でもよいのです。それをよいとか悪いとかと評価するのではなく，ただ感じてみます。
(3) 息を吸うたびにお腹の皮が少し引っ張られる感じ，息を吐くたびにお腹がすうっとへこんでいく感じにやさしい注意を向け，今ここで起きていることを感じてください。
※呼吸をコントロールしようとしないでください。ただ，そこにある呼吸と，それと一緒に起こる体の感覚に耳をすませましょう。

（越川　2007，pp.52-53）

の認知を含む経験に対しマインドフルな意識を向ける際のモデルとなるためである。

4．おわりに

　本章では，認知行動療法の認知的技法を紹介することを通して，心理面接で認知の検討を行う取り組みについて解説した。認知行動療法はクライエントに「魚を与えるのではなく，魚釣りの方法を教える」というメタファーがある（坂野，2020）。セラピストが認知の誤りを指摘したり，適応的なものごとのとらえ方を説得したりするのではなく，クライエント自身が，セラピストの姿勢や，セラピストとの間で行われていた問答を取り入れながら，各種技法を用いて認知を検討できるようになることがひとつのゴールとなる。

研究課題

1．本章でとりあげた「思考記録表（7コラム）」，あるいは「行動実験」を用いて，自分の認知を検討してみよう。
　＊「思考記録表」では，気持ちが動揺した場面をとりあげて，当時のとらえ方を確認し，新たにさまざまな角度から別のとらえ方を探してみよう。
　＊「行動実験」では，普段なんとなく避けてしまっている場面や行動を避けないで，予想していることと実際に生じてくることを比べてみよう。
　　　いずれも技法の演習のためなので，大きく気持ちが動揺したものや，不安が強すぎる場面や行動は選ばないように注意しよう。
2．越川（2007）では，本文で紹介した「マインドフルに呼吸する」のほか，様々なエクササイズが紹介されている。マインドフルネスは実践を通して直接体験することでわかるものであるため，取り組んでみよう。

引用文献

Beck, J. S. (2021). *Cognitive Behavior Therapy, (3rd ed).: Basics and Beyond*, Guilford Press (ベック, J. S. 伊藤絵美・藤澤大介 (訳) (2023). 認知行動療法実践ガイド 基礎から応用まで 第3版—ジュディス・ベックの認知行動療法テキスト 星和書店)

Beck, J. S. (2011). *Cognitive Behavior Therapy*: Basics and Beyond (2nd ed.). Guilford Press. (ベック, J. S.・伊藤絵美・神村栄一・藤沢大介 (訳) (2015). 認知行動療法実践ガイド 基礎から応用まで (第2版)—ジュディス・ベックの認知行動療法テキスト 星和書店)

Burns, D. D. (1991). *Feeling Good : The New MoodTherapy Rivised and Updated*. (バーンズ, D. D.・野村総一郎・夏苅郁子・山岡功一・小池梨花 (2013). (増補改訂 第2版) いやな気分よ, さようなら—自分で学ぶ「抑うつ」克服法 星和書店)

Holmes, E. A., & Mathews, A. (2005). Mental imagery and emotion: a special relationship? Emotion, *5*(4), 489-497. https://doi.org/10.1037/1528-3542.5.4.489

家接哲次 (2019). 5. 介入方法 マインドフルネスに基づく認知行動療法 日本認知・行動療法学会 (編) 認知行動療法事典 (pp. 302-303) 丸善出版

Kabat-Zinn, J. (2004). *Wherever You Go, There You Are : Mindfulness Meditation in Everyday Life*. Hyperion.

越川房子 (2007). ココロが軽くなるエクササイズ 東京書籍

永田忍・清水栄司 (2019). パニック症に対する注意トレーニングと初期記憶のイメージ書き直しを用いた認知行動療法 就実論 *48*, 153-162.

大野裕 (2010). 認知療法・認知行動療法治療者用マニュアルガイド 星和書店

坂野雄二 (2020). 心身医学を専門とする医師に知ってもらいたいこと 心身医学, *60*(8), 695-701.

Segal, Z. V., Williamns, M. G., Teasdale, J. D. (2012). *Mindfulness-Based Cognitive Therapy For Depression, (2nd ed)*. Guilford Press. (シーガル, Z.V.・ウィリアムズ, M. G.・ティーズディール, J. D.・越川房子 (訳) (2023). マインドフルネス認知療法 原著第2版 うつのための基礎と実践 北大路書房)

9 │ 心理面接での取り組み④：表現

佐藤　仁美

《**本章の目標＆ポイント**》　言語─非言語・表現する─表現しない，沈黙，などを取り上げながら，心理臨床における表現の意味を探る。
《**キーワード**》　表現，言語，沈黙

1. 人の表現とは

> しのぶれど色に出にけりわが恋はものや思ふと人の問ふまで
>
> 拾遺和歌集・百人一首四十番

　平安中期の歌人で，「三十六歌仙」のひとりである平 兼盛（生誕年不明－990）が，960 年に村上天皇が開いた天徳内裏歌合で詠んだもので，「拾遺和歌集」「百人一首」に収められている。同じく「三十六歌仙」のひとりである壬生忠見（生没年不詳）との名勝負が有名で，二十番勝負の最後のお題「恋」にて，壬生に先行してこの歌を詠んだ。この決着は，村上天皇が「忍ぶれど」と口ずさんだことで兼盛の勝利となったといわれている。

　現代語訳は「隠しているつもりだったのに顔色に出てしまっていたよ，私の恋は。何か物思いをしているのですか？　と人に尋ねられるくらいに」となる。「わが恋はしのぶれどものや思ふと人の問ふまで色に出にけり」とせずに，語順を逆にする「倒置法」を用いることで，はっとした作者の気付きを印象付けている。何か物思いしているのかと尋ねられてはじめて，自分の気持ちにはっと気づき，隠し通せないほどに，顔の表情に表れるほど，改めて，自らの恋心の大きさを実感した様子が伝わってくる。

対する壬生の歌は，

> 恋すてふわが名はまだき立ちにけり人知れずこそ思ひそめしか
>
> 百人一首四十一番

　現代語訳は，「私が恋をしているといううわさがもう立ってしまった。誰にも知られないように，思い始めたばかりなのに」である。この歌も倒置法が使われており，「思ひそめしか」（密かに想い始めたばかり，つまり，恋をし始めたばかり）であるのに，噂が「立ちにけり」（立ってしまった）と，恋をし始めた頃の初々しさが表現されている。

　平安貴族の世界を例として，主に宮中では，思いを歌にこめて綴るという雅な世界が展開されていた。歌が，格式高く雅に詠めることがひとつのステイタスでもあり，また，思いを寄せた相手に振り向いてもらえるように，言葉を尽くしていたようである。漢詩や漢文，国内外の歴史にもどの程度精通しているのか，言葉のやり取りで知性を問いながらも，その奥底にある人間性を，したためた文字をも含めて互いを探り合う，なんとも言えない世界と推察する。歴史等時代性や背景を知識として持ち得るということは，勉学に励み，時代背景や，ひいては人の心を読み解いていくプロセスとは，趣を異とすれども，心理臨床におけるクライエント理解に通底しているように感じられる。クライエントの話に耳を傾け，使用される言語とそのニュアンス具合・声のトーン・間合いなど，歌詠みのやり取りになぞって考えることもできるであろう。

　内なる思いは，上記2首にも示されたように，自分では気づかずとも，周囲に気づかれてしまうことも少なくない。それは，自覚のないままに，身体表現として発せられている，心のうちに留めておけないあふれる思いとも考えられよう。

　身体表現として現代的には，「目は口ほどに物を言う」がひとつの例として挙げられよう。これは『からだことば辞典』（東郷，2003，p76）によると，「ことばに出して言わなくても，目の表情を見ればその人が心に思っていることがわかる」ことを意味している。同義語に，「目が物を言う」（目の表情が豊かである。また，目の表情でその人の気持ち

がわかる），「目は心の鏡」「目は心の窓」（目を見ればその人の心の状態がわかる）などがある。目には，感情が表れてしまうのである。

絵画の世界で，レオナルド・ダ・ヴィンチ（Leonardo da Vinci, 1452－1519）の『モナ・リザ』（1503－1506 頃）は，謎めいた表情で描かれており，人々を魅了し続け，研究者により，様々な説が唱えられている。口元の微笑に対し，目は複雑な表情をしており，口元の表情も左右異なり，視線においても，左右の目が異なる方向を向いている。鑑賞者の観る角度や心境によって微笑の度合いが変わって見えることからも，多くの解釈を生み出していると考えられている。実際には，描き手の意図によるところが大きいのだが，描かれた時代性や環境・文化背景，被写体に対しても同様のことを，総合的に理解する必要がある。

実際に，私たちも，同じ景色を眺めていても，気持ちが落ち込んでいたら物悲しく見えたり，楽しければ明るいものに目が向くこともあるだろう。また，自分の気持ちが相手に投影されることも少なからずあり，相手が怒っているかもしれないと考える気持ちの奥底に，その相手に対しての自らの怒りが存在していることも拭い去れない。

表現とは，広辞苑によると「心的状態・過程または性格・志向・意味など総じて内面的・精神的・主体的なものを，外面的・感性的形象として表すこと。また，この客観的・感性的形象そのもの，すなわち表情・身振り・動作・言語・作品など。表出」と定義されている。また，デジタル大辞泉によると「①内面的・精神的・主体的な思想や感情などを，外面的・客観的な形あるものとして表すこと。また，その表れた形である表情・身振り・記号・言語など。特に，芸術的形象たる文学作品（詩・小説など）・音楽・絵画・造形など。②外にあらわれること。外にあらわすこと。〔明治時代に作られた語〕」とある。

出口（1992）は，「創作原理としての芸術的表現の本質的契機は，『再現』と『表出』の両作用である。つまり，芸術における表現は，『外的対象の模倣，再現の契機を有すると同時に，つねに内的状態の表出を必須の契機』とし，この両者の様々な度合いにおける協同統一において，成り立つ」とし，身体表現としての「ダンスとは，感情や意志を伝達す

るための手段でもなければ，それらを表現しようとする欲求を満たす対象でもなく，むしろそれをいかに表現するか，いかに伝達するか，その仕方に目が向けられるべきものである」とも指摘している。また，芸術における「表現」の多義的な状況が背後にあることも指摘している。

2. 心理臨床場面における表現行為とは

　クライエントがセラピーの場で，セラピストに問題解決のための時空間を用意され，思いを吐露する場面では，さまざまな表現方法がある。『日常臨床用語辞典』（北山・妙木ら，2006）より，クライエント・セラピスト双方の表現行為をセラピーのやり取りに沿って，クライエントの「ためる」「吐き気」「吐く」「話す」「かたる」「ものがたり」「打ち明ける」，セラピスト側の「声を聞く」に絞って紹介する。

【ためる（妙木浩之　P286-289）】

　「たまる」は，「同じものが集まってとどまっているときの状態を表している」。「溜む」には「何かを足止めさせるという行為があって『溜まる』という状態」がある。意識的に「ためる」状態をつくると「集める」「増やす」といった収集と貯蓄の意味となる。「ためる」には，「意識的な努力が必要で，じっとしている我慢や忍耐という状態を示す『ためる』もこの意味から生じる」。社会的に「我慢」「辛抱」「根性」は美化されやすい傾向にあるため，感情をため込むと漏れ出さないか不安に襲われることもあり，病気としての症状のさまざまな形で「ためすぎ」をもらしたり，こぼしたりすることになる。

＊クライエントが思いをため込む行為には，誰にも話せず，自らの内に（無理やり）押し込んでためるなど，自らの社会的にも精神的にも我慢している状況を想像させる。たまりすぎてこれ以上こらえきれなくなってこみあげてくるものの，出すに出せない状況では生理的にも心理的にも「吐き気」となって表出されることもあり得る。

【吐き気（妙木浩之　P346-349）】

　一般的に，吐き気や吐く行為は，健康面での異常，体調の悪さを示すものである。刑事ドラマで容疑者に「吐く」ことを促す場面では，「後

ろめたいことや秘密にしていることを暴露しろ，自白しろという意味であり，たいてい吐く内容は悪事である」。容疑者も「自分がある程度『いけないこと』をしたという気持ちを持っていて，それを抑圧していることになる」。

　「心理学的な意味で『吐き気』を感じるときには，ひとつには自分の心で許容できないほどの嫌悪感や外傷体験を外から受けた場合，あるいは自分の心の中にしまって置けない，つまり抑圧や否認などの防衛機制を使って心の中に位置づけられないほどの嫌悪感や罪悪感がコンプレックスとして起こってしまう場合が考えられる。いずれの場合も，心が消化しきれなかったものの存在を示唆している。つまり『おさまり所の悪い』ものを収めようとした結果，おさめようとする心の意思とは反対にそれがもどってこようとしてるのであり，取り入れの失敗。あるいは消化の失敗を示している」。

　精神分析において「はくこと」の重要視にはじまり，次第に，「はくこと」のみならず「はくことの意味やはいた結果の意味について理解し，はいたことをおさまるところにおさめることも重視されるようになった。『吐き気』がするようなことならば，それを言葉で『吐露』することの意味を理解し，それをいくらか意識のなかにおさまるところを見出そうとする」が，「ことばを通じてもどってくるもの」は，本人にとって「不快な事柄」「不愉快な体験」である。セラピスト側が「吐き気」の裏側にある「いけないこと」「未消化物」を見つけることに躍起になると，クライエントにとって，それは耐えられない体験となってしまう。セラピーにおいては，クライエントが「気持ちよくもどす」ことができる工夫や配慮が求められる。

【吐く（北山修　P349-351）】

　「吐く」（行為），「吐きたい」（願望），「吐きそう」（感覚）は，身体的・生理的なものと同時に，心理的描写にも使われる。「吐き気」は「生理的に受け入れられない」対人関係上に起こりうる心理的なものが身体的・生理的に通底する両義的な言葉として挙げられる。身体が言葉を話すような表現を精神分析では「器官言語」という概念でとらえ，「吐く」

は「普遍性の高い心身両義性を示すもの」と捉えられる。身体的な吐き気は，吐けば楽になるのに対し，言いたい言葉を吐き出しても，なかなか楽にならない実状がある。吐く行為には，嫌なものと同時に大事なものも失う不安が伴いかねず，安心して吐ける場が必要である。「苦労も悲しみも罪も溜まるものであり，その元を取り入れないようにすること，さらに，かみ締め，のみこみ，こなすことという心理的な消化能力や包容力の増強が，心理的な吐き気の予防として望ましい」。

【話す（北山修　P359-362）】

　実際上，クライエントはセラピストと「ゆっくり話すための時間と空間を求めている」。また，話すこと自体「放つ」ことと結びついている故から，心にあるものを話す（自らから放つ）ことで，「喜びや価値が見出される」一方，社会的な場においては，「滅多なことを言わないほうがいい」と思い知らされることもある。「言葉には言霊信仰があり，言うことが本当になることが期待され，またそれで不安になることがある」し，「言葉の意味はけっして思い通りにはならない」。クライエントには「信じた言葉にどこかで裏切られて絶望し」「話の喜びが打ち砕かれるという個人の根深い幻滅の歴史」があることを前提に，セラピストは「言語不信に陥らぬよう，『話半分』くらいの態度で臨む必要がある」。

【かたる（渡辺智英夫　P119-121）】

　「カタはカタドルと同源であり，出来事を模写して，その一部始終を聞かせるのが原義である。『形取る』には『象る』『模る』が当てられ，物の形を写し取ること，形のないものを何かの形にうつしかえることを意味する」。「『語る』は『話す』と共通の性格」を持つが，「『話し』のほうが歴史的にも登場は新しく，より素朴で，直接的であり，戯言，噂，虚構などを指し，『語り』のほうがより統合，反省，屈折の度合いが高く，また日常生活の行為の場面からの隔絶，遮断の度合いが高く，歴史のなかで研磨されてきた言葉と言えよう」。

　「『語り合う』という表現を『話し合う』という言い回しと比べてみるなら，前者にはより一層の親密さや打ち解けた様が込められている。『語る』ことは，うちとけて付き合うことでもあるが，このうちとけて

親しげに『語る』ことから，『安心してだます』という意味が派生する。これが『名をかたる』といった言い回しで使用される『騙る』である。『だます』という行為には『だまされる』対象が必要であり，『だまされる』対象は必ずその心のどこかに『だまされる』余地をとどめているものである」。

【ものがたり （渡辺智英夫　P 120 - 121）】

　「『語る』は『形─る』『形どる』であり」「統合，反省などの加工を施されていて，表現のなかに創造的側面を盛り込んでいることが暗示されている。この創造的・生産的行為は，何らかの『安心』を前提としていて，『語り』『語られる』場は他者との神話的，共存的雰囲気を帯びているようである。またこの場は，過去・現在・未来といった時間を越えた『いま』によって支配されている。このようにして成立した『語り』の行き着く場は『ものがたり』であり，それを『語る』ものが『語り部』である。

　古来『ものがたり』の『もの』は，『ものに憑かれる』といった表現で使用されるときの『もの』に通じる言葉であり，人知を越えた存在を指し示している。『ものがたり』は『語り』を究極にまで押し進めることによって，個々の人間を越え，また時間をも越え生き続けることになる」。

【打ち明ける （成田善弘，　P 82 - 84）】

　辞書的に「打ち明ける」とは，「①秘密や心の中に思っていることを包み隠さず人に話す。②文語的ないい方でさっと開く，勢いよく開ける。③中に入っているものを出して空にする」（大辞林）ことである。

　打ち明けるためには，心の内に秘密保持されていることが前提で，打ち明ける相手に信頼感・安心感あって，打ち明けられる。しかしながら，相手の取り様もあるため，不安がつきまとう。その不安に信頼が勝って，成立する。話者はひとりで抱え込んでいたものを共有できることで孤独感は軽減されるが，一方，聴き手は，それを受け止めたことで重荷を背負うことになり得る。

＊北山（2006）・成田（2006）の指摘のごとく，吐き出す行為には，自らの内においておけないものと同時に，おいておきたいものもともに

出てしまうことも覚悟しなくてはならないだろう。一度放たれたもの
は，回収も難しく，100% 元の鞘に収まることは難しくなるだろう。
一度，内なるものが空っぽになるような体験をすることは，とても不
安で怖いものであり，外側から支える存在，その支え方が大きく影響
することとなる。

【声を聞く（宮崎崇　P169-172）】

　「声」の旧字「聲」は，解体すると「声」＋「殳」＋「耳」となる。
「聲」は，磬（ケイ：石の打楽器。祈って神を招くときに使用）を鼓（う）
つ形を示す殸（ケイ）の音を耳でもって聞くことを意味し，声は神を招
き，神の声を聞くことを原義とした（白川静『新訂字統』平凡社 2007）。
声は，「発せられた時点で聞く行為を求める宿命がある」。その声を聴く
場には配慮が必要で，「声が漏れない」場の設定が求められる。

＊声を発せない聲，沈黙の声というものも存在する。視覚的にわかりや
　すいものとして，身体表現など直接的な行為から，絵画や箱庭などを
　用いた心の内を視覚化した表現まで，幅広い。

3．表現しないことも表現・沈黙

　『日常臨床用語辞典』（北山・妙木ら，2006）には，「沈黙」「黙する」
は掲載されていないが，「こえ」項目に【沈黙のなかの声（宮崎崇　P
169-172）】があり，要点をまとめると以下のようになる。

【沈黙のなかの声】

　息をしていなければ声は出ない。声の源泉は息にあるといえる。「息」
の語源は「生」であり「いのち」である説より，臨床家は声なき沈黙の
なかの「息づかい」にも耳を澄まし，「生き方」をじっくり聞く必要が
ある。しかしながら，じっくり聞こうとすることにより，新たな「息詰
まり」を生む可能性も孕んでいるため，聴き手は自らに「聞き分けのよ
い治療者」を求めすぎずにほど良さを保つことが大切とされる。

　聴覚的な「聴こえる」を基準とした考え方だけではなく，息づかいや生
き方そのものにも着目した「沈黙のなかの声」として捉える必要性がある。

　また，広辞苑によると，「沈黙」とは，①だまって，口をきかないこ

と。②活動せずに静かにしていること，また，デジタル大辞林によると，①だまりこむこと。口をきかないこと。②音を出さないこと。物音もなく静かなこと。③活動をせずにじっとしていること，と書かれている。「だまって口をきかない」は，積極的な表現行為としての沈黙，「音を出さず，物静か」は物理的な沈黙，「活動せず，じっとしてる」は若干消極的なニュアンスのある行為として位置づけられるであろう。大別して，行為者の行為，情景・環境の表れの2種が考えられる。

ピカート（Picard. M.）は『沈黙の世界』（Picard. M. 1948 佐野訳, 1964）「沈黙の相」（pp. 9-13）において「沈黙とは単に『語らざること』ではない。沈黙はひとつの積極的なもの，ひとつの充実した世界として独立自存しているものなのである。」「沈黙は在る」ことによって偉大であり，「沈黙には始めもなければ，また終わりもない」「いわば創造に先立って在った永劫不変の存在のようなのだ」として根源性を導き，「沈黙が存在するところでは，人間は沈黙によって見守られている。人間が沈黙を見つめるよりも，沈黙が人間を見守っているのだ」と説く。時間性についても，「時間という種子が沈黙のなかへ播かれるかのようであり，時間が沈黙のなかで萌え出るかのようである。沈黙は，いわば，時間がそこにおいて成熟し，充つるところの土壌」とし，「常にわれわれの身近にある……自己の身体を感ずるように，その存在を実感することができるほど身近にある。われわれはそれを手で摑むことは出来ない。しかし，われわれはそれを，たとえばひとつの着物，身にまとっているひとつの織物のように直接に感ずる」もので，定義することは出来ないものの，「確かなものであり，見まがうべきもなく明瞭」であると捉えている。沈黙は「遠隔と近在，広闊と現前性，普遍と個別」を持ち得ていることを指摘している。

同書「始原の現象としての沈黙」（pp. 14-16）において「ひとりの人間の内部にある沈黙は，その人間の生涯を超える。そして，この沈黙のなかで，人間は過去および未来の盛大につながっているのである」と説く。

また，「沈黙からの言葉の発生」（pp. 17-26）において，「沈黙は人間の本質のなかへ全面的に織り込まれている。しかし，沈黙はつねに，そ

のうえにより高度のものが現れるための土台なのである」とし，言葉は沈黙から生じ，言葉と沈黙は表裏一体にあることを捉えている。

心理臨床の現場において，たとえば，学校臨床にかかわっていると，教師より「この子は，学校にもこないで引きこもって，何もしない」「学校に来ても何もしゃべらない，何も表現してくれないので困る」といった声を耳にする。教師側からすると，学校に来てくれない，来ても何もしゃべらない，反応しない，イコール，表現しないといった構図になるようだ。しかし，そういった児童・生徒・学生側に視点を向けると，「ひきこもる」「いかない」「しゃべらない」「反応しない」といった表現をすることで，己の状態を外に向かって訴えていると言えよう。いわば必死に，身を守る行為とも換言でき，歴とした自己表現と考えることができる。

別の例として，緘黙・場面緘黙の子どもたちが，心理臨床場面で長らく沈黙を続けた後，はじめてセラピストに声を発した時など，地鳴りするようなうめき声であったり，ぶっきらぼうなストロークであったりすることもあり，セラピスト側が驚異（時に脅威）を感じることも少なくない。それまで，必死に自分の器の中に，自分のものをためて，収めて，こらえてきたものが，ある刺激をきっかけに漏れ出す，あふれ出したその瞬間であり，自分ではコントロールのきかないような地声が，響き・唸りなどの形で表出されることもある。これも，精いっぱいの表現である。一度，表出が始まると，堰を切ったように，一気に表にさまざまなものが飛び出してくるのである。クライエントが，混沌としたよいものも悪いものも吐き出せるために，セラピストは，安心・安全な時と場を備えることが求められる。

セラピーの過程においては，クライエントの語りに耳を傾けるために，まず，セラピスト自身が黙することでクライエントの語りの場が作られていく。しかしながら，クライエント自身の黙する時間も存在する。

橋本（2016）は，心理臨床における沈黙の重要性を取り上げ，プロセスにおける沈黙の在り方として，「精神分析においては沈黙は抵抗として，Gendlin のフォーカシングにおいては沈黙そのものが治療過程とし

て捉えられ，沈黙を打ち破ることと促すことの２つのアプローチ」として捉えている。精神分析においては，クライエントの“沈黙”という表現を通して抵抗分析を行うことが繰り広げられる。それはセラピストへの転移感情であったり，思いを巡らせるためのものであったり，表現できるのか，してよいのか，あるいは，表現方法を模索したり，様々な逡巡の時のひとつの形であるとも考えられる。

4. 言語表現の位相

　鑪は，『試行カウンセリング』（1977）第４章「被面接者（クライエント）の世界」において，クライエントの表現する言葉が，どのような内的世界を表現しているかを図式化しながら説いている（図9-1）。クライエントの言葉の内容には，心理的世界，事実の世界，それらの重なり合った世界が存在する。

　心理的世界とは，「事実に関係あろうとなかろうと語られるもの」で「実際，この領域に属している空想の世界はカウンセリングの中でたいへん重要な問題である」。

　事実の世界とは，「行動のレベルにおいて語られる，いろいろなことがら」「事実を述べることがら」であり，「これは誰によっても客観的に確かめることのできるものとして語られる場合が多い」。

　重なり合った世界とは，「いろいろな事実や行動が語られると同時に，その中に心理的なものがもり込まれながら語られる世界」である。「空想を含む心理的世界と事実の世界は，ほぼ常に，いろいろな形でからみ合い，重なり合って語られる」ため，心理的世界だけ，事実の世界だけと分けて考えることは難しい。クライエントの語る言葉は，それらの重なり合った世界として表現されることが多く，カウンセリングの中で，カウンセラーが注目しなければならない重要な領域である。

　また，鑪（1977）は，言葉における経験の世界を「深さと陰影をもった世界」とし，「言葉と経験との関係」（図9-2）を図式化した。

　カウンセリングは，「話を通して，つまり，言葉を媒介にして治療活動が進行する過程である。言葉の水準と上下軸で表し，実線より上が事

第9章 心理面接での取り組み④：表現 | **159**

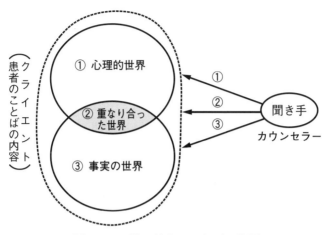

図9-1 被面接者のことばの世界

(鑪幹八郎『試行カウンセリング』誠信書房 2001 第8刷 p 43 を一部改変)

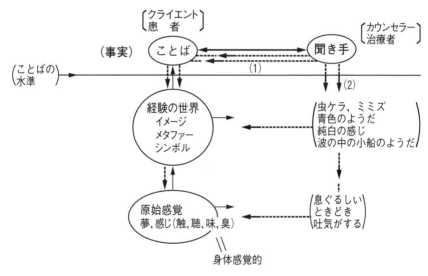

図9-2 ことばと経験との関係

(鑪幹八郎『試行カウンセリング』誠信書房 2001 第8刷 p 45 より)

実に近く，下に行くほど身体感覚に近くなり，客観的には説明しづらい深い世界となっていく。

　一般的に，経験は言葉を通して表現されるが，必ずしも言葉で表しきれない経験的世界も存在する。それは，イメージ・メタファー・シンボルなどで語られる世界である。言語化しようとしてもしっくりくる表現が見つからないことも多く，言葉を尽くして表現してもしつくせない感がある。それは「イメージやメタファーが使用されて，はじめてピッタリするような経験の世界」である。カウンセラーは，イメージ・メタファー・シンボルなどで語られたものを，それ自身として受け取ることのできる感性やセンスが求められる。

　カウンセラーの語りかけや問いかけに対し，クライエントが更に深く，原始的な感覚で表現するようになり，それは，原始感覚・夢・漠とした感じ・触覚・聴覚・味覚・嗅覚などの感覚を用いて表現される世界が展開される。さらに深まると，体感的世界が表わされる。カウンセラーは，クライエントの経験過程・原始過程・体感過程を感じ取りながら，言葉を用いてその捉えたものをクライエントに言葉で返していく過程を繰り返す。そのカギとなるものは，カウンセラー自身に起こり得る感情移入・共感・投影過程のイメージ喚起，メタファーやシンボルの世界に入り込むことによって，クライエント理解につながることとなる。その経験を，言語を通してクライエントに示すことで，直接的に働きかけることにつながり，クライエント自身の理解と問題解決へと進行していく。クライエントが言葉にしづらいことを，カウンセラーが言葉にして伝えたり，記録を残すことが行われることとなるので，カウンセラー自身の語彙表現・言葉感覚を磨き続ける必要性がある。

　このようなクライエントの表現のひとつである芸術療法において，セラピストの言語表現は大きな意味を持つこととなる。高江洲（2000）は「芸術療法の基本特質のひとつは，『非言語的交流（non-verbal communication）ということにあろう。表現をめぐる各種の媒体は絵画や音楽をはじめとして，言葉として語られる以前のイメージを扱うことによって，前言語（プレ・バーバル），傍言語（パラ・バーバル），側言語（エ

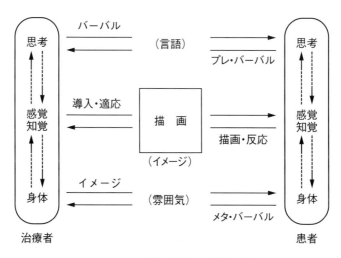

図9-3　絵画療法の治療図式

(こころの科学92　芸術療法　2000 p 19)

ピイ・バーバル),準言語(メタ・バーバル)ともいえる各種の非言語特性の各方向への特質を持つことになる。人間の表現手段の統合機能としての言語活動(ランガージュ)の存在は,人間を人間たらしめる高次機能としての作用にある。その意味では,『芸術療法は優れて言語的なものである』(飯森,1998)という論理も成り立つ。しかし,ソシュール(Saussure, F. de)らの言語論を併せて考えてみれば,人間の表現の多様性は他者に向かって『語られる言葉(運用言語)』(パロール)としての言語機能を超えた存在としての出会いの様式を根底に内包している。つまり,ヒトがヒトとして互いに向きあう相互交流の場では,共通言語としての『母語としての言語(共通言語)』(ラング)による表現以前の根源的出会いがある」と説く(図9-3)。

5．まとめにかえて

ピカート(Picard, M.)『沈黙の世界』(1948/1964)「形象と沈黙」(99-100)の抜粋を用いて,本章のまとめとしたい。

物のかたちは沈黙している。そして沈黙のうちに何事かを語っている。形象のなかには明瞭に沈黙が存在しているのだ,──しかし,この沈黙の

すぐそばに言葉がある。つまり，形象はものを言う沈黙なのだ。形象は，沈黙から言葉に至る道程のうえの，一つの宿場のようなのである。形象は沈黙と言葉との境界上に立っているのである。したがって，沈黙と言葉とはこの最後の境界線上で相い対峙する。しかし，その緊張は，美によって溶解されている。

　形象は人間のなかに言葉以前の存在への追憶を喚び起す。形象が人間をあれほどにも強く感動させるのはそのために他ならない。形象は人間の内部に，あの言葉の存在への憧憬を呼び覚すのである。しかし，もしも人間が形象のまえに立って，この憧憬のために彼の本質を―そして人間の本質とは言葉なのだ―放棄しようとするならば，人間は審美的なものによって損われる惧れがある。そして形象の美は，この危険性を高めるのである。

　諸事物のこの沈黙の形象を保持するものは，人間の魂である。魂は，たとえば精神のように言葉を通じて事物について語るのではなく，諸事物の形象を通じて語るのだ。だから，もろもろの事物は―先ず形象によって人間の魂のなかに，そして更に言葉によって精神のなかに―二度くりかえして人間の内部に宿るのである。

　だから魂のなかに宿るのは諸事物の形象であって言葉ではない。魂は，言葉の創造以前の人間の状態を保持しているのだ。

　魂のなかに宿っている形象は，一つのより高い世界を―そこでは形象以外になにものもなく，形象が言葉のように語り，またことばが形象のように語る一つのより高い世界を―指し示すのである。……

　魂が更にその形象を神的なるものに，取りもなおさず始原の形象に手渡してくれるために，もろもろの事物は，彼らの形象を人間の魂へともたらそうとしているかのようなのである。

🎸 研究課題

1．日常場面での「沈黙」する場面を想起し，自身のこころに耳を傾けてみよう。

2．心理臨床場面で起こり得る「沈黙」に向き合うことをイメージし，自身の姿勢・言葉かけなどを考えてみよう。

参考文献

出口敦美（1992）．芸術における「表現」概念の一考察　―「表現」概念の多義性と表現主義　岩手大学教育学部研究年報第51巻第2号　p.1-17

橋本真友里（2016）．心理臨床における沈黙の概念および沈黙研究の概観と展望　京都大学大学院教育学研究科紀要　第62号　p.415-426

飯森眞喜雄（1998）．芸術療法における言葉　徳田良仁・飯森眞喜雄・山中康裕・大森健一・中井久夫　芸術療法1　理論編　岩崎学術出版社

北山修（2006）．「吐く」北山修（監修），妙木浩之（編）　日常臨床語辞典　誠信書房　p.349-351

北山修（2006）．「話す」北山修（監修），妙木浩之（編）　日常臨床語辞典　誠信書房　p.359-362

宮崎崇（2006）．「声を聞く」北山修（監修），妙木浩之（編）　日常臨床語辞典　誠信書房　p.169-172

妙木浩之（2006）．「ためる」北山修（監修），妙木浩之（編）　日常臨床語辞典　誠信書房　p.286-289

妙木浩之（2006）．「吐き気」北山修（監修），妙木浩之（編）　日常臨床語辞典　誠信書房　p.346-349

成田善弘（2006）．「打ち明ける」北山修（監修），妙木浩之（編）　日常臨床語辞典　誠信書房　p.82-84

Picard. M（著）佐野利勝（訳）(1964)．沈黙の世界　みすず書房　1964（Max Picard *Die Welt des Schweigens.* Eugen Rentsch Verlag AG, Erlenbach-Zurich, 1948）

新村新（編）(1998)．広辞苑第五版　岩波書店

高江洲義英（2000）．イメージ表現の心理学　飯森眞喜雄（編）　こころの科学 92　芸術療法　日本評論社

鑪幹八郎（1977）．試行カウンセリング　誠信書房

東郷吉男（2003）．からだことば辞典　東京堂出版

山中康裕（著）岸本寛史（編）(2001)．たましいの窓―児童・思春期の臨床(1)　岩崎学術出版社

渡辺智英夫(2006)．「かたる」北山修（監修），妙木浩之（編）　日常臨床語辞典　誠信書房　p.119-121

Retrieved from https://www.weblio.jp/content/%E6%B2%88%E9%BB%99?dictCode=SGKDJ　デジタル大辞泉（2024年2月26日）

10 | 心理面接の諸相①
：クライエントシステム

丸山　広人

《**本章の目標＆ポイント**》　人は，自分以外の多くのヒト，モノ，コトとの関係性の中で生きている。それらは常に変わっており，それに応じて自らも変わらざるを得ないものだが，反対に自らの変化が周りにも作用し，周りの変化を作り出しもする。周囲もクライエントも常に変わっているにもかかわらず，クライエントの苦痛や症状だけは変わることなく形成され続けていると考えるならば，そこに問題をめぐるホメオスタシス（恒常性）を見出すことができそうである。このように，クライエントの困難や苦痛を力動的システムとして捉えてきたのが家族療法の専門家たちである。本章では，表出された問題や症状をその個人だけに原因を求めるのではなく，周囲との関係の中でとらえていく家族療法の観点を学んでいく。

《**キーワード**》　世代間境界，システム論的アプローチ，リフレーミング，パンクチュエーション，円環的因果律

1．家族の中のクライエント

（1）クライエントのおかれた環境を含めた理解

　クライエントを知るということは，クライエントがどのような家族の中でどのような位置づけや役割を担って生きてきたのか，そして，それをどのように感じて生きてきたのかということを理解することである。第3章で見てきた通り，インテーク面接では成育歴を把握することからクライエントを理解しようとするが，それは，家族とともにクライエントを理解することでもある。家族を理解しようとするのは，第7章でみてきたように，そこにリソースを見出して心理療法に役立たせたいという気持ちがあるからであるが，それだけではない。クライエントの抱える課題は家族システムが影響していることは多く，それを変えることが

できるならば，クライエントの課題もまた変わるということもあるからである。一般に家族療法では，問題を抱える人をクライエントとは呼ばず，その家族の問題が特定されている人という意味でIP（Identified Patient）と呼ぶ。IPとしてとらえることによって，問題を家族全体のダイナミクスや関係性の中でとらえていこうとするのである。

　家族療法にはいくつかの代表的な考え方があるが（遊佐，1984），本章では，システム論的アプローチと構造派家族療法と呼ばれる観点から学ぶことにする。まずはミニューチンを創始者とする構造派家族療法が家族を理解するときのキーワードである境界（boundary），提携（alignment），パワー（power）を取り上げてみよう（Minuchin, S., 1974　山根監訳　1984）。これらのキーワードがセラピストの頭にあると，クライエントを理解する観点が豊富になり，的確な質問をすることにつながって，クライエントも話しやすくなることが少なくない。

（2）境界の問題

　境界は家族の中にも外にも引かれているものである。適切な境界が引かれているならば，家族メンバーはそこに居心地の良さや安心感が得られて，家族の関係は安定したものとなるだろうが，その境界が不適切なものであると問題を引き起こしやすい。これまで親と一緒に寝ていた子どもをひとりで寝かせるようにすることは，そこに親と子の間に一線を引くことであり，これは親と子の境界を生み出すことになる。子どもが小さい時であれば子どもが書いたものをこっそり見ることに抵抗は感じないが，それが中学生の子どもの日記となると，親であろうとも勝手に読むことには抵抗を感じるであろう。思春期の子どものカバンの中を勝手に見たり，机の引き出しをこっそり見たりすることにも，やはり抵抗を感じるのではないだろうか。そこに自他の境界が引かれているからであり，家族メンバーの成長に応じてその境界も変わるということである。

　「友だちがみんな持っているからスマホを買ってほしい」と子どもからせがまれたときに「よそはよそ，うちはうち」と一線を引く場合は，自分の家と他の家との間に一線を引くことになる。家族の内と外とを分

けるこの境界が適度に強いと，外からの影響を受けずに安定した家庭になるが，あまりに強すぎると外からの影響を受けつけない家庭となって，地域や周囲から孤立しかねない。一方，境界が弱い場合は，すぐに外の影響を受けてしまい不安定で安心できない。ある学生は，両親がとても頼りない人たちであると話していたことがある。たとえば，これから家族で出かけようという時に来客や電話があった場合，いつもそれに引きずられて予定が変更したり中止になったりしていたという。こちらの予定と相手の予定の間に一線を引いて，こちらの予定を優先できなかったがゆえに，親のことを弱く頼りにできないと思ったらしい。だから親に相談しても意味はないとこの学生は話していた。

　新婚の夫と妻は，それぞれの出身家族（原家族）の影響を直接受けて，ともに異文化体験をする。夫は夫の原家族での習慣を当然と思い，妻は妻の原家族での習慣を当然のこととする。夫の原家族では，テーブルと椅子で食事をするのが当たり前であるが，妻の原家族では畳にちゃぶ台が当たり前という場合，一緒に生活する際に，どちらを選択するのかということでそれぞれの原家族の境界線争いが勃発する。どちらを選択するのかということでその後の力関係に影響することもある。ここで，互いの言い分を取り入れて，「食事はテーブル，おやつはちゃぶ台」というように中庸がとれると，この夫婦は原家族とはちがった，この夫婦独自の境界を設けることになって，互いに原家族との間に一線を引いて心理的に独立していく。

　このような境界の中で重要なのが世代間境界である。祖父母世代，夫婦世代，子ども世代の間に境界が引かれていて，そのバランスが良ければよいが，この境界があいまいであったりなかったりすると問題が生じやすい。妻が子どもを夫代わりにして愚痴を言うであるとか，親世代がすべき介護を孫世代がするといったことは，世代間境界があいまいになっていると言える。母ひとり子ひとりの家族なので何でも子どもに相談して乗り越えてきたという母親は，それを良かれと思ってやっているかもしれないが，子どもにとっては負担になっていることもある。家族メンバーの成長や巣立ちなどによって，境界は常に設定し直されるもの

であり，特に世代間の境界があいまいになっていると問題が生じやすくなる。

（3）提携の問題

　家族メンバーが親密で協力的な関係を同盟（alliance）とよび，他を排除するための関係を連合（coalition）といったりする（中村，2003）。子どもが不登校になった時，その両親の間で子育ての方針が一致しているならば，そこに同盟関係ができているため，両親は子どもに対して安定したかかわりができ，家族の安定も比較的早く取り戻すことができるであろう。このとき，もし祖父母世代から両親世代に対して「不登校など絶対に許せない，親の育て方に問題があるのだ」といった攻撃がなされたならば，この夫婦関係は夫婦連合となって，祖父母世代からの影響を一定程度排除できるだろう。このように連合の概念は同盟とは異なり，ほかとの葛藤を含んだ関係でありいくつかの典型例が見出されている。ここでは，①固着した連合，②迂回連合，③三角関係化を紹介しよう。

　①固着した連合　固着した連合関係とは，家族メンバーの中で世代間境界を越えた強固なつながりができていることをいう。他の家族メンバーに対抗する関係のパターンができあがってしまい，それ以外の交流のチャンネルが乏しいので，違うパターンに切り替えられず柔軟な対応ができなくなっていることが考えられる。

　②迂回連合　迂回連合は，葛藤を抱えた二者が，他の家族メンバーを迂回して連合するものである。夫婦の間に葛藤や亀裂が生じている時，子どもが非行に走ることで，夫婦の関心はそちらに向かい，その子どもを迂回して連合する。これによって夫婦は，自分たちの問題をいったん棚上げして連合できるので，子どもの非行はこの夫婦をつなぎとめるのに役立っているという理解も可能である。家族の外に共通の敵を見出し，その敵を迂回することによって，葛藤のある夫婦関係がその葛藤をいったん棚上げしてつながりを強めるのも迂回連合の例となる。

　③三角関係化　三角関係化というのは，互いに葛藤している家族メンバーが，ある共通する家族メンバーを味方に引き入れようとして生じ

るものであり，味方として選ばれた人が，どちらか一方につきたいと思っていない時には，葛藤を抱えることになる。たとえば，「あなたはお父さんとお母さんのどちらの味方なの」と迫られる子どもの抱える葛藤が典型例となるだろう。この場合，子どもが一方のみに味方するようになると固着した連合になり，一方に味方することによって夫婦の葛藤がいったん鎮まり棚上げされるならば迂回連合にもつながる。いずれにしても，こうなると世代間境界を越える関係性が生まれやすくなるので，その偏りが強くなると問題が発生しやすくなる。

（4）パワーの問題

　家族メンバーはそれぞれがパワーをもっている。誰のパワーがどのような時に誰に対して影響力をもつのか，あるいはまったく影響力をもたず無力なのかということから，クライエント理解を進めることもできる。家事については妻がパワーをもっており夫は口出ししないが，地域の付き合いは夫がパワーをもって妻はもたないというように，その影響力は領域においても変わる。どこに住むのかということは，夫や妻の職場や子どもの学校など様々な要因を勘案してなされるが，ひとつに決定しなければならず，その決定がどのようなプロセスを経て誰のパワーが影響力をもっているのかを知ることによって，その家族の力関係を推測できる。重要な決定事項は夫婦で話し合って決まるということもあれば，夫が勝手に決めて家族がそれに従うだけということもある。

　普段はそうでもないが，いざ家族の重大な決定をしなければならないときには祖父母のパワーが強く影響するという家族もある。夫婦が何も決められないので，しびれを切らした小学生の長女の一声が採用されるというパターンが形成されていることもある。このような場合，長女は親役割を取らされている可能性があり，この長女は子ども時代を失ってしまっているという理解もできる。

　われわれは，自らの家族内の境界や提携そして力関係の中を直に生きているので，漠然とではあるがそれを理解しているものである。しかし，それが誰にどのような影響をもたらしているのかであるとか，自分がど

れほどそれを負担と感じているのかといったことについては、はっきり
とは意識していないことも多い。このようなことを改めて考えてみるこ
とは、クライエントを新しい側面から理解することにつながることが多
く、またクライエント自身も自分を振り返る新しい観点を得ることがで
きることもある。

（5）孫のいじめに悩む祖母の事例

　ここである事例を考えてみる。この事例の詳細を紹介することは控え、
登場人物が特定されないように個人情報を改変してある。

　クライエントは「孫が学校でいじめられているので何とかしたい」と
いう主訴で相談にやってきた、ある子どもの祖母であった。娘夫婦は学
校と相談してこのいじめ問題に対応しているようだが、祖母から見ると
手ぬるい対応しかできておらず、このままでは事態はより悪化してしま
うのではないかと心配しているらしかった。そこで、自分が出て行って
小学校と交渉したいと思っているが、まずはスクールカウンセラーの先
生のご意見をうかがいたいということであった。スクールカウンセラー
は良い知恵を授けてくれて背中を押してくれるだろうという勢いであっ
た。

　話の内容は筋道立てて分かりやすく、きりっとした表情でてきぱきと
話す祖母であった。話を聞けば、すでに退職しているものの、現役時代
はある会社で女性初の管理職になったということであった。話の中で祖
母は自分の子育てを振り返り、娘は昔から何もできない子だったので自
分がいろいろと手をかけてやっていた、それでやっと人並みに過ごせて
いたと話した。娘が結婚してからは口出ししたいのをぐっとこらえて我
慢していたが、今回は孫の一大事なので黙っておくわけにはいかない、
娘からはこの件はこちらに任せてほしいといわれているが、放っておい
て大変なこと（不登校さらにはもっと悲惨なこと）になったらどうする
のだという気持ちが強い様子であった。

　確かにこの祖母であったらもう少し事態はクリアになって、見事にい
じめ問題は解消したかもしれない。そのような交渉力と影響力をもちう

る雰囲気の祖母であった。学校に直接乗り込むのではなく，まず専門家からよい知恵を得てから動き出そうとするあたりにその交渉力の高さが垣間見えるようであった。しかし，この件は娘夫婦が話し合いを重ねて，学校にも相談して対応していることである。被害を受けた孫も不安ながらも登校を続けている。おそらくそのような困難を共に乗り越えることによって，この娘夫婦は夫婦として育っていくのであり，この家族の歴史は作られていくのである。ここで，この祖母が出ていって事態を素早く見事に解決してしまった場合，娘は母親としてどうするかと悩む機会を失ってしまうことになりかねない。そして，いつまでも祖母を頼って重要な意思決定を祖母にゆだねてしまうことになるかもしれない。孫は孫で両親や先生たちに見守られながら，この人生の難局を自分なりにやりくりして乗り越える機会となっているわけだが，その経験をせずに終わってしまうかもしれない。このようなことを祖母と話し合って，祖母の介入は最後の切り札として残しておき，いまはまだ見守っておきましょうという結論となった。祖母が恐れているような重大事態になるかもしれないが，それは娘夫婦が対応すべき課題であって，「そうなったらそうなった時にまた考えていきましょう」ということで終了した。しばらくしてこのいじめ問題は解消し，孫は登校を続けているという連絡があった。

　このような事例に対して家族という視点をもっているならば，世代間境界を越えて親の仕事を祖母が奪ってしまう影響を考えることや，夫婦同盟を壊しかねない危険性を察知できるかもしれない。クライエントは，その悩みや不安のために視野が狭くなり，冷静なときであればしないであろう短絡的な行動をとることもあるが，そのようなときにセラピストは，クライエントがより広い視野から考えられるようなフレームをもっておくことも求められるだろう。

2．問題を捉える枠組み

（1）フレーム

　家族療法には，構造派家族療法のほかにもいくつかの学派がある。次

にシステム論的家族療法の観点を検討していこう。これは家族を対象と
せずとも活用でき，その場合，システム論的アプローチともよばれる。
このシステム論的アプローチは，家族メンバーそれぞれが相互作用する
システムにおいて問題が生じているというとらえ方をする。お互いが影
響を与え合いながら問題を生み出し，また問題を解消させもするという
理解である（Watzlawick, Weakland & Fisch, 1974 長谷川訳 1992）。家
族メンバーの相互作用だけに限定されているわけではないが，ここでは
家族を理解するという文脈においていくつかのキーワードを解説しなが
ら話を進める。

　まずはフレーム（frame）である。これは枠組みのことであり，連綿
と続く日常に意味を与えてコミュニケーションを成り立たせるものであ
る。たとえば，横断歩道の信号機が赤になると歩行者はそこに「止まれ」
というフレームを当てはめる。一方，赤信号のためブレーキを踏んで車
を止めていた運転手たちは「もうそろそろ青になって進めるな」という
フレームを当てはめる。横断歩道の信号が赤になるということは，それ
ぞれの文脈によって「停止」の意味にもなれば「進行許可の予兆」の意
味にもなる。われわれは，それぞれの文脈や置かれた立場の中で適切な
フレームを当てはめたり，それを切り替えたりしてコミュニケーション
を成り立たせている（田中，2021）。このことは人間関係においても同
様である。

　図書館で本を読んでいたところ，近くのお年寄りが話を始めた。最初
は小さな声だったが次第に大きくなりはじめた。その時，図書館員が2
人に近寄り，静かな声で「こんにちは」と声をかけたところ，お年寄り
たちは「あ，すみません」，「ごめんなさい」と口々に言い話を止めた。
そしてロビーに行きそこで話を再開した。この場合，図書館員の「こん
にちは」は，単なる挨拶以上の効果を発揮したわけであるが，これはお
年寄りたちが「図書館では静かにする」というフレームを思い出したか
らであり，それは図書館の人がわざわざ言いに来ているからであった。
もし，「こんにちは」が2人の共通の友だちからであったならば，2人
はまた違ったフレームを当てはめていたはずであり，「ごめんなさい」に

はならなかっただろう。このようにわれわれは，コミュニケーションの中で瞬時にフレームを当てはめ，それを切り替えている。

　もうひとつ，ここでは「こんにちは」の効果についても考えておこう。この場合は単なる挨拶以上のメッセージを与えていたわけであるが，この辞書的定義を超えたメッセージをメタ・メッセージという。この例ではお年寄りたちが図書館員のあいさつを「図書館では静かにしてください」といったメタ・メッセージレベルで受け取り，それにふさわしいフレームを当てはめたと理解できる。

　心理療法もコミュニケーションが続いていく場であるから，セラピストもクライエントも，その話の流れの中で様々なフレームを当てはめたり切り替えたりしながら，話に意味をもたせてコミュニケーションしているということになる。しかもこのコミュニケーションには，さまざまなメタ・メッセージが発せられている。たとえば初回面接において，話したいことをぎっしりとメモ書きしてきたクライエントが来談したとしよう。このクライエントはどのようなメタ・メッセージを発しているのだろうか。まずは，話したいことがたくさんあるであるとか，問題の核心を早く見つけて解決させたいといった心理療法への期待が考えられるであろう。あるいは，自分のことを順序良く正確に話さないといけない，自分は自由に話すことが苦手である，自分のペースで話をさせてほしい，悩みを正確に分かってもらいたいといったセラピストへの要望があるかもしれない。自分は忘れっぽい，もれなく話さないと気が済まない，記録することで安心できるといった自己紹介的なメタ・メッセージを読み取ることもできそうである。面接時間の50分も話がもつだろうかという不安を反映している可能性もあり，話題をたくさん用意しておかないとセラピストに申し訳ないとセラピストからの評価を気にしているのかもしれない。

　以上はどれもセラピストが想像するところのクライエントのフレームであり，セラピストの仮説ともいえる。クライエントの発するメッセージとメタ・メッセージから様々なフレームを想像し，それがクライエントのフレームと合うならば，クライエントはこのセラピストは自分と合

うであるとか，セラピストから自分を理解してもらえたという安心感を
えられるだろう。このフレームが合わない時には，セラピストは次のフ
レームを当てはめていく。セラピストはひとつのフレームにこだわらず，
このメタ・メッセージにも多様な意味を捉えながらクライエントとのコ
ミュニケーションをとることになり，そのコミュニケーションの中でク
ライエントのフレームが変わっていく手助けをするのが心理療法の役割
ということも考えられる。

（2）リフレーミング

　リフレーム（reframe）は，再び（re）枠づける（framing）というこ
とであり，これまでの枠を違った枠で枠づけることによって，新しい意
味が生まれたり，意味が変わったりすることをいう。現在では，ネガティ
ブな言葉をポジティブな言葉で言い換えることとして広まっている。た
とえば，多動気味な子どもに対して好奇心が旺盛な子どもと言い換えた
り，言いたいことが言えないという人に対して，相手を優先してあげら
れる気遣いの人などと言い換えることが挙げられる。しかし，リフレー
ミングは単なる言い換えだけではない（田中，2019；2021）。

　フレームが変わり意味が変わってくることがリフレーミングであるな
らば，それは心理療法そのものともいえる。あるクライエントが「以前
のような元気が出ない」といって来談した。この方は，これまでも元気
なときと抑うつが強くなるときを繰り返しており，過去には入院経験も
あった。この人によると，本来の元気なときの自分は意欲的であり，仕
事はできる方で，たしかに人事部からもそのように評価されているとの
ことであった。元気なときは仕事がはかどり，そんな自分に自信をもて
てリーダーシップも発揮できるのだという。友だちは多い方だといい，
人当たりのよい社交的な人であった。今回は，少し危ない（抑うつの予
兆を感じている）ので，早めに相談にやってきたのだという。危ないと
いってもこれといって問題が起きている様子ではなかった。ただ以前の
ように仕事をバリバリこなすのではなく，またライバルと比較して自分
を向上させる気も起きなくなっているらしく，このように意欲がなく

なっているのは危ないのではないかと思っているようであった。

　しかし，話をしているうちに，自分が感じる元気なときというのは，意欲を使い果たすまで頑張ってしまうことかもしれないと考え始め，「今の自分は意欲がないというよりも，穏やかな心持ちで仕事ができている」と話し始めた。そして最後には今の状態を維持するのが自分にとって良いのかもしれないと思い直した様子だった。この人は，一か月に一度，状況を報告するために来談することになった。そして，以前は休日でも何かを学ぶために勉強をしていたが，今ではゆっくりと過ごしており，これはこれでよいと思えるということで終結に至った。この人の場合，なにも言い換えてはいない。しかし，「意欲のない今の状態は危ない予感ではないか」というフレームだったのが，「意欲がないのではなくて心穏やかな落ち着いた暮らしをしているのだ」とフレームを変えていった。

　以上のように，これまでのフレームには含まれていなかった要素が語られはじめることは，すでにリフレーミングが始まっている状態であると言える（田中，2019）。誰も友だちがいないと孤独を訴えていたはずの青年がある友人との関係に言及することは，すでにリフレームが始まっていることを感じさせるし，嫌いだった先生のことを楽しそうに語るのも，新しいフレームを当てはめていることとして理解できる。セラピストがいくら肯定的に言い換えても，それはセラピストが言い換えているだけであって，クライエントにとってはしらじらしく聞こえるかもしれない。あくまでもクライエントが自らのフレームを変えていくことによって意味が変わっていくことがリフレーミングの特徴である。クライエントの語りからそのフレームを想像し，その他のフレームからとらえ直しつつ，クライエントにはそのフレームを使用せざるを得なくなっている何らかの事情があるのだろうとセラピストが捉えていくと，リフレーミングを意識した心理療法になっていくであろう。

3．原因と結果の捉え方

（1）心理療法の場

　心理療法は，クライエントとセラピストとの一対一の関係性を基礎と

して展開していくものである。セラピストは目の前のクライエント個人の問題を対象として，クライエントの訴える問題の原因を探り，その解決に向けて話を進めていく。その過程でクライエントは何かが変容し，現状から抜け出してより良い納得のできる状態になっていく。そのようなプロセスが一般には期待されている。

しかし，クライエントが変容するだけでなく，クライエントを取り巻く周りの人や出来事が変化することによって，問題が軽減されることは珍しくない。たとえば，将来に不安を感じる中年女性がカウンセリングを求めて来談してきたとしよう。その人は抑うつ感が強く苦しんでいたが，息子が大学受験に合格したということで，抑うつがかなり軽減された。このようなことはしばしば起きることである。クライエントの心配事のひとつが軽減された結果と考えられるが，そこで起きていることをもう少し詳細に検討してみたところ，次のようなことが判明した。

息子は有名大学を目指しており，その受験結果を過度に気にしてピリピリしていたようである。そのストレスを母親であるクライエントにぶつけていたのであり，それがクライエントの抑うつに影響していた。この場合，息子の合格は，息子のストレスを減らし，それがクライエントとの関係を好転させて，結果クライエントの抑うつも弱まるという影響関係が見えてきそうである。息子の受験合格という出来事がクライエントを治療したということになるだろう。

非常に単純化されたたとえであったが，セラピストとクライエントの１対１の関係性だけでなく，クライエントを取り巻くシステムを視野において，そのシステムを理解し，そのシステムに働きかけ，それが心理療法やクライエントに影響するところに目を向けてみると，心理臨床の幅は広がり，たくさんの介入のポイントを見出すことができる（東，1993）。

先の例をもう少し見てみよう。ピリピリした息子が怒りを爆発させて母親を攻撃するという関係が見えていたのだが，そもそもなぜこれほど息子がピリピリしていたのかというと，それは父親が与えているプレッシャーによって引き起こされていた様子であった。父親は息子に有名大

学に入学することを強く期待していたのである。さらに詳しく検討して，なぜ父親はそれほど有名大学への合格を要求して息子にプレッシャーを与えていたのかというと，夫の給料が上がらないことなどを妻（クライエント）から愚痴られており，息子には自分と同じような思いをさせたくないと考えて，父親は有名大学への合格を強く求めていたのである。

　確かにクライエントは将来に不安を感じていたのであり，そこには経済的な不安も含まれていた。その不安が夫に影響を与え，夫は息子への有名大学への合格を期待し，それが息子を神経質にいらだたせ，そのいらだちがクライエントにぶつけられ，それがクライエントの不安と抑うつの原因になっていた。こう考えていくと，このクライエントの夫に対する攻撃が巡り巡って自分に返ってきたと考えることもできる。息子のイライラがクライエントの抑うつの原因のように見えるが，見方によっては，クライエント自身が抑うつの原因だったともいえるのである。

（2）円環的因果律
①直線的因果律
　われわれがクライエントの抱える問題を見るとき，クライエントが苦しめられているという状態を結果としてみて，その結果を生み出す原因を探そうとすることが多い。たとえば，抑うつという結果を生み出す原因は息子のイライラであるというようにとらえがちであろう（第7章の図7-1参照）。このように，なにが原因で何が結果かという因果関係を一本で結び付けて追究する考え方を直線的因果律と呼ぶ(高橋，1999)。原因はひとつとは限らず，息子のイライラもそうであるし夫の給料もそうであるといったように，いくつも考えられる場合もあるが，結果と原因とが図7-1のように考えられている場合は，直線的因果律の考え方である。
②円環的因果律
　クライエントの抑うつの原因は息子のイライラにあるというのがクライエントの語るストーリーであるが，息子の側に立ってみると，そのイライラは父親の高圧的な態度によって，自分を守るため好戦的にならざ

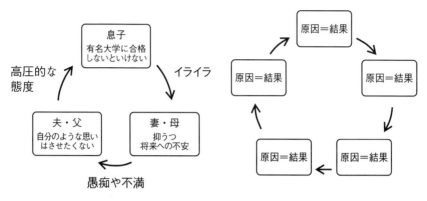

図10-1　円環的因果律

るを得なくなっているのだと因果関係を捉えているかもしれない。そうすると原因は父親の高圧的な態度ということになるが，この高圧的な態度も結果であって，その原因は妻の愚痴にありそうだということであった。このようにして，結果としての抑うつの原因は自分の愚痴にも一部あったといった具合に，コミュニケーションは循環していると捉える見方を円環的因果律という（**図10-1**）。どの立場で，そして，どこで区切って話を理解するのかによって，話は違うストーリーとして理解できるものである。

（3）パンクチュエーション

　クライエントは直線的因果律によって原因を理解していることが少なくない。直線的因果律は，クライエントの語る原因をあくまでもクライエントの立場から一直線に見ていく思考法である。この見方では，ストーリーをどこまで広げて理解するか，そしてどこで区切るのかによって，対応するポイントは変わってくるものである。

　たとえば，クライエントの抑うつを息子のイライラが原因として区切って理解するならば，クライエントは息子との関係性を考えていくことになるだろう。さらに広げて，息子のイライラの原因は父親の態度にあるというところで区切るならば，息子と父親の関係や，父親の態度が話題になり，その関係性をどのように仲介するかということをクライエ

ントは考えていくかもしれない。このようにどこで話を区切るのかによって異なったストーリーが立ち現れてくるということを示す用語にパンクチュエーション（punctuation）がある（高橋，1999；田中，2019）。パンクチュエーションとは，「句読点を打つ」という意味である。いろいろなところでパンクチュエートすることによって，クライエントの語るストーリーは，このようにも見えるしあのようにも見える，この意味は別の立場からすると違った意味があるなどと捉えられるようになることもある。このように，どこで話を区切るかということは，ひとつの直線的因果律で凝り固まってしまったストーリーを解きほぐして，新たな意味を見いだすときなどに有効な考え方である。

（4）円環的質問

　クライエントの語る問題を円環的にあるいはシステムとして捉える方法のひとつとして円環的質問が知られている（東，1993）。円環的質問とは，クライエントの語ることに対して，その状況や原因や意味を尋ねるのではなく，その次どうなったのか，さらにその次はどうなったのかと尋ねていくものである。「8歳の息子がかんしゃくを起こして家で暴れる」という主訴の母親が来談したとしよう。一通り話を聞いていくと，苦手な宿題である漢字練習のとき，お風呂に入るとき，歯磨きをするときなど，本児にとって面倒くさいことをする前にかんしゃくが起きがちだという。ここから円環的質問をするならば，セラピストは，「かんしゃくを起こしたあと，息子さんはどうなるのですか」と尋ねていくことになる。するとクライエントが「物を投げたりして危ないので身体をぎゅっと抱いて止めます」と答えたとしよう。そうしたら「ぎゅっと抱いて止めた後どうなるのですか」とまた尋ねる。「しばらくは腕の中で暴れていますけど，そのうちすっと力が抜けて泣き出します」と答える。これに対しても「すっと力が抜けて泣き出したあと，息子さんはどうなるのですか」と尋ねる。「本人はあきらめておとなしくなります」に対しても「おとなしくなったあと，どうなるのですか」，「あきらめてお風呂に入ります」と続く。お風呂に入った後は比較的穏やかでスイッチが切れ

たように寝るので寝つきはよいのだという。

　以上のことから，この場合，寝つきがよくなるシステムが発動していると考えられるかもしれない。そこで，かんしゃくへの対応をショートカットし，「ぎゅっと抱いて止める」というところからやってみることにした。つまり，息子がかんしゃくを起こす前にぎゅっと抱っこをして，さらに腕の中で暴れるように指示を出して暴れさせるのである，そしてその後はいつも通りに対応していく。母親はばかげていると言いながらも，少し楽しみだといって面接を終えた。そして，これを実行してみたところ，息子は面白がって腕の中で暴れて，その後は，かんしゃくも起きず，面倒なことへも取り組みも早くなったという。母親もかんしゃくへの対応を省けるので助かっているということであった。

（5）悪循環という問題維持システム

　クライエントの語るストーリーをいろいろとパンクチュエートすることによって多様な見方を試みながら，それを円環させて理解するのが円環的因果律であった。クライエントとの会話の中で，原因と結果のつながりが自然と円環していくこともあるが，そうはならないこともある。したがって，セラピストが円環的因果律の考え方を志向しながら，クライエントの語りを聞いていき，無理のないように円環させていくことも必要になることがある。

　クライエントは，自分の立場から区切られているストーリーのひとつひとつを語ることはできる。「息子のイライラによって鬱っぽくなっている」であるとか，「夫の高圧的な態度が息子のイライラの原因だ」などである。しかし，各々のストーリーを円環して捉えて，しかも自分の抱える問題の原因が巡り巡って自分にもある，自分も問題を構成する一要素である，ということまでは理解していないことがほとんどである。各々の構成要素（夫，自分，息子）は，良かれと思ってあるいはやむを得ずそのように対応しているのである。しかしそこでは，問題にかかわるすべてのヒトやモノ，コトが協力して問題を維持する悪循環のシステムを作り出してしまっている可能性がある。似たような問題にずっと悩

まされている場合や，いつも同じ問題が繰り返されているという場合も同様である。このように，問題を円環的因果律によって捉え，原因を生み出すシステムに参入していくアプローチがシステム論的アプローチである。システム論的アプローチというのは，システムを念頭に置いた心理・社会的援助関係の総称であり，家族療法の分野から展開してきたが，福祉，教育，産業領域など，幅広く応用できるものである（東，1993）。

　クライエントは直線的因果律で自分の問題を語りがちであるが，その問題をより広い文脈，つまりシステムに位置づけてとらえなおす作業は，クライエントが悪循環を断ち切るための観点を考えたり，これまでと違うところへのアプローチを考えられたりすることも多いため，クライエントは新鮮な気持で問題に取り組めるようになることがある。

🔖 研究課題

1．構造派家族療法の概念を用いて身近な家族関係をとらえなおしてみよう。
2．自分の身近な対人関係の出来事を円環的にとらえてみよう。

引用文献

東豊（1993）．セラピスト入門―システムズアプローチへの招待　日本評論社

Minuchin, S. (1974). *Families and family therapy*. Harvard University Press. （ミニューチン，S. 山根常男（監訳）（1984）．家族と家族療法　誠信書房）

中村伸一（2003）．1980年代末までの家族療法の潮流　日本家族研究・家族療法学会（編）．臨床家のための家族療法リソースブック―総説と文献105（pp.23-39）金剛出版

髙橋規子（1999）．システム理論の概要　吉川悟（編）．システム論からみた学校臨床（pp.9-27）金剛出版

田中究（2019）．みんなのシステム実践入門15のポイント　赤津玲子・田中究・木場律志（編）．みんなのシステム論―対人援助のためのコラボレーション入門（pp.33-55）日本評論社

田中究（2021）．心理支援のための臨床コラボレーション入門―システムズアプロー

チ，ナラティヴ・セラピー，ブリーフセラピーの基礎　遠見書房

Watzlawick, P., Weakland, J. H, & Fisch, R. (1974). *Change-Principles of Problem Formation and Problem Resolution*. W. W. Norton & Company, inc.（ワツラウィック，P.・ウィークランド，J. H.・フィッシュ，R. 長谷川啓三（訳）(1992). 変化の原理　問題の形成と解決　法政大学出版局）

遊佐安一郎（1984）. 家族療法入門―システムズ・アプローチの理論と実際　星和書店

11 | 心理面接の諸相②
：喪失・悲嘆と家族

小林　真理子

《**本章の目標＆ポイント**》　人は人生において多くの喪失を経験する。喪失の中でも家族との死別を取り上げ、悲嘆をめぐる代表的な理論と死別が与える影響について概説する。特に親を亡くす子どもの悲嘆に焦点を当て、遺される子どもと家族へのケアについて考える。
《**キーワード**》　喪失，死別，悲嘆，家族，親を亡くす子ども，グリーフケア

1. 喪失・悲嘆・グリーフケア

（1）喪失と悲嘆

　自らの生活や人生において、大切な人や物など、かけがえのない対象を失うことを「喪失（loss）」という（「対象喪失（object loss）」とも呼ばれる）。人生は思い通りには進まず、予想もしない出来事に遭遇する。病気や事故で健康や身体の機能を失ったり、愛する大切な人が亡くなったり、災害で住む家を失ったり、それまで当たり前だった日常が一変してしまうことがある。日常の営みにおいても、転勤・転校などの環境の変化、失恋や仲間との別離、退職等、仕事や立場の喪失など、人生は喪失の繰り返しである。そして、私たちが心理臨床の場で出会う人々は、何らかの喪失を（おそらくは幾重にも）体験している。ここでは、喪失の中でも、大切な人を失う「死別」を取り上げる。死別による喪失の対象は、愛するその人を失っただけでなく、それまでの生活の中での役割や関係性、安定・安心感、アイデンティティなど広い範囲に及び、その影響は大きく、深い心の痛みを伴う。

　ホームズ（Holmes）らの成人を対象としたライフイベントとストレスに関する研究で示された「社会的再適応評価尺度」によれば、「配偶者の

死（100）」が最もストレス強度が高く，「近親者の死（63）」は5位と上位を占めている（Holmes & Rahe, 1967）[注1]。大切な人との死別は，他のどのような喪失よりも衝撃が大きく，遺された人にさまざまな影響を及ぼす。

　喪失に伴い生じる心理的，身体的，行動的，スピリチュアルな反応を「悲嘆（grief）」と呼び，一般的には，死別後の悲しみという意味で用いられることが多い。一方，死別前に喪失を予期して生じる悲嘆は「予期悲嘆」と呼ばれている。

　悲嘆（死別の悲しみ）は，大切な人（愛する対象）を失ったときの正常で自然な反応である。多くは，時間の経過とともに悲しみが和らいでいき，これを「通常の悲嘆」という。しかし一部の遺族は悲嘆の度合いが非常に強く，心理的な苦痛や症状が長引いて生活に支障をきたす場合があり，これを「通常ではない悲嘆」と呼んでいる。近年では，「複雑性悲嘆（complicated grief）」という名称が用いられ[注2]，リスクが高い遺族に対しては専門的な支援が必要となる（瀬藤・広瀬，2023）。

注1：アメリカのホームズとレイは，人生において経験する代表的なできごと（ライフイベント）を抽出し，それぞれのストレス強度を点数化した。これは「社会的再適応評価尺度（SRRS）」と呼ばれ，「結婚」に対するストレス強度（50点）を基準に0～100点の範囲で，それぞれのストレスに対して再適応に要するエネルギー量（ストレス強度）を評価するもので，現在でもメンタルヘルスの領域で活用されている。大きなライフイベント（家族との死別，離婚，失業等）はストレス強度が高く，健康を損なうリスクが高いと考えられるが，日常的なライフイベント（職場のトラブル，就学・卒業，転居・転校等）もそれらが重なったり，続いたりすると健康に影響すると考えられている。

注2：「複雑性悲嘆」という用語は，長く病名ではなく，症候群（syndrome）として扱われていたが，専門的な治療が必要なケースもあることから，これを精神疾患として位置づけようとする動きが活発になった。そして，長い議論の末，2019年にWHOの診断基準であるICD-11に，また2022年にアメリカ精神医学会の診断基準であるDSM-5-TRに，「遷延性悲嘆症（prolonged grief disorder）」という診断名が含まれることとなった。一方，悲嘆に病名をつけることに対する異論や，特に通常の悲嘆反応を「病理化」「医療化」してしまう懸念も強く，今後も重要な課題として取り組む必要があるという（瀬藤・広瀬，2023より抜粋引用）。

（2）グリーフケアとは

　死別後の遺族に対する支援は，国際的には「ビリーブメントケア（bereavement care）」という言葉が用いられるが，日本では「グリーフケア（grief care）」という言葉が用いられることが多い（坂口，2010）。ビリーブメントケアは「死別」の支援を意味するが，グリーフケアは人との死別に限定しない「喪失」の悲しみへの支援も含まれている（瀬藤・広瀬，2023）。グリーフケアの担い手は，専門家だけではなく遺族の周りにいる地域の人々など幅広く，通常の悲嘆に対するコミュニティベースでの活動も含んだ包括的な支援である。一方，通常の悲嘆の経過をたどらない場合は，「グリーフカウンセリング」や「グリーフセラピー」[注3]，あるいは，悲嘆に焦点を当てた認知行動療法や家族療法などの治療的介入が必要となることがある（遺族ケアガイドライン，2022）。特に複雑性悲嘆への介入は，遺族支援に精通している専門家によって行われることが望ましい。

　グリーフケアの基本は，「悲しみや不安のある人を気にかけ心から配慮して寄り添うこと」で，遺族と支援者の相互作用によって成り立つものである（髙橋，2012，p.5）。支援にあたっては，大切な人を亡くした遺族がいかに自分自身を再構成して残りの人生に適応するかに主題がおかれるという（同上）。本章では，喪失悲嘆への支援に関して，広くグリーフケアという用語を用いることとする。

2．悲嘆に関する理論

（1）悲嘆のプロセスに関する代表的な理論モデル

　悲嘆（grief）は個別性の高い経験であるが，一方で，悲嘆からの回復には多くの人に共通するプロセスがあると考えられている。これまでさ

注3：ウォーデン（Worden, J. W., 2018）に従うと，グリーフカウンセリングは，通常の悲嘆に対して，死別に健康的に適応できるよう悲嘆の過程を促進するアプローチ，グリーフセラピーは，複雑な喪の過程（通常の悲嘆から逸脱している状態）に対して，専門的なスキルを使った治療的アプローチである。（瀬藤・広瀬，2023，pp.20-21 より引用）

まざまな理論が提唱されてきたが，ここでは代表的なモデルを4つ紹介する（Worden, 2018 山本訳，2022，宮林・関本，2022，高橋，2012 を参照してまとめた）。

①段階モデル（stage model）

悲嘆からの回復を「段階」に分けてとらえ，一段ずつ進んでいくという考え方である。ショック・麻痺状態から回復・再生にいたる段階の数は研究者によって異なり，4段階から9段階，多いものでは12段階がある。5段階説では，ショック期，喪失の認識期，引きこもり期，癒やし期，再生期といったステップがある。段階モデルは，悲嘆の枠組みを理解するのには便利だが，遺された人は必ずしも順番通りに経過するわけではないという難点があるとされる。

②位相モデル（phase model）

段階説の難点を補うために考え出されたのが，「位相」という概念である。パークス（Parkes, C. M, 1972）は，4つの位相（感情の麻痺，思慕，混乱と絶望，再構成）を提唱し，それぞれの位相は重なり合う部分がありはっきり分けられないとした。またパークスの共同研究者であり，愛着理論を提唱したボウルビィ（Bowlby, J.）も4つの位相（心の麻痺，思慕と探索，混乱と絶望，再建）を唱え，遺された人は回復するまでにこれらの位相を一通り通過すると考えた。ボウルビィは，故人との愛着が強いほど，悲嘆は強く深刻なものとなると述べている（Bowlby, 1980 黒田ほか訳，1981）。

しかしながら，悲嘆は回復に向かってそれぞれの段階や位相を通過して進むものではなく，実際には回復したと思っても，何かのきっかけでまた元の状態に戻ることがある。特に，故人の命日や誕生日，家族の記念日などには悲嘆が強くなることがある（これは「記念日反応」と呼ばれる）。それでも正常な悲嘆においては，揺れ動きながらも改善の方向に進んでいく。

③課題モデル（task model）

　アメリカで喪失と悲嘆に関する臨床と研究を続けてきた精神科医のウォーデン（Worden）は，「喪の課題（tasks）」という概念を導入した。ウォーデンによれば，位相モデルでは，遺された人はそれぞれの位相が通過するのを待つしかなく，受動的な考え方であるのに対して，課題モデルは，フロイトの「喪の作業（mourning work）」により近い概念で，遺された人は何らかの行動を起こす必要があり，それを実行する力もあるという能動的な考え方であるという（Worden，2018）[注4]。

表11－1　喪の過程における4つの課題

課題1　喪失の現実を受け入れること ・その人が亡くなって，もう帰ってこないという現実と正面から向き合う。 ・葬式などの伝統的儀式は，多くの遺族にとって死を受け入れる手助けになる。 **課題2　悲嘆の痛みを消化していくこと** ・悲嘆の苦痛を回避したり抑圧し続けたりすると，喪の過程を長引かせる。 **課題3　故人のいない世界に適応すること** ・外的適応：新しい環境への適応は，故人との関係性や担っていた役割によって，一人ひとり異なった意味を持つ。 ・内的適応：自己のアイデンティティを問い直し，独立した自分として認識する。 ・スピリチュアルな適応：喪失により壊された意味世界を再構築しようとする。 **課題4　故人を思い出す方法を見出し，残りの人生の旅路に踏み出すこと** ・故人とつながり続けながら，自分の人生を進んでいけるような方法を見つける。 ・この課題を完了していないと，人生を楽しめない（not living）。

（『悲嘆カウンセリング改訂版―グリーフケアの標準ハンドブック―』ウォーデン／山本訳　pp.40-55より引用して作成）

注4：ウォーデンは1970年代からメンタルヘルスの専門職を対象とした遺族支援のワークショップを数多く行い，その資料や成果を踏まえて，専門職向けのハンドブック（Grief Counseling & Grief Therapy）が出版された。1982年の初版から，新たな情報や研究を取り入れてアップデートを繰り返し，現在の最新版は第5版（2018／山本訳2022）であり，本章では第5版の翻訳書より引用している。

そして，遺された人が適応していくために取り組む課題として，「喪の過程における4つの課題」を提唱している（表11-1参照）。これらの課題はある程度の順序性はあるものの，課題への取り組み方はそれぞれの死別によって異なり，「喪の営みは直面化と再構成を含んだ認知的な過程」であるという（Worden, 2018 山本訳 2022, p 39）。

④二重過程モデル（dual process model）
　オランダのシュトローベ（Stroebe, M）らは死別への「対処」に焦点を当てた「二重過程モデル」を提唱した（Stroebe & Schut, 1999）（図11-1）。このモデルでは，死別後に適応していく過程で，並行する2つの課題に取り組まねばならないとしている。ひとつは，喪失それ自体への対処であり「喪失志向コーピング」，もうひとつは，喪失に伴う日常生活や人生の変化への対処であり「回復志向コーピング」と呼ばれている。喪失の痛みを経験しながら喪の作業に取り組むこと（喪失志向）と，現実の生活や新しい環境に適応しようとすること（回復志向）の間を行ったり来たりしながら，喪失後の道のりを歩んでいく。故人の不在を嘆いてばかりいる状態（図11-1の左）や，忙しく仕事に没頭するこ

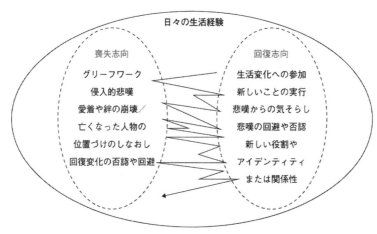

図11-1　二重過程モデル

(Neimeyer RA 編　富田拓郎 他訳　喪失と悲嘆の心理療法　金剛出版, 2007 p.71より引用)

とで悲嘆を回避している状態（**図11-1**の右）など，どちらかの対処パターンに固着すると死別後の適応が進みにくいとされる。喪失志向と回復志向の間の「揺らぎ」は，対処が進んでいくために必要な過程であり，両者を行ったり来たりできること自体がその人のレジリエンスや適応を示しているという（坂口，2019；瀬藤・広瀬 2023）。

（2）悲嘆に影響を与える要因

前項において悲嘆（喪の過程）に関するモデルや課題を紹介したが，そのありようは人それぞれで個人差が大きい。ある人にとって，悲嘆は強烈な体験であるが，ある人には軽度であるかもしれない。悲嘆反応が死別後すぐに現れる場合もあれば，かなり遅れて現れる場合もある。死別後の生活に短期間で適応できる人もいれば，悲嘆の程度が強く回復できないままの人もいる。

ウォーデンは，喪の過程に影響を与える媒介要因（mediator）として，①誰が亡くなったのか，②愛着の性質，③亡くなり方，④過去の経験，⑤パーソナリティ，⑥社会的変数，⑦喪失の連鎖，の7つの要因につい

表11-2　喪の過程に影響を与える媒介要因

①間柄―誰が亡くなったのか：配偶者，子ども，親，きょうだい，祖父母，友人，恋人
②愛着の性質：愛着の強さ，愛着による情緒的な安心感，関係におけるアンビバレンス，亡くなった人との軋轢，依存的関係
③どのように亡くなったか：亡くなった場所，突然の予期しない死，暴力による外傷的な死，多重喪失，防ぎえた死，あいまいな喪失，汚名をきせられた死
④過去の経験や既往歴
⑤パーソナリティに関する変数：年齢と性別，コーピングスタイル，愛着スタイル，認知スタイル，自我の強さ（自尊感情と自己効力感），想定された世界（信念と価値観）
⑥社会的変数：ソーシャル・サポート，喪失に対する社会の考え方，文化の違い
⑦芋づる式の喪失とストレス

（『悲嘆カウンセリング改訂版―グリーフケアの標準ハンドブック―』ウォーデン／山本訳　pp.60-82 より引用して作成）

て整理している（**表11-2**）。支援者として遺族に関わる際，特に複雑性悲嘆に取り組む際には，このような要因を丁寧にアセスメントしていくことは非常に重要である。

3．家族と悲嘆

（1）死別が家族に与える影響

　前節では個人の悲嘆のプロセスについて概説したが，家族を失うということは，家族全体が直面する重大な出来事である。家族メンバーのひとりひとりに影響を及ぼすだけでなく，メンバー間の関係性に，そしてシステムとしての家族に大きな影響が及ぶことになる。危機的な状況に共に向き合うことで家族の絆が深まることもあれば，喪失をきっかけに家族がバラバラになってしまうこともある。たとえば，子どもを亡くして，夫婦関係が悪化し別居や離婚に至ってしまう場合も少なからず起こっている。あるいは，母親ががんで亡くなった家族において，死別直前までその事実が子どもに知らされず，死別後も母親についての会話がなされず孤立してしまう場合などもある。

　家族のライフサイクルのどの時期に，重篤な病の罹患や死別が生じているかも重要である。家族メンバーのそれぞれの発達段階における課題や危機に加えて，最も大切な愛着対象を亡くすという状況危機がのしかかる。死別は家族全体（家族システム）を根底から揺さぶり，それによって個々のメンバー（サブシステム）の発達的・心理的な問題や対人関係・社会的な問題が同時に発生することになり，家族の持つバランス機能を損なわせる。

　子育て中の母親ががんに罹患し闘病の末に亡くなった家族においては，子どもを残していく母親，母親を亡くす子どもたち，妻に先立たれる夫，それぞれの立場によって死別に至る体験は異なり，悲嘆反応の時期や表出の仕方は異なる。母親がいなくなることで，家族のダイナミクスは大きく揺らぎ，家族内の役割は変化せざるを得なくなる。妻を亡くした夫は，子どもの親として父親役割だけでなく，これまで母親が行っていた役割も求められる。仕事と慣れない家事や育児の両立の大変さは

想像に難くない。年長の女子は，庇護されていた立場から，母親代わりとなって食事の支度をしたり弟妹の世話をしたりといった役割を取ることになるかもしれない。それぞれが愛する人を亡くした悲嘆を抱えながら，目の前の現実に対処していかなければならないのである。

（2）子どもの悲嘆
①子どもの死の概念の理解
　大切な人との死別は子どもにどのような影響を与えるのであろうか。それは，子どもが死をどう理解しているかに関わってくる。「死の概念」については，研究者によってその名称や数が異なるが，海外の先行研究をまとめると，以下の4つの構成要素から成っている（赤澤，2001）。

　ⅰ）不可逆性（Irreversibility）：死ぬと生き返ることはできないこと。
　ⅱ）最終性／無機能性（Finality/Nonfunctionality）：生きているときに行っていたこと全てが死によって終わるということ。
　ⅲ）不可避性/不変性（Inevitability/Universality）：生きているものはすべて，いつか必ず死ぬということ。
　ⅳ）因果性（Causality）：死には肉体的，生物学的な要因があること。
　そして，概ね9歳頃になると，これらの「死の概念」が獲得され，死という出来事を理解できるようになるという。子どもの発達段階における死の概念の理解や反応，それへの対応については，**表11-3**を参照していただきたい。

②子どもの悲嘆反応
　死別に伴う子どもの反応は，**表11-4**に示すように心理面，行動面，身体面と多岐にわたる。死別の悲しみや不安を泣いたり不機嫌になったりして表出する子どももいれば，何事もなかったかのようにいつも通りに過ごす子どももいる。後者の場合，感情が麻痺していたり解離状態になっている可能性も考えられる。そして，多くの子どもは，親の病気や死が自分のせいではないかという罪悪感を抱えている。また，言葉で表現できず，身体症状を呈したり，攻撃的な行動がみられたり，不登校や

第 11 章　心理面接の諸相②：喪失・悲嘆と家族　│　**191**

表 11 - 3　子どもの死の概念の理解と対応

	死の概念の理解や反応	大人にできること
0 ～ 2 歳頃	・死を認識しない ・大切な保護者（親）がいなくなったことへの不安 ・代わりに世話をしてくれる人が抱える不安を強く感じとる	・世話をする人を，2 ～ 3 人以内に限定する
2 ～ 3 歳頃	・死を寝ていること(睡眠)と誤解し，この誤解がより多くの不安を引き起こす ・お母さん／お父さんはどこにいるのか，と繰り返しきいてくる ＊質問を繰り返すのは幼児期の特徴であり，同じ情報を繰り返し聞くことで理解できるようになる	・「眠っている」「遠くへ行った」という言葉の代わりに「死んだ」という現実的な言葉を使うことが大切である ・保護者が穏やかに安心させるような態度で質問に答える
3 ～ 6 歳頃	・まだ死と睡眠を混同しがち ・死の最終性は認知していない ・死は一時的で,可逆的なもの（死んでも再び生きた状態に戻れる）と思っている ・自分の考え（想像）や行為が死を招く原因になったと考えがちである	・死んだ人は戻ってこないこと ・死んだのは誰のせいでもないこと ・想像したことが現実に起こるわけではないこと など，子どもが安心できるまで,繰り返し伝えて支える
6 ～12 歳頃	・死の詳細ついて知りたいという好奇心を持っている（死んだ人の体はどうなるのか，死んだらどこに行くのかなど） ・9 歳頃までには死の最終性を理解する ・10～11 歳頃になると，死の普遍性を理解できるようになる ・11～12 歳頃になると，周囲の人の気持ちを察し，死に関わる質問を避ける	・死について，ためらわずに質問ができる機会をつくる ・亡くなった人やその人がいなくなったことに対してどう感じるか話せる機会をつくる ・安心して親を思い出すことができる習慣的行為（時間・物・場所）が助けになる
12 歳頃以降	・大人と同じように死を理解する ・親の死は，親からの分離という思春期の心理的発達課題の達成を複雑にする ・思春期の特徴から，自分の気持ちを保護者に語りたがらない	・どんな気持ち（悲しみ・恐れ・怒り）でも表現していいことを伝える ・同年代の仲間と過ごせる機会をつくる ・親以外の年長の大人，学校や課外活動の先生，知人など支援者をさがす

小林真理子・中島涼子：知っていますか？子どものこと─子どもの発達段階と死の概念の理解　緩和ケア　別冊 24　pp.155-159，青海社　2014 より転載

表11-4　子どもの悲嘆反応

心理面	悲しみ，不安，恐れ，怒り，気分のむら，罪悪感，抑うつ，自尊感情の低下，自己効力感の低下　など
行動面	泣く，多動，乱暴，攻撃的な行動，引きこもりがち，何事もなかったかのようにふるまう，活気がない，親から離れない，退行，不登校　など
身体面	頭痛・腹痛などの痛み，食欲がない，眠れない，めまい，だるさ　など

(筆者作成)

非行といった社会適応の問題として現れることもある。一方で，心配をかけまいとこれまで以上に頑張ったり，きょうだいの面倒をみたり，過剰適応状態になっている場合もある。目の前の子どもがどのような状態・状況にいるかの見立てをしながら，ひとりひとり，一家族ごとに個別的に関わっていくことが必要であろう。

　子どもの反応は関係性の中で生じ，変化もしていく。亡くなった親との愛着関係が強ければ強いほど，不安や混乱といった悲嘆反応は強く生じる。坂口（2019）は海外の研究から，幼少期の親との死別体験が，成人期以降の精神的問題やストレス関連の病気につながる可能性があること，そこには，死別時の年齢やストレスフルな出来事のほか，残された親の精神的問題や残された親との関係性などの要因が介在していることを指摘している。養育者である親が安定することによって子どもは安心し自分のペースを取り戻すことが可能になる。死別という事実は変えられないが，死別後の家庭環境が安心・安全なものとなるように，家族全体を支える視点が求められる。

4. 子どもと家族へのグリーフケア

（1）遺される子どもへのケア

　遺される子どもへのケアは死別前から始まっている。親の死が差し迫り避けられないことを事前に知らされていた子どもたちは，知らされなかった子どもたちよりも不安度が低く，不安について話すことは疎外感を軽減するという（Beale, Sivesind & Bruera, 2004）。また，親との死別から回復を促進する因子として，次のようなことが挙げられている。す

なわち，周囲から認められているという感覚，養育者とのコミュニケーション，亡くなった親への感情の表出とそれを共感する者の存在，養育者がこれまで同様に世話をしてくれたこと，宗教など内的な支え，社会・経済的に恵まれていることである（Christ & Christ, 2006）。親の死そのものから子どもを守ることはできないが，家族としての（死別の）経験に子どもが参加することを認め，支え，共に過ごすことで子どもは傷つきから回復していくことができる。さらにそのつらい経験から学び成長していくこともできる。そして親もまた，子どもから力を得て，困難な現実に向き合いながら前に進んでいくことができるのである[注5]。

　ウォーデンは，親と死別した子どもに関する大規模な調査[注6]の結果から，遺された子どもに必要なこととして，**表11-5**に示す7つのポイントを挙げている。また，精神保健に携わる専門家が親を亡くした子どもと関わる際に，意識しておくべき留意点について，以下，訳書より抜粋引用して紹介する（Worden, 2018 山本訳, 2022）。

①子どもも大人と同じく喪の仕事を行う。ただ，子どもの認知発達や情緒発達の程度に応じて，喪のプロセスは多様なものとなりうる。

②親に死なれることは明らかに心の傷となりうるが，それだけで子どもの発達が阻害されるわけではない。

③5～7歳頃までの年齢の子どもが最も傷つきやすい。死という永遠の別れ

注5：このような良い方向への変化は「心的外傷後成長（posttraumatic growth；PTG）」と呼ばれる。PTGとは，「危機的な出来事や困難な経験との精神的なもがき・闘いの結果生じる，ポジティブな心理的変容の体験」と定義されている（Tedeschi & Calhoun, 2004）。

注6：「ハーバード遺児死別研究」（Harvard Child Bereavement Study）において，親と死別した70家族125人の学齢期の子どもたちを対象に，親の死から2年を経るまでの追跡調査が行われた。条件を一致させた（年齢，性別，学年，家族の宗教，地域）親と死別していない子どもたちを統制群として2年間追跡した。子どもたちともう一方の親，家族について査定が行われ，学齢期（6～17歳）の子どもたちの自然な喪の過程がどのようなものかが描き出された。（Worden, 2018 山本訳, p.250）

表11-5 遺された子どもに必要なこと

- 自分が確かに世話してもらえるとわかる必要がある
- 自分のせいで親を死なせたのではないとわかる必要がある
- 親の死に関する明瞭な情報を必要としている
- 自分も葬送儀礼の大切な一員だと感じられる必要がある
- 日常の生活や日課を続けることが必要である
- 自分の疑問にしっかり耳を傾けてくれる人を必要としている
- 亡くなった親を思い起こす手立てを必要としている

(『悲嘆カウンセリング改訂版—グリーフケアの標準ハンドブック—』ウォーデン/山本訳　pp.253-255 より引用して作成)

を理解できる程度にまで認知的に発達しているものの，コーピングの能力はまだほとんど獲得していないからである。この年齢層の子どもには，特別な関心を払うことが求められる。

④子どもの適応に最も影響を与えることは，遺っている親の役割と機能である。遺児への介入プログラムでは遺っている親を支えて助けるようにすべきである。

⑤子どもの喪の仕事は，大人と同じようには完了しない。子ども時代の悲しみは人生の節々で蘇ってくる。ライフイベントに遭遇するなかで悲しみが活性化されうる。

(2) 子どもと家族のその後を支える

死別後に家族が日常生活を維持していくためには，家族の関係性の再構築や役割の再編成が求められる。「喪失に対して最も適応力のある家族とは，成員がそれぞれに親密な関係で苦悩を共有し，互いに支え合うことのできる家族である」(坂口，2019，p93)。それを可能にするためには，死別前からのグリーフケアの視点が大切になってくる。緩和ケアに携わっている栗原 (2012) は，診断，治療，治療中止，終末期といったひとつひとつの「試練」に伴う喪失悲嘆に対するグリーフケアを大切にすることで，患者・家族との信頼関係が築かれ，「次に待ち受ける試練（喪失悲嘆）」に対する力を育み，死別後に続く「喪の作業」を支え

る力となると言う。支援者は死別に至る経過において生じるさまざまな喪失体験に目を向けて，子どもも含めた家族全体に関わっていく姿勢が求められる。

　大切な人を亡くすという最大の喪失と悲しみは，死別直後だけでなく，その後の人生の節目に再燃し，新たな課題が突き付けられ，そのたびに何とか折り合いをつけながら歩むこととなる。子どもは成長するにつれて理解力が増し，亡くした人やその人との関係を新たな形で悼み，収め直していく。喪失の事実は変えられないが，その意味づけは経過の中で変化し，それを糧として成長していくことが可能となる。

　周囲の大人は子どもの力を信じて見守り，「子どもが故人とつながり続けながら自分の人生を進んでいくこと」（ウォーデンの第4の課題）を支援していくことが求められる。

〈資料1〉ロスライン─喪失体験を振り返る─

　ロスライン（Loss Line；喪失曲線）は，喪失に向き合う際のワークとして用いられる方法のひとつである。筆者は15年ほど前に，がん患者の子どもの支援に関してアメリカに視察に行った折，ダギーセンター（資料2）でのワークショップで初めて体験した。その方法を紹介する。

　手順は，紙に，誕生から現在までの年齢を横軸として，これまでの喪失体験を書き出し，その時の自分の状態を縦軸にプロットしてそれらをつなげて曲線（上昇／下降）を描くものである。基線より上は，ポジティブ・プラスの心の状態，基線より下はネガティブ・マイナスな心の状態で，基線からの距離がその程度を示している。これは「感情曲線」や「ライフ・ライン・メソッド」と呼ばれるものと似ているが，ロスラインでは「喪失」に焦点を当てて行う。「喪失」には，死別だけでなく，転居，卒業，失恋，病気罹患，被災など，本人にとっての喪失体験が含まれる。まずはひとりで上記の作業をしたあと，2人でペアになり，ロスラインを見せながら，一方が話し手，もう一方が聴き手となって，喪失体験を振り返っていく（グループで行う場合もある）。どういう喪失体験なの

か，その人はどういう人で，その時はどう感じ，何が助けになったのか/ならなかったのか，その後の変化などを，聞き手とのやり取りの中で語ることを通して，喪失体験を整理する機会となる。

　上記は，医療関係者対象の研修でのワークであったが，この方法は遺族に対してのグリーフケアに用いられることもある。グリーフケアを提供するに当たっては，支援者自身が自分の喪失体験を振り返り自覚しておく必要がある。

〈資料 2 〉ダギーセンター＆「ダギーへの手紙」

　アメリカ・オレゴン州ポートランドにあるダギーセンター（The Dougy Center）は，1982 年にアメリカで最初に設立された，身近な人を亡くした子どもたちや家族のための施設である。子どもたちが安全に安心してグリーフの感情と向き合い，それを表現することができる場所・方法を提供している。ダギーセンターは，非営利で宗派色のない民間団体で，公的な補助は受けておらず，市民や企業からの寄付，研修を受けた多くのボランティアの協力で運営されている。

　グリーフは喪失体験の後に生じる自然な反応であり，病気ではなく，現れ方はひとりひとり異なる。センターに来て何をするか，通う頻度や期間も子どもが自分で決めていく。大人は子どもの力を信じ，それが発現できるように場を整えている。建物は大きな一軒家で，家庭的な雰囲気の中に，様々に工夫された部屋や遊具などが用意されている。

　ダギーセンターは，グリーフに関するたくさんのワークショップやツールを提供している。『大切な人を亡くした子どもを支える 35 の方法』『大切な人を亡くした生徒を支えるために：教師向けガイドブック』（冊子）は日本語で入手できる。また，日本国内で提供されている，大切な人を亡くした子どもを対象としたグリーフサポートの多くは，ダギーセンターで研修を受けた方々がそのノウハウをもとに提供されている。

　ところで，ダギーセンターの名称は，9 歳で脳腫瘍になり 13 歳で亡くなった少年の名前「ダギー」（愛称）に由来している。ダギーは，著

名な精神科医エリザベス・キューブラ・ロス博士に手紙を書いた。「いのちって何？　死って何？　どうして小さな子どもたちが死ななければいけないの？」ロス博士は，すぐに娘のカラーフェルトペンでイラストを交えた返事を書いた。「死は，蝶が繭から解き放たれるように，肉体を脱ぎ捨て，より大きな愛の世界に帰っていくことです」

　この手紙は「ダギー・レター」と呼ばれている。ダギーセンターの創始者は看護師で，ロス博士の親友であったという。ダギーセンターの玄関には，ダギーの写真が飾られている。『ダギーへの手紙：死と孤独，小児ガンに立ち向かった子どもへ（佼成出版）』（参考文献）やさしく心に響く珠玉の一冊，ぜひ読んでみてください。

🎸 研究課題

1．可能な方は，資料1で紹介したロスラインを作成し，自分の人生における喪失体験を振り返ってみよう。

2．参考文献等を参照して，親と死別した子どもに対して，どのようなグリーフケアが実践されているか調べてみよう。

引用文献 ▌

赤澤正人（2001）．子どもの死の概念について　臨床死生学年報 6，130-137

Beale, E., Sivesind, D., Bruera, E. (2004)．Parents dying of cancer and their children, *Palliative and Supportive Care 2*, 387-393

Bowlby, J. (1980). *Attachment and Loss* Vol.3, Loss, Basic Books.（J. ボウルビィ，黒田実郎ほか訳（1981）．母子関係の理論　Ⅲ愛情喪失　岩崎学術出版社）

Christ, G. & Christ, A. (2006). Current Approaches to Helping Children Cope with a Parent's Terminal Illness, *CA : A Cancer Journal for Clinicians* 56 (4), 197-212

Holmes, T. H., & Rahe, R. H. (1967). The Social Readjustment Rating Scale. *Journal of Psychosomatic Research, 11* (2), 213-218.

小林真理子・中島涼子（2014）．知っていますか？子どものこと―子どもの発達段階と死の概念の理解　緩和ケア　別冊　24　pp.155-159　青海社

栗原幸江（2012）．家族療法の視点からのグリーフケア　高橋聡美（編）グリーフケア—死別による悲嘆の援助　pp.190-197　メヂカルフレンド社

宮林幸江・関本昭治（2022）．はじめて学ぶグリーフケア第2版　日本看護協会出版会

日本サイコオンコロジー学会・日本がんサポーティブケア学会（編）（2022）．遺族ケアガイドライン—がん等の身体疾患によって重要他者を失った遺族が経験する精神心理的苦痛の診療とケアに関するガイドライン2022年版　金原出版

Parkes, C. M. (1972). *Bereavement* : Studies of Grief in Adult Life, Penguin Books Ltd.

坂口幸弘（2010）．悲嘆学入門：死別の悲しみを学ぶ　昭和堂

坂口幸弘（2019）．喪失学：「ロス後」をどう生きるか？　光文社新書

瀬藤乃理子・広瀬寛子（2023）．グルーフケアとグリーフカウンセリング—死別と悲嘆へのサポート実践ガイド　日本評論社

Stroebe, M. & Schut, H. (1999). The dual process model of coping with bereavement : rationale and description, *Death Studies*, *23*, 197-224

髙橋聡美（編著）（2012）．グリーフケア—死別による悲嘆の援助　メヂカルフレンド社

Worden, J.W. (2018). *Grief Counseling and Grief Therapy*, fifth edition : A Handbook for the Mental Health Practitioner, Springer（J. W. ウォーデン（著），山本力（監訳）（2022）．悲嘆カウンセリング改訂版—グリーフケアの標準ハンドブック　誠信書房）

参考文献・ホームページ

ドナ・シャーマン（著），西尾温文他（訳），松下弓月（監訳），島薗進（監修）（2020）．親と死別した子どもたちへ　ネバー・ザ・セイム　悲嘆と向き合い新しい自分になる　佼成出版社

E・キューブラー・ロス（文），アグネス・チャン（訳），はらだたけひで（絵）（1998）．ダギーへの手紙：死と孤独，小児ガンに立ち向かった子どもへ　佼成出版社

ダギーセンター（Dougy Center）：https://www.dougy.org/（2024年3月27日閲覧）

NPO法人ホープツリー（がんになった親を持つ子どもへのサポート情報サイト）：https://hope-tree.jp/（2024年3月27日閲覧）

NPO法人子どもグリーフサポートステーション（全国のグリーフサポートの情報）http://150.60.7.162/network.html（2024年3月27日閲覧）

12 | 心理面接の諸相③
：子どものこころと遊び

村松　健司

《**本章の目標＆ポイント**》　子どもへの治療的アプローチとして，プレイセラピーは対象とする年齢や主訴の幅が広い。一般的に心理臨床の初学者がプレイセラピーを学ぶが，実際，この技法は「楽しく遊ぶ」という先入観を大きく超えた大変高度なものである。プレイセラピーの歴史を知るとともに，子どもの表現から言葉にならないこころの動きを，セラピストのこころやからだの反応を用いて省察し，子どもと共有していくことの重要さについて理解を深めることが本章の目標である。
《**キーワード**》　プレイセラピー，プレイセラピーの構造と制限，保護者との関係

1．現代における遊びの意義とプレイセラピーの発展

（1）現代の子どもを取り巻く環境

　どの時代にも困難はあるが，いまも世界には深刻な紛争で子どもが命を落としたり，飢餓に苦しんでいる地域がある。東日本大震災の時，筆者らが参加した継続支援でこんな話を聞いた。ある子どもたちが，机を使って「大変です！　津波が来ました！　避難所が流されました！」という遊びをしていたというのだ（実際に東日本大震災では少なくない避難所が被害を受けた）。そして，そのなかのひとりが「いいことを思いついた！　避難所と避難すればいいんだよ」と発言し，机ごと避難所が非難していくという遊びになって，この「震災ごっこ」は一区切りがついたらしい。現地では「緊急事態速報ごっこ」などが繰り返され，大人が制止することが多かったようだ。「避難所ごと避難する」発想は大人には難しいだろう。子どもはこういった極限の事態も「遊び」にしてワークアウトし，心の安定を図っていくことをあらためて知ることとなった。

どんな状況にあっても子どもの遊びが奪われてはいけない。

　しかし，豊かな時代にもいじめや子ども間の暴力，児童虐待など，子どもを取り巻く我が国の状況には看過できない現実がある。2020年の初頭から始まった新型コロナウイルスの蔓延では，一時期学校が閉ざされ，他児との交流も大幅に制限された。ようやくマスクや消毒液が行き渡るようになっても，校庭や公園が閉鎖されたままの地域もあり，子どもの遊びの場はインターネットなど限定的なものにならざるを得なかった。ようやく2024年5月に規制が緩和されたが（季節性インフルエンザなどと同様の感染法5類に移行），ウイルスを意識した生活はいまも続いており，程度の差こそあれ，子どもの遊びに危険が伴うことに変わりはない。

　近年研究が進んでいる子どもの非認知的能力も，遊びを通して育まれる。フロイトは人間にとって必要なことを聞かれた際に，「愛することと働くこと」と答えたという（Erikson, E. H., 1950 仁科訳　1977）。子どもにとって必要なのは，「愛されることと遊ぶこと」（p.340）と言い換えられよう。それが何らかの理由で十分に体験されなかった子どものために，プレイセラピーがある。

（2）プレイセラピーの歴史

　今日のプレイセラピーのモデルのほとんどは，フロイト，アドラー，ユング，ランクの研究にさかのぼることができるという（Johnson, 2015）。精神分析を創始したフロイト（Freud, S., 1909 総田訳　2008）は「5歳の少年の恐怖症の分析」のなかで，神経症の少年ハンス（4歳4か月）の治療を父親と共同で行っている。フロイトの精神分析は，発達理論が中心であり，神経症の起源を青年期から思春期，小児期にさかのぼるという構想があったようだ。しかし，恐怖症のハンスの論証は，男根期のエディプスコンプレックスまでは行きついたものの，前エディプス期までの構想は，当時の小児性欲に否定的な社会では困難であったと指摘されている（Kanzer, M & Glenn. J., 1980 馬場訳　1995）。いずれにしても，幼児の治療を行った先駆者としてのフロイトの貢献は，その後継者たち

に引き継がれていくことになった。

　フロイトの幼児性欲理論に基づいて，フーク＝ヘルムートは大人と異なる子どもの精神分析の技法を開発した（Geissmann, P & Geissmann, C., 1998）。1919 年には最初のモノグラフを発表している。彼女は，「遊びが子どもの内的世界の理解と援助に役立つと彼女は考えていた」（丹羽, 2014）ようであり，遊びの象徴性について着想したが，プレイセラピーそのものを考案したわけではない。

　紙面の関係で，ここではプレイセラピーの 4 つの流れを概観する。精神分析理論に基づいて児童分析を展開させたのは，クライン（Klein, M.）とアンナ・フロイト（Freud, A.）である。クラインは子どもにも治療者の解釈を用いることができると考えるとともに，遊びの象徴的意味を重視した。また，前エディプス期の子どもの防衛機制について理論化したのもクラインの重要な仕事である。クラインが子どもの内的世界に重きを置いたのと対照的に，アンナ・フロイトは実際の親子関係や両親への治療参加，支持的で教育的なかかわりを重視した（加藤, 2015）。この 2 人の理論的相違は「アンナ・フロイト－メラニー・クライン論争」と呼ばれ，プレイセラピーのその後の展開に大きな足跡を残した。

　2 つ目の流れは精神分析の独立学派であるウィニコット（Winnicott, D. W.）の児童分析である。小児科医でもあるウィニコットは舌圧子ゲームからスクイッグルなど独自の治療者と子どもの遊びを考案した（Winnicott, 1971 橋本訳 1979）。ここでクラインとウィニコットの理論的相違を詳細に述べることは難しいが，ウィニコットは，内的対象と外界を結ぶ「移行対象」が中間領域という場で生じ，やがて外界の統制が進んでいくと，移行対象は中間領域全体に広がっていくという健康な発達モデルを想定していた。ウィニコットにとって，遊びの象徴的な意味はもとより，「遊べない子どもが遊べるようになること」が重視されたと考えられる。このプロセスは『ピグル―ある少女の精神分析的治療の記録』（Winnicott, 1971 妙木訳 2015）に詳しい。

　3 つめは，ユング（Jung, O. G）の普遍的無意識や元型といった理論とローエンフェルド（Löwenfeld, M.）の世界技法（The World Tech-

nique）からサンドプレイを考案したカルフ（Kalff, D. M.）の仕事に端を発する。子どもは砂やミニチュアの人や動物，建物や自然にあるもの，または兵士やお墓などといった素材を用いて象徴表現を展開する。カルフ（1966）は，その特徴は治療者によって保護されていることであり，その中で子どもは変容することができると述べている。

　4つ目は，クライエントの潜在的成長力と，治療者でなくクライエントこそが変化の主体であると主張したランク（Rank, O.）に影響を受けたロジャーズ（Rogers, C. R.）のクライエント中心療法の流れである。その中心になったのがロジャーズに師事したアクスライン（Axline, V. M.）である。当時のアメリカでは精神分析に基づく児童分析が新たな展開を続けていたにもかかわらず，ランクの思想がソーシャルワークにも影響を与えたこともあってか，我が国ではアクスラインの治療技法が主流となった。その問題点についてものちに述べることにしたい。ちなみに，集団プレイセラピーの先駆けであるジノット（Ginott, H. G., 1961 中村訳 1965）は，アクスラインの影響を受けたひとりである。

2．プレイセラピーの展開

（1）プレイという用語

　プレイセラピーは，ロジャーズやアクスラインの著書の影響もあって，我が国では「遊戯療法」と呼ばれてきた。国立情報学研究所のデータベース（CiNii）では，もっとも古いものとして1957年の論文タイトルがヒットする。わが国で70年近い歴史のある心理療法として，遊戯療法は精神分析，来談者中心療法（人間性中心療法）と並ぶ実践と指摘できる。

　しかし，この「遊戯」にはどうしても幼児の「お遊戯」の印象が重なってしまい，「遊びを通して，子どもは元気になる」という素朴心理学的誤解を受けやすい。playという単語の動詞には「元気に遊ぶ」という意味もあるので，日本語訳としては的外れとは言えないのだが，playには「遊ぶ」の他にも「演じる」「振舞う」など多彩な訳があり，なかでも「いたずらを仕掛ける」というプレイの中で生じる子どもの攻撃性の意味合いに近いものも含まれている。子どもは遊びの場で多彩な表現

をし，これまで周りの大人に出せなかった自分をプレイルームの中で演じるのだろう。もちろんそこには，セラピストの相互作用やセラピストという「観客」が必要になる。上記を踏まえて，以下の表記は遊戯療法ではなく，プレイセラピーとする。

　虐待を受けたある子どもは，私を毎回プレイルームの小屋に閉じ込め，「そこから出ちゃダメだよ」と言ってひとり遊びに見える遊びを繰り返した。しかし筆者が「苦心作だね」とか「ちょっとおしかったねえ」などとタイミングを見て声をかけると，チラッと振り返り，反応はあったりなかったりだったが，他者が存在しないひとり遊びをしているわけではなさそうであることが分かった。やがて，「これ（ポカポンゲームという小さな人形をたたき合う遊び）やる？　そこから出ちゃだめだけどね！」と筆者を遊びに誘うようになった。慎重に筆者がその遊びを共にすると，次の回にいつものように小屋に入ろうとする筆者に，「なんでそんなところに入るの！？　これで遊ぶんだよ！」と力強くバットとボールを筆者に投げつけてきたのである。筆者は最初は「観客」として子どもに危害を加えない小屋に入れられたのかもしれない。そして十分な吟味を経た後で，筆者は子どもとともに活動することを許された。子どもが安心して「遊ぶ」ためには細やかな配慮と治療者の姿勢の吟味が必要になることを痛感させられた。

（2）プレイセラピーの展開

　伊藤（2017）は，フロイトやウィニコットら精神分析が子どもの遊びに注目した貢献を紹介するとともに，子どもの遊びの意義について「遊びに生じる肯定的側面に注目した遊びと，遊びに生じてくる，いわば否定的ともいえる側面，つまり，遊びの中で生じる不安によって遊びが制止される側面を強調した立場がある」と指摘している。ここでは，前者の中に含まれているアクスライン，カルフ，ウィニコット，エリクソンの仕事について概観してみたい。

　アクスラインはロジャーズの影響を受けた実践家であり，『遊戯療法』（1947，小林訳　1972）のなかで8つの基本原理を示している（**表12-1**）。

表12-1　8つの基本原理

1	治療者はできるだけ早く良いラポート（親和感）ができるような，子どもとのあたたかい親密な関係を発展させる。
2	治療者は子どもをそのまま正確に受け入れる。
3	治療者は，子どもに自分の気持ちを完全に表現することが自由だと感じられるように，その関係におおらかな気持ちを作り出す。
4	治療者は子どもの表現している気持ちを油断なく認知し，子どもが自分の行動の洞察を得るようなやり方で子どもの気持ちを反射する。
5	治療者は，子どもにそのようにする機会があたえられれば，自分で自分の問題を解決しうるその能力に深い尊敬の念をもっている。選択したり，変化させたりする責任は子どもにある。
6	治療者はいかなる方法でも，子どもの行いや会話を指導しようとはしない。子どもが先導し，治療者はそれに従う。
7	治療者は治療をやめようとはしない。治療は緩慢な過程であって，治療者はそれを認めている。
8	治療者は，治療が現実の世界に根をおろし，子どもにその関係における自分の責任を気づかせるのに必要なだけの制限を設ける。

（『遊戯療法』岩崎学術出版社から一部要約して転載）

　アクスラインの姿勢は，ロジャーズの反射や明確化などによって自己の不一致に気づいていくという過程に則っていることがわかる。アクスライン（1964）には，現代であれば自閉症スペクトラム症と診断されるかもしれないディブスという子どものプレイセラピーを記述した著作（『開かれた小さな扉』，岡本訳，1987）がある。2冊の著書の中で共通しているのは，アクスラインが必ずしも子どもと一緒に遊んでいるわけではないということである（丹羽，2022）。アクスラインは反射を重視しているが，子どもと一緒に遊ぶことは基本的に念頭にないようにみえる。ではなぜわが国では，子どもの後追いをするようなプレイセラピーが標準的になったのだろうか。

　多くの心理療法や心理療法論は，我が国の戦後の心理臨床黎明期に輸入されたものである。とくにアクスラインの子ども中心セラピー(child-

第12章　心理面接の諸相③：子どものこころと遊び　|　**205**

表12-2　セラピストが子どもと一緒に遊ぶことの利点と欠点

著者	セラピストが子どもと一緒に遊ぶことの子どもおよびプレイセラピーへの影響	評価
Allen, Moustakas	子どもとセラピストの関係を形成・維持する	利点
Dorfman, Moustakas	子どもの遊びの望ましい変化を確かなものにする	
Allen	子どもの個性化を妨げる	欠点
Axline	子どもが自分を知るのを妨げる	
Axline, Moustakas	子どもが責任を引き受けるのを妨げる	
Ginott	子どもに対する否定的な感情がセラピストに生じて治療の進展を妨げる	

(丹羽 (2022) から引用して転載)

centered play therapy）と呼ばれるセラピーは，子どもとの関係づくりや子ども理解の指針として馴染みやすかったので，あたかもアクスラインの記述から「一緒に遊んでいるもの」と思い込んだ臨床家が多かったのだろう。しかし，子ども中心セラピーの流れを汲むランドレス Landreth, G. L. (2002，山中訳　2007) は，子どもが自ら自己表現しようとするために，「子どもたちは，ひとりでおもちゃを使って遊ぶことができなくてはなりません」(p. 94) と述べている。

　現代は，トレーニングのプロトコルが明確になっている治療法が多いので，「セラピストが子どもと遊ばなくてはならない」という誤解は生まれにくくなっているかもしれない。今後は，丹羽 (2022) が試みているように (**表12-2**)，日本独自のプレイセラピーの利点と欠点を整理し，技法の標準化を模索していく必要がある。

　カルフの箱庭療法（サンドプレイ）では，砂の上でミニチュアの人形や動物，シルバニアファミリーなどを使って遊ぶ子どもが少なくない。ここでは，山が噴火したり，兵士や怪獣が街を破壊しつくしたりするアグレッシブな遊びが行われることもある。だから箱庭療法では，心的イメージ表現の安全な枠組みと，箱庭の箱や表現を見守る治療者の役割が重視されている。

我が国ではほとんどの場合，箱庭がプレイルームに置かれているのではないか。ただ，カルフ（1966，山中訳　1999）は箱庭の象徴的表現を重視し，「意識と無意識の欠くべからざる統合を可能にしているものはとりもなおさず普遍的象徴（representations collectives）なのである」（p. 12）と述べ，「象徴のもつヌミノースな内容」（p. 9）に言及している。プレイセラピーでも象徴的な表現は見られるし，両者ともに自己治癒のためのストーリーが展開されていくことも似通っている。エリクソン（Erikson, 1950 仁科訳　1977，近藤訳　1977）の玩具の世界は，子どもの築く港であり，「自分の自我の分解修理が必要なときがあるとそこに帰っていく」（p. 283）という指摘に従えば，プレイセラピーと箱庭療法の大人による恣意的な区別は，子どもにとってあまり意味がないと考えることもできる。

さらに重要なのは，ホイジンガ（Huizinga, J., 1949　高橋訳　1973）が，遊びの場が「現実から切り離され，それだけで完結しているある行為のために捧げられた世界，日常世界の内部にとくに設けられた一時的な世界」（p. 35）と述べていることに関連する「空間的側面」（Erikson, 1977/1981　近藤訳　1981　p. 43）について言及していることだろう。この意図的に構成された非日常的な場が子どものこころの回復に必要となる。では，その非日常的な場はどのように構成されるのだろうか。

3．プレイセラピーの実際

（1）プレイセラピーの枠組み

基本的にセラピーは毎週行いたい。児童養護施設ではプレイルームと希望する子どもの関係上，2週に1度というケースも少なくないが，その場合は時間を半分にすれば2人に会うことができる。私たちの生活に7が多いのはミラーの法則や古代から一週間が7日であることなど，それなりの理由がある[注1]。プレイセラピーのつながりと深まり，そして子どもに負担とならないよう短い期間である程度のアウトカムに至るた

注1：ミラーは私たちの短期記憶の単位（チャンク）は7±2であることを確かめた。また，一週間が7日なのは歴史的，宗教的，天文学的理由からで，古代バビロニアに端を発し，古代ローマで曜日が決められたという。

めに，毎週の面接になるよう治療者の工夫と努力が求められる。

　そしていったん決めた曜日と時間は守られなくてはならないし，治療者の長期休暇や学会主張などは事前に子どもに伝えておくことが望まれる。筆者はあるクライエントとの面接後，次の日時を決める際，「この日はどうですか？」というクライエントに「その日は都合が悪いから，この日はどう？」と伝えたところ，「じゃあ，もう来ません！」といきなり不機嫌になられ，しばらく面接が途絶えてしまった経験がある。そのとき，あらためてクライエントのこころに触れる面接は，日時と場所が安定している原則を痛感することになった。この面接はのちに再開したが，筆者はそれ以来，自分の3か月先までの予定をあらかじめクライエントに伝えることにしている。長期の休みの時にはリトル（Little, M., 1990　神田橋訳　1992）の治療でウィニコットがそうしたように，事前の説明と緊急事態時の対処について合意することを心がけてきた。クライエントのこころを扱う面接の機会は，それぞれのやりかたで安定して守られる必要がある。

　曜日と時間は無理のない範囲で決まっていた方がよいし，プレイルームが2つあるときはどちらを使いたいか選んでもらうこともある。しかし，いったん選んだら別の部屋に移ることはしないことが前提である。また，妙木（2010）が指摘するように，場の構造への配慮も重要となる（**表12-3**）。

　初期の重要なテーマは，来談動機（主訴）であろう。子どもに尋ねても明確な答えが返ってくることは少ない。たいていは保護者に連れられ

表12-3　プレイルームの構造

開かれた場所にあって，誰もが利用できる場所にある
トイレ・待合室がある
待合室が人であふれかえらない，あるいは次の人とすれ違わないような工夫がしてある
部屋は誰かが簡単に入ってこられないような工夫がしてある
音が外に漏れないようにしてある

（妙木　2010　p.33）

てくることが多いので，＜今日は何て言われてきたの？＞と聞くと，「別に……」「行くよって言われてきた」など短い返答しか返ってこない場合が少なくない。

　子どもは，「心理の人がいるプレイルーム」にいろいろな想像をしてやってくるのではないか。学生の相談でも「お説教されるかと思っていました」と最後に苦笑した学生にあったことがある。子どもにしてみれば，きっと不安を感じて来室するに違いない。いじめや万引きなどの反社会的行為をもとに連れてこられる場合には，なおさら複雑な想いだろう。妙木（2010）は「出会いには様々な前提と文脈があるので，それをできるだけ単純にする」ことが「出会い足場作り」のひとつであると述べている。筆者なりにこの「関係（作業同盟）作り」を要約すると，以下のようになる。

＜ここで相談員をしている○○です。はじめまして。＞「……」
＜ちょっと緊張しているかな＞（うなずく）
＜そうだよね。こういう場所，初めて？＞（うなずく）
＜そうか。ここは心理相談室といって，こんなこと考えてみたいな，とか，こんなところが変わるといいなとか，いろんな理由のある人が来てくれる場所なんだ。それを聞くのが私の仕事です。＞「……」
＜正確には，聞いたりする，かな。お話しするだけじゃないから。プレイルームっていう君がここに来たワケを遊びで取り組もうっていう場所があるんだけど，行ってみる？＞（もじもじしながらうなずく）

　入室後に，＜ここがプレイルーム。基本的に君がしたいことや思ったことは何でもできるんだけど，いくつかしちゃいけないこともある。それはお互いの安全のために。おいおい説明するから，守るようにしてね＞（キョロキョロしながらうなずく）
＜あれはおもちゃが入っている棚。あとで自由に見てね。ところで君は学校でよく暴れちゃうってお母さんから聞いたけど，自分ではどう思う？＞「……」
＜急に聞かれても困っちゃうか＞「……」

＜それを心配した先生とお母さんが相談して，君をここに連れてきてくれたって聞いてるけど，違ってる？＞（首を振る）

＜私の理解が間違ってなくてよかった。それで……君も暴れたりしたくないんじゃないかな＞「……」

＜でもなぜか暴れちゃって，困ってるんじゃないかな？＞（小さくうなずく）

＜その，自分でもなぜかわからないことをここで遊んでみると，お互いにどんなことが分かってくるんだろうっていうのが君と私がこの部屋にいるワケだと思う。どう？　少し遊んでみる？＞（ためらいながらうなずく）

　文字にすると長いがゆっくり話しても 2，3分で確認できる分量だ。妙木（2010）はクライエント自らの症状や問題が自我異和的なものとして浮かび上がることを「異化」（p.43）と呼び，その違和感にどう対処（治療選択）し，「問題の原因を考えるのではなく，自分の人生のなかに問題を位置づけて考えてみる」（p.44）姿勢が作業同盟を構築するうえで重要と指摘している。主訴は途中で変わることもあるので，初回面接では「ここに来たら，何かが分かるかもしれない」とクライエントに思ってもらえるよう，丁寧に，かつできるだけ安定してかかわることを目指したい。

（2）プレイルームのしつらえ

　子どもが遊びを通して自らを演じ，自己表現するための玩具について考えてみたい。ランドレス（2002）は，玩具は子どもの発達を考慮し，セラピストによって「選定されなければならない」（p.95）と指摘している。一方，我が国ではどの子どもにも同じ玩具のセッティングでプレイセラピーを行っていることが多い。本来は子どもに応じて玩具は選ばれなければならないし，その選ぶ作業がすでに子どものアセスメントを基本にしているという意味で治療的であると言える。

　ランドレスは「トートバッグ・プレイルーム」（p.101-103）という表現を使って，玩具をトートバッグに選定することと，その玩具の種類について提案している。クラインは，象徴表現を重視したので，車や家，

ボール，紙，ハサミ，絵の具，のり，鉛筆などより素朴な素材を基本とし，それぞれの子どもの引き出しを用意した（Klein, 1955）。クラインのプレイは，分析のためのものであり，我が国で実践されているプレイセラピーとは一線を画したものだ。

図12-1　プレイルーム

　我が国のプレイルームはごちゃごちゃしており，玩具が露出している場合もある。さらに問題なのは，ボードゲーム類がとても多いことだ。ボードゲーム類は子どもとのラポールには役立つかもしれない。また，プレイセラピーがカタルシスだけを目的にするならそれなりの意味を見出すこともできる。しかし，それでは子どものファンタジーが深まらず，象徴的な表現がされにくくなり，漫然と「プレイセラピーらしきもの」をすることに陥りかねない。図12-2は，ある機関のプレイルームで，玩具は棚にしまってあり，子どもが入れる小屋が置かれている。

　一方，ボードゲームのうち例外的に初期の「人生ゲーム」はシンプルで，結婚や出産や事故，怪我などライフイベントが盛り込まれており，それに子どもの想いが投影されることがある。「いつも破産になっちゃうんだよなあ。オレの人生，どうせこんなもんだんだよ……」という類の，自分の人生に希望のもてない声を筆者は何度か聞いたことがある。＜でもなあ，「人生ゲーム」はやり直しができるんだから，君の人生によい変化は期待できないかなあ＞などとつぶやくと，自分の生い立ちをボソッと語ってくれたりもした。また，出産の折に「子どもはいらねー」と放り投げたり，「結婚？　気持ち悪い。パスしていい？」などとボードゲームでも子どもが攻撃的幻想を表現できることがある。子どもに応じた玩具の選定は，プレイセラピーが治療的な場になるための基礎なのである。

（3）子どもとのコミュニケーション

　いったんセッションが始まったら，基本的に決まった時間内，子ども

とセラピストは同じ空間で活動することになる。途中でプレイルームを勝手に出て行こうとする子どもの行為は止めなければならないし，プレイルームに私物を持ち込むことも，自分の作ったものを外に持ち出すこともできない。こういった「制限」は言語的コミュニケーションで行われる。退室渋りも同様で，たとえば「あと一回だけ」と言った子どもの駆け引きを受け入れてしまうと，延々と「あと一回」が繰り返され，セラピストのなかにネガティブな感情が湧いてしまうことがある。この点で，ディブスの退室渋りに対するアクスラインの毅然とした態度は参考になる。何とかセッションの時間を長引かせようと働きかけるディブスに，「あなたはいろいろなことを考えて，それでお家に帰らなくてもいいようにしようと思っているのね。そうでしょ？　でも，もう，お時間は終わったのよ，ディブス。だからもう帰らなくちゃいけないわ」（Axline, 1964）（p. 69）と語りかけ，決して揺らがない。

　一方，セッションのなかでは子どもとのコミュニケーションは非言語的な側面が多くなる。筆者はある子どもが絵の具を使って絵をかいていた時，振り向きざまに筆者の服にまで筆が走り，ひどく動揺したことがある。田中（2002）の著作の中に，トレーニングの一環としてプレイセラピーのロールプレイビデオを逐語起こししている時の学生の混乱が記載されている。それによると，子どもの発話中心の記録に対して，行為中心にビデオ記録を起こしている時には情動や感情が喚起されてとても苦しい思いをしたという記述がある。読者のなかにも，記録を書く際に取り掛かりまで時間がかかったり，振り返る際にも子ども遊びについていけていない自分を発見し，打ちのめされるような気持になりながら記録を書いた経験のある人がいるかもしれない。

　子どもの頃の非言語的なコミュニケーションに触れるとき，自身は言語的コミュニケーション主体の生活を送っているので，かつて自分が子どもの頃に用いていた非言語的コミュニケーションをまるで別の言語のように感じて戸惑うことがあると田中（2002）は指摘している。子どもの声を思い出してみよう。身体全体を楽器のように使って，ほとばしるように子どもは声を出しているようだ。だから，健康な子どもの声はよ

く響くのだろう。

筆者は，『ことばが劈（ひら）かれるとき』（竹内，1988）を著した竹内敏晴の「からだのワーク」に参加したことがある。その泊りがけのワークで，背を向けている十数人の参加者に向かって筆者が声をかけ，自分に声が届いた人と思った人が手をあげるという確か「声かけのワーク」に挑戦した。結果は惨敗。筆者の声は表面的な音声で，「からだ全体を使って伝える」ものではなかったのだ。子どもがからだ全体を使って発声しているとすると，私たちも自分のからだの反応にひらかれている必要があるし，自分のなかに沸いたイメージや相手に伝えようとすることばも，からだのフィルターを通した方が，子どものコミュニケーションの仕方に近づけることになる。筆者が絵の具をつけられた時も，＜ああ。びっくりした。思わずここまで線が延びちゃったのかな？＞と自分のからだに問うてみればよかったのだ。自分の反省も込めて，初学者のプレイセラピストにはクライエントとの対話の言語的，非言語的なメッセージが入り混じった言葉（表現）を身体の五感と「こころをつかって対話する姿勢」（田中，2002）で受け止められるように心掛けて欲しい。

（4）保護者との関係

子どもは大抵保護者が面接を申し込み，私たちのもとに連れてこられる。よく起こることとして，面接の終わりに，「今日の様子はどうでしたか？」と保護者に尋ねられる経験をした治療者は少なくないのではないか。この時，＜プレイルームでのことはお話しできませんので，親御さんの担当者にお聞きください＞などと紋切り型の対応をすると，ケースが中断する要因になることがあるから，注意が必要だ。

永井（2014）は，「子ども問題や対応の悩みをもって相談に来る人のなかに，自らのケアを求めるお母さん自身の託された意味が，子どもの『遊び』の中に表現されている場合がある」（p.91）と指摘している。ときどき子どもはよくなっているのに保護者が子どもの変化に追いつかないケースがある。母子（あるいは父子，家族）を「一組のクライエント」として複眼的に捉えた方が，治療の進展のずれへの手当となるかもしれ

ない。そして，相談室に来た時，またそれぞれの相談終了時の再開の様子は，治療者に親子の関係性の一端を教えてくれる貴重な機会である。もし上記のような質問を子どもの前でされたときには，＜○○ちゃん，お母さん，○○ちゃんのこと知りたいみたいだよ。今日も元気に遊びました，と答えていいかな？＞くらいの無理のないやり取りを工夫したい。

　なぜ保護者と子ども担当の関係が大切か，筆者の施設勤務時の体験から痛感したことがある。ある子ども（A君とする）がプレイで親子の根深い葛藤をパペット人形を使って表現した回のことだ。ちょうどこの頃，筆者はA君と一緒に狭いトイレの下水管を身体をくねらせたり関節を緩めたりしながら潜り別世界に行くという不思議な夢をみていた。このこともあってか，この回の表現は彼の移行期の重要な体験として，大変負荷がかかったと感じた。そのため，プレイセラピー終了後に生活フロアの当直者に，＜今日，A君は疲れただろうから，ゆっくりさせて欲しい＞と連絡したところ，ベテランの当直者が「ごはんも食べずに寝てしまったので，そのままにしておきました」と答えてくれた。その対応に感心しつつ，これは保護者対応でも必要になることだろうと感じた。保護者は「セラピーの協力者」と思っていた方が，プレイセラピーにおける子どもの守りはより強固になるのである。

4．プレイセラピーの諸問題と可能性

　東山（1999）は，セラピストの成長過程を「体力と情熱の時代」「技術の時代」「自己理論の時代」「自然の段階」の４つに分類している。「体力と情熱の時代」には若い治療者が大きなエネルギーを子どもに注ぐので，この時代に出会うケースには技術は素朴でも子どもがよくなるケースが多い。そして，その次の「技術の時代」は大変重要な段階である。この時代に，治療者としての基礎と実力を確立する努力を惜しまずにいたい。そのためには，「自分の成長のために何をすべきか」に自覚的である必要がある。さらに，私たちもまた専門家同士の「対話」を通して新たな気づきを得ていくということも指摘しておきたい。プレイセラピーは本来マスターセラピスト向けの技法ではないかとすら思えること

があるが，上記のように初心者がプレイセラピーに挑むことから得られる「治療者の心得」は決して小さくない。

　紙面の関係で，震災支援，トラウマ，自閉症スペクトラム症児らへの遊戯療法の可能性について言及できなかった。プレイセラピーには，さまざまなアプローチがある。シェーファー（Schaefer, C. E., ed., 2003 串崎訳　2011）らの書籍で自分に合った技法を学んで欲しい。また，プレイセラピーにおける子どもの発達の評価も欠くことができない。レイ（Ray, D. C. ed., 2016 小川・湯野訳　2021）や田中（2011）などの文献から理解を深めることができるだろう。

　最後に，アメリカの薬物乱用および精神保健サービス局（SAMHSA）が認定しているエビデンスのあるプレイセラピーには，セラプレイ[注2]やアドラープレイセラピーなどがあり，プレイセラピーのエビデンス研究が進んでいる。一方，我が国では，まだエビデンス研究の蓄積が少ないという課題がある。それはとくに，近年の児童養護施設におけるプレイセラピーについてであろう。施設では面接構造の作り方が難しく，治療者が生活場面に限定的な参与をしたり，より積極的にかかわることが求められることもある。後者についての考察は，村松（2022）の論考をたたき台として，今後より精緻に理論的検討がなされる必要がある。

🎓 研究課題

1．子どもと遊ぶ機会があったら，子どもの遊びから何が読み取れるか，子どもの遊びが促進するために，自分はどんなかかわりをすることが望ましいか体験してみよう。
2．乳児から思春期までの発達の課題について，文献をもとに理解を深めよう。

注2：「セラプレイ（Theraplay®）とは，親子の心と身体のふれあいを大切にし，セラプレイ独自の理論に基づいた遊びを通して行われる心理療法，教育方法の一つ」（NPO法人日本セラプレイ協会ホームページから引用　https://theraplay.or.jp/theraplayis/）。

第 12 章　心理面接の諸相③：子どものこころと遊び　｜　**215**

参考文献

Axline, V, M. (1947). *Play Therapy*. Houghton Mifflin Co. (アクスライン，V. M.・小林治夫（訳）(1972). 遊戯療法　岩崎学術出版社)

Axline, V, M. (1964). *Dibs : insearch of self*. Houghton Mifflin Co. (アクスライン，V. M.・岡本浜江（訳）(1987). 開かれた小さな扉―ある自閉症児をめぐる愛の記録　日本エディタースクール出版部)

Erikson, E. H. (1950). *Childhood and Society*. W W Norton & Co. Inc. (エリクソン，E. H.・仁科弥生（訳）(1977). 幼児期と社会 I　みすず書房)

Erikson, E. H. (1977). *Toys and reasons : stages in the ritualization in experience*. Norton. (エリクソン，E. H.・近藤邦夫（訳）(1981). 玩具と理性―経験の儀式化の諸段階　みすず書房)

Freud, S. (1909). *Analysis of a phobia in a five-year-old boy*. In Standard Edition 10. (フロイト，S.・総田純次（編）フロイト全集 10，総田純次（訳）「五歳の少年の恐怖症の分析」岩波書店)

Geissmann, P. & Geissmann, C. (1998). *A history of child psychoanalysis*. Routledge.

Ginott, H. G. (1961). *Group psychotherapy with children : The theory and practice of play-therapy*. McGrow-Hill. (ジノット，H. G.・中村悦子（訳）(1965). 児童集団心理療法―その理論と実践　新書館)

東山紘久 (1999). プレイセラピストの成長と感受性　現代のエスプリ　弘中正美（編）遊戯療法　至文堂

Huizinga, J. (1949). *Homo Ludens*. Routledge and Kegan Paul. (ホイジンガ，J.・高橋英夫（訳）(1973). ホモ・ルーデンス　人類文化と遊戯　中央公論社)

Hug-Hellmuth, H. (1919). *A Study of the mental life of the child*. Nervous and Mental Disease Publishing.

伊藤良子 (2017). 遊戯療法の本質　伊藤良子（編著). 遊戯療法　様々な領域の事例から学ぶ（pp. 3-13）ミネルヴァ書房

Johnson, J. L. (2015). The History of Play Therapy. In O'Connor, K. J., Schaefer, C. E. & Braverman, L. D. eds. *Handbook of PLAY THERAPY.* : Second Edition. Wiley.

Kafff, D. (1966). *Sandspiel : Seine therapeutische Wirkung auf die Psyche*. S. Ficher Verlag. (カルフ，D. M. 山中康裕（監訳）(1999). カルフ箱庭療法　誠信書房)

Kanzer, M. & Glenn, J. ed. (1980). *Freud and His Patients*. Jason Aronson. (カンザー，M. & グレン，J.（編）馬場謙一（監訳）(1995). フロイト症例の再検討 I―ドラとハンスの症例　金剛出版)

Klein, M. (1955). The psychoanalytic play technique. *American Journal of Orthopsychiatry, 25*, 223-237.

加藤佑昌（2015）．アンナ・フロイト―父の自我心理学を発展させた秀才　乾吉佑（監修）　生い立ちと業績から学ぶ精神分析入門　22人のフロイトの後継者たち　pp.17-26　創元社

Landreth, G. (2002). *Play therapy : The art of the relationship*. Taylor & Francis Books, Inc.（ランドレス，G. L.・山中康裕（監訳）（2007）．プレイセラピー　関係性の営み　日本評論社）

Little, M. I. (1990). *Psychotic Anxieties and Containment : A Personal Record of an Analysis With Winnicott*. Mark Paterson and Associates.（リトル，M. I.・神田橋條治（訳）（1992）．精神病水準の不安と庇護―ウィニコットとの精神分析の記録　岩崎学術出版社）

永井撤（2014）．「遊び」に託された子どもの思いと母親の思い―母親と子どもの関係から　日本遊戯療法学会（編）　遊びからみえる子どものこころ　pp.82-92　日本評論社

村松健司（2021）．福祉の中での心理学的支援　大山泰宏（編）　公認心理師の基礎と実践⑮―心理学的支援法（pp.99-112）遠見書房

妙木浩之（2010）．初回面接入門―心理力動フォーミュレーション　岩崎学術出版社

Ray, D. C., ed. (2016). *A Therapist's Guide to Child Development*. Routledge.（レイ，D. C.・小川裕美子・湯野貴子（監訳）（2021）．セラピストのための子ども発達ガイドブック　誠信書房）

竹内利晴（1988）．ことばが劈かれるとき　筑摩書房

田中千穂子（2002）．心理臨床の手引き―初心者の問いに答える　東京大学出版会

田中千穂子（2011）．プレイセラピーへの手びき―関係の綾をどう読みとるか　日本評論社

丹羽郁夫（2014）．最初の児童分析家ヘルミーネ・フークーヘルムートの児童分析の技法　現代福祉研究，*14*，73-94.

丹羽郁夫（2022）．日本の遊戯療法における「セラピストが子どもと一緒に遊ぶ」かたちへのV. M. アクスラインの影響を探る―　F. H. アレン・E. ドルフマン・H. D. ジノット・C.E. ムスターカスにも注目して　現代福祉研究，22，53-73.

Schaefer, C. E., ed. (2003). *Foundations of Play Therapy*. Wiley & Sons, Intorporated, John.（シェーファー，C. E.・串崎真志（監訳）（2011）．プレイセラピー　14の基本アプローチ―おさえておくべき理論から臨床の実践まで　創元社）

Winnicott, D. W. (1971). *Playing and Reality*. Tavistock Publications.（ウィニコット，D. W. 橋本雅雄（訳）（1979）．遊ぶことと現実　岩崎学術出版社）

Winnicott, D. W. (1971). *The Piggle : An Account of the Psychoanalytic Treatment of a Little Girl*. Hogarth Press.（ウィニコット，D. W. 妙木浩之（監訳）（2015）．ピグル―ある少女の精神分析的治療の記録　金剛出版）

13 心理面接の深層①：身体

大山　泰宏

《**本章の目標＆ポイント**》　心理面接の場では，セラピストとクライエントとは，それぞれ身体を携えてそこに存在している。主に言語で交流が行われるにしても，そこでは身体のレベルでのコミュニケーションも生じ，面接の展開に重要な影響を与えている。その様相はいかなるものであろうか。また，近年広まってきているオンラインでの面接では，身体はどのような位置づけにあるのであろうか。このような心理面接に於ける身体の意味について論じる。

《**キーワード**》　身体，身体図式，空間象徴理論，対面とオンライン

1．身体の位置づけ

（1）はじめに

　私たちは身体を携えて存在している。身体によって空間から区切られ，他から隔絶されるがゆえに，私たちは個として存在しうる。そして個として隔てられながらも，身体があるがゆえに，私たちは他者や世界と関わりをもつことができる。しかし身体は果たして「私」なのだろうか。身体は私にとって，ときおりままならぬものである。もうひとがんばりしたいときに言うことをきいてくれない。知らないうちに身体の病が進行していたりもする。そのとき私たちは，自明なはずであった身体に突然に異和と他者性を感じはじめる。

　身体というのは，私たちにとって一筋縄ではいかない複雑な意味をもつ存在である。私たちのこころを考えていくうえでも，身体は無視できない。それはつねに私のこころと共にあり，こころに影響を与えている。そして心理面接を考えていくうえでも，身体について無視するわけにはいかない。面接室には，セラピストとクライエントとが，それぞれの身

体を携えて存在している。言葉でコミュニケーションを交わしながら同時に，身体レベルでの響きあいも生じている。セラピストとクライエントは，それぞれの相手とコミュニケーションを行いつつ，自分自身の身体ともコミュニケーションを行っているとも言えよう。

心理面接を学んでいくうえで，私たちは，こうした身体について顧慮的になることを通過しなければならないであろう。身体に対する意識は，通常は私たちの意識においては，どちらかというとぼんやりした薄暗い部分である。そこに改めて意識を向けたり気になったりするか，あるいはそこから痛みなどのメッセージが発せられないかぎり，身体は意識の周辺部にある。しかしいったん意識しはじめると，今度はそこからなかなか意識を逸らすことは難しくなる。このようなままならぬものを携えて，私たちは面接室の中にいるのである。心理面接を行っているとき，「私」はクライエントという他者だけではなく，私の身体という「他者」とともに在る。案外，私たちの身体は，目の前にいるクライエントよりも，ままならぬ他者なのかもしれない。

私たちが心理面接において身体とともにある技法や意識というものが，心理面接の学びの中では磨かれていくべきであろう。この章では，心理面接において私たちはどのように身体を捉えるべきなのか，どのようにそれとつきあっていくべきなのか，どのようにそれを心理面接の中で活かしていくのかということについて論じていく。

（2）身体論の哲学

幾分遠回りに感じられるかもしれないが，まずは，哲学において身体の身体論を，哲学の現象学を中心に整理してみたい。というのも，そこでのひとつの到達点は，身体について考えていくうえで，重要な枠組みとなりうるからである。

哲学は，意識と精神についての学問であるが，そこにおいてやはり身体については，無視するわけにはいかない。キリストが受難し身体を否定されたことで神となったように，キリスト教文化圏では長いあいだ，身体は精神によって克服されるもの，否定されるべきものという位置づ

けにあった。哲学でもそれは例外ではなく，身体はその情念によって私たちを欺くものとして位置づけられたり，そもそも論の外に置かれたりしてきた。しかしながら，ちょうどフロイトが無意識の存在を記述しはじめた19世紀末から20世紀前半にかけて，哲学でも身体について正面から論じられはじめた。その中心となったのが，現象学という運動である（臨床心理学と現象学との関係については，『臨床心理学特論（'23）』においても論じられているので，そちらも参照されたい）。フッサール（Husserl, E.）に始まる哲学上のこの潮流は，私たちの意識がどのように成立するのか，そして意識と相関して世界や他者がどのように私たちに立ちあがってくるのかを論じるものである。その後，身体については，フランスのベルクソン，H.（Bergson, 1896 杉山訳, 2019）やメルロ＝ポンティ，M.（Merleau-Ponty, 1945 竹内・小木訳, 1967），さらにはサルトル，J-P.（Sartre, 1943 松波訳, 2007-2008）などが論じている。ここでは，それらの先人の考えを参照しつつ，現象学での身体の議論を紹介したい。

　まず身体は，身（仏：chair 独：Leib）と体（仏：corps 独：Körper）に二分されて考え得る。身は私たちにとって生きられる身体，私たちが感じ取っている身体である。たとえば，日本語で「身を切られる思い」と「体を切られる思い」という言葉の違いを考えてみると，「身を切られる」のほうは，こころや感情，私の存在の中心も含むニュアンスがあり，「体を切られる」のほうは，物質的な体をイメージするであろう。他にも，「身に沁みる」「体に沁みる」，「身をもって」「体をもって」などの意味の違いからも，身と体の違いは明確である。日本で身体論を展開した市川浩（市川, 1984）は，たとえば盲人の杖の先が繊細な触覚として外界を感じ取るように，皮膚の内に閉ざされた物理的な体とは異なり，精神をも含む体制化された存在としての身を描きだした。また「身内」という言葉があるように，身は私たちの関係性やつながりも表すものなのである。これに対して「体」は，モノとして対象化された身体，物質的な身体である。

　さらに，現象学のさまざまな身体論を整理するならば，身体は3つの

観点に分けて考えることができる。現象的身体(le corps phénoménal)，対自身体（le corps pour soi），対他身体（le corps pour autrui）である。現象的身体というのは，私たちにとって生きられるままの身体で，意識による分節化や対象化がなく，私がまさに直接に体験している身体のことである。生理学的レベル，意識されない動きなどで現れつつある身体そのものであると言ってもよい。いっぽう対自身体とは，自分にとって把握され対象化される身体である。私は自分の身体に意識を向け，それを感じ取り，それに対して働きかけ，ときにはそれを評価する。このように生きられるがままの在り方から疎外された身体でもある。そして対象化された身体に対しては，化粧やタトゥー，衣裳などが施されるのである。さて，対他身体とは，他者の眼差しのもとに現れている私の身体である。私にとっての身体の現れと他者にとっての身体の現れとは異なる。私にとって自分自身の身体の全体像は見えず，他者にとってのみそれは現れているように。私は他者にとって私の身体がどのように現れているのかを知ることはできないが，他者が私の身体をどのように捉えているのか，他者の眼差しを想像することが，私の自身の身体の捉え方に影響する。

　現象的身体，対自身体，対他身体は，相関しあいながら，私たちの身体に対する意識を構成する。たとえば面接中にお腹が鳴ったとしよう。お腹が鳴るという現象は，現象的身体のなせるものである。私たちがコントロールすることができず，それは「自然」に生じる。そして私たちは，それを「恥ずかしい」と感じる。「恥ずかしい」として私が把握した身体は，対自身体である。もし私たちが，まったく現象的身体のみを生きているのであれば，お腹が鳴ったとしても恥ずかしくもなんともない。動物や，身体意識をもたない乳幼児はそうであろう。あるいは，身体はまったく「私」ならざるものであったとしたら，この場合も恥ずかしさは感じないはずである。「恥ずかしい」と感じるのは，私にとって身体は「私」であることと「私ならざるもの」であることの中間にある，あるいはその両方の性質を帯びた存在だからである。まさに「身内」の位相にあるのである。

さてここで，お腹が鳴ったのが面接中ではなく，独りで自室にいるときだったとしたら，このときも恥ずかしくないはずである。恥ずかしいのは，私のその身体の現れに対する他者の眼差しを意識しているからである。すなわち対自身体の意識に，対他身体への意識や想像が含まれているのである。このように，私にとっての身体は，それ自身の現れ，私にとっての現れ，他者にとっての現れの3つが重なりあいながら現象するのである。

（3）臨床心理学の歴史での身体

さてさきほど，ちょうど現象学において身体への注目がなされはじめたときに，フロイトによる無意識の理論も出てきていたということを述べた。臨床心理学の歴史では，実はちょうど哲学とは逆に，それまで身体しか対象とされていなかったところから，意識（無意識）への着目が，すなわち身体から精神が分離して論じられるようになったという方向性がある。

すでに多くの成書でも，また他の科目でも繰り返し論じられているので，ここでは簡単にのみ述べるが，無意識が概念化されたことには，ヒステリーのメカニズムの解明がかかわっている。それまでヒステリーは，身体的なこと，神経学的なことに原因があるのではないかと想定されていた。実際，マッサージや温冷浴など身体に働きかける治療が，ヒステリー症状の緩和に役だっていた。そして，もっとも効果的であった催眠による治療も，身体的な生理状態や神経の状態と関連づけて考えられていた。当時はヒステリーばかりでなく，精神症状を呈する疾患は，脳の器質的異状の想定も含めて，内因や身体因，生物学的要因で考えられる傾向にあった。これに対してフロイトは，いわゆる心因，こころに原因があるのだという発想のもと，無意識を仮定するこころのメカニズムを構想し，実際，その発想と相関する治療法（失錯行為や自由連想の分析，夢分析など）によりヒステリーの治療を行い，心因がありうること，そしてこころに働きかける治療が有効であるということを実証した。こうして，身体からこころが分離されることで，精神分析という臨床心理学

の祖が誕生したのである。

またこころと身体との関係について，フロイトはリビドーの発達理論において，身体を性的な身体として位置づけ，口唇，肛門，性器という身体器官の快の発達に対応させて，パーソナリティを考えた。

ではその後，身体にはどのような位置づけがなされてきたのだろうか。臨床心理学では心因が強調され，身体はこころの現れる領域として2次的な位置づけとなった。たとえば「心身症」や「ヒステリー」は，ほんとうはこころで扱うべき感情や想念が，こころで感じ取られないために身体化され表現されるのだと考えられ，身体表現性障害（現在では「身体症状症および関連症群」という整理となっている）として一括されている。また，醜形恐怖や摂食障害はこころの異和や不安が身体に投影されたものとして，強迫性障害として扱われている。いずれも，こころの状態が先にあり，それが身体に影響を及ぼしているという順序で考えられているのである。他にも高血圧，心疾患，胃腸障害，皮膚疾患などを，パーソナリティや性格のタイプなどと関連づけて説明することが多いのも，周知のとおりである。

このように，こころに関する学問・対人支援の技法では，身体は2次的で従属的な位置づけであり続けたが，近年になって，身体も含めてこころに関する現象を捉えようとする動きも出てきている。たとえば，精神分析におけるエナクトメント（第5章参照）の考え方では，セラピストとクライエントとの関係性の在り方が，まったく無意識的で微細な言動ばかりでなく，身体的な感覚や行動に現れいでることが着目されている。また，ヴァン・デア・コーク，B.（van der Kolk, 2014　柴田訳, 2016）がまとめたように，心的外傷体験（トラウマ）が身体に記憶されると考え，身体に直接的に，あるいは身体を中心に働きかける諸々の治療法が注目され，それらがトラウマ治療という「こころの治療」に功を奏すことも実証されてきている。

身体とこころを切り離したり，身体をこころに従属させたりするのではなく，それらの対等で不可分の関係を意識するということは，身体をたずさえて生きている私，何よりも身体によって存在し，他者や世界と

かかわっている私について，理解し関わっていくうえで必要なことであろう。心理面接においても，クライエントの全存在に眼差しと配慮を向けるのであれば，身体の意義についても光を当てなければなるまい。

2．心理面接の中の身体

（1）表現の位相の身体

　心理面接の中では身体は，どのように現れてきて，関係性に影響を与えるのか。また私たちはそれにどのようにかかわっていくべきなのか，これまでの身体論を基礎におきつつ考察してみよう。

　筆者は，面接関係における「表現の位相」という考えを提唱したことがある（大山，2021）。セラピストとクライエントとが出会い相互作用を展開していく中で，両者が意識的・無意識的に展開する表現やコミュニケーションが，身体，行動，感情，イメージ，象徴，言語，ナラティヴの7つの層を区別することで，どのように理解でき，かつ面接にどのように活かすことができるかを論じたものである。

　セラピストとクライエントとが心理面接の場で行うコミュニケーションのもっとも基盤にある位相は，身体の位相である。面接室に共に存在している両者のあいだには，現象的身体のレベルでさまざまな相互作用が展開している。それを感じ取るために，筆者が心理面接に関する実習で行っているワークは，セラピスト役―クライエント役のロールプレイングにおいて，向かい合って座る相手が変わると，自分が座っている姿勢もおのずから変わるということを体験するものである。もちろん，漫然と座っているだけでは変化しない。自分にとってもクライエントにとっても，もっとも自由にこころが動くためにはどのような姿勢をとるのがよいのか，自分の身体に問い感じながら座り方を調整するのである。

　あるクライエントを前にした時には，背筋を伸ばして両足を揃える姿勢が，ぴったりくるかもしれない。また別のクライエントでは，椅子の背もたれに体を任せ，上半身の力を抜いて左右のどちらかにやや傾けるのが，しっくりくるかもしれない。相手によってぴったりくる座り姿勢は変わってくるのである。このような姿勢のチューニングを，心理面接

においては，クライエントと共に座す一瞬において，行わねばならない。セラピスト側でチューニングした身体姿勢は，不思議とクライエントのほうからも最もぴったりくる座り方（セラピストの在り方）として感じられる。その証拠に，ロールプレイングで試しに，チューニングしたのとは異なる姿勢に変えて感じ方の違いをきいた場合，相手は必ず「さっきのほうが良い」と報告するのである。

　先述した身体論と重ね合わせるならば，こうしたチューニングは，セラピストがクライエントの現象的身体と自分の現象的身体を響き合わせ，それを対自身体として把握することであるといえる。チューニングした身体と対自身体として捉えられた場合，それはセラピストとクライエントとのあいだに無意識に現れいでたものを把握することができるので，セラピストがこころを使って行う仕事につながる。すなわちそのような姿勢になったことの意味を感じとったり，プロセスの進展の中での身体感覚の変化を感じたりするのである。そしてセラピストは，まさに身体のレベルでのコミュニケーションを通して，クライエントに働き返すことができるのである。

　セラピストとクライエントの身体の相互作用は，行動のレベルそして感情のレベルでも展開されていく。座っていながらも，両者の身体はじっとしているわけではない。言葉を発していても沈黙していても，それは微妙に動き，またリズムを刻んでいる。たとえば日常生活でも，誰かと向かいあって喋っているとき，こちらが自分の髪に手をやったら，相手も同じ動作をするということがある。電車に乗っているときでも，こちらがあくびをすると，向いの席に座っている人も，それが伝染したかのようにあくびをするということがある。長岡・大山他（2024）では，心理カウンセリング場面のロールプレイにおいて，セラピスト自身がカウンセリングがきちんとできたと高評価したロールプレイ事例では，セラピストの身体がクライエントの身体の動きに 0.5 秒遅れて共鳴していることが報告されている。私と他者の身体は緊密に共鳴しあい，まるでひとつの系をなすかのようである。それは，目には見えないような身体の微細な動き，息づかい，ちょっとした姿勢の動きなどにより相関しあっ

ている，まさに現象的身体におけるつながりなのである。

こうした共鳴は，生まれたばかりの赤ん坊にも，舌だし模倣(Meltzoff & Moore, 1977) をする能力が備わっているような，人が人と関係を取り結んでいく根本の能力である。メルロ＝ポンティなら，これを間身体性 (intercorporalité) と呼ぶであろう。これに加え私たちには，感情 (情動) のレベルでの相互作用がある。スターン (Stern, D. N., 1985 神庭＆神庭訳，1989) が主観的自己感 (間主観的自己感) という言葉で定義した，私と他者とのあいだでの情動調律をもとにした，感情の相互調整である。私たちの感情表現，あるいは声のトーンや身体のリズムなどに現れ出でる情緒の状態などに，共在する他者がチューニングしてくれれば，その情緒の状態が承認されたと感じ，自己の感覚は確かなものとなる。また，ネガティヴな情動表出であっても，他者がそれに調律しスムースでマイルドな状態にもっていって応答してくれるのであれば，それが積み重ねられることでネガティヴな情動を自分自身で和らげていく力が獲得されていく。

成人の面接においても，クライエントのこころに収まりきらない感情や無意識的な表現を，セラピストが適切に調律し咀嚼しクライエントに返していくことが重要であることは言うまでもないが，そのような明白な表現や交流でなくとも，セラピストとクライエントのあいだには，常に微細なレベルでの交流と調律がある。これも実習で筆者が行うワークだが，クライエント役が何も語らずに，さまざまなことを自由連想的にこころに思い巡らしているとき，セラピスト役は，相手がどんな内容(対象) を実際に思い描いているかは明確には分からないにしても，その対象に対するクライエント側のスタンス，思い，感情などは，表情や身体の動きからかなり鮮明に伝わってくるのである。

こうした身体の微細な表現は，セラピスト自身の身体感覚を通して感じることができるものである。たとえば言語レベルでは，ある事柄を語るクライエントが，そのことにはまったく動じていないとか収まりがついたとか語っていたとしても，セラピストの身体感覚には何かしっくりとこない違和感が生じたり，悲しみの感情が生じてきたりすることがあ

る。セラピストは，語られる事柄の文脈から想像される感情状態を感じる場合もあるが，それが語られるときの身体による表現を現象的身体のレベルで直接に感じとっていることも多い。こうして身体で感じとったことを，言葉にしてクライエントに伝えることで，クライエントは自分の現象的身体を対自身体につなげるきっかけをもち，身体とこころの全体性を回復するプロセスが進むことがある。

（2） 身体図式と空間図式

　対自身体は，視覚的にはその全体を私たちに表しているわけではない。たとえば，私たちは自分自身の背中を直接見ることもできず，全身像を直接みることもできない。それらの全体的視覚像は鏡や写真，動画の助けを借りなければ把握することができない。こうして視覚的には不完全ではあるが，私たちは，自分の身体に対するイメージをもっている。身体の全体像を視覚的には所有していないが，狭いところをぶつからないように通ったりすることもできるように，身体を外界との関係において位置づけ把握している。これは，私たちが視覚像とは別の仕方で，自身の身体のまとまりと配置を把握しているからである。このような，身体に関するイメージや空間への位置づけの感覚は，身体図式と呼ばれる。

　身体図式は，パーソナルスペースともかかわってくる。パーソナルスペースとは自分での統制が可能で安全な感覚をもつことができる，自分の身体を中心とした周囲の空間範囲である。すなわち，その空間は私にとって体制化され身体図式の届くところなのである。ふつうに誰かとプライベートに会話するときのパーソナルスペースは 1 メートル前後であり，親密な者どうしではもっと近くなる。反対にビジネスや公的な関係のときには遠くなる。このパーソナルスペースには，私たちの身体に左右差がある。右横側から人が近づいてきたとき，個人差はあるにしてもだいたい 60 ～ 80 センチの距離あたりが境界になる。これに対して左横側から人が近づいてきたときは，80 ～ 100 センチぐらいの距離が必要である。この差は，心臓が正中線の左側に位置することと，右利きの人が多いということと関係している。たとえ左利きの人であっても，日常

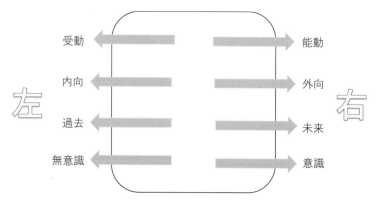

図13−1　投影された左右の身体図式

　空間は右利き用に作られているので，外界に働きかけるときには，右手を使うことが多くなってしまう。そのため，身体の右側に対しては自分が働きかける空間であるので，近いところまで他者がやってきても侵入的に感じないのである。これに対して左側は，右手で対処しようとすると体軸の向こう側になるがゆえに，体をひねったりするなどの手間が必要で，やってくる他者への対応に遅れてしまうため，距離が必要なのである。要するに，身体図式でいえば，右側の空間は私たちにとって対処可能で能動性の高い領域であり，左側の空間は受動的な領域なのである。

　このような身体図式が空間に投影されたものが，空間象徴理論となる。グリュンヴァルト（Grünwald, M.）のものがよく知られているが，さらに簡便には図13−1のように記述できる。右側は，能動的であり，右手が外側へ向かうため外向であり，数列や文字が左から右に連ねられていくように未来であり，また能動的で統御可能な領域なので意識的である。これに対して左側は，受動的であり，右手を使う場合体軸を経由して向かうがゆえに内向であり，文字や数字が展開していくのとは逆方向の過去であり，統御が難しいがゆえに無意識的となる。

　このような身体図式と空間図式は，心理面接にも影響を与える。面接室で向かい合ってセラピストとクライエントとが座る場合，互いの右側に相手が来るように座るのか，左側に来るように座るのかで，相手と共

にいる感覚はずいぶん違ってくる（筆者の経験では約7〜8割のクライエントは，右側共有の位置取りを無意識に選び，2〜3割が左側共有を選ぶようである）。対面でなく90度法で座るとき，左右の影響はさらに大きくなる。セラピストの右側90度にクライエントに座ってもらうなら，クライエントの左側にセラピストが位置することとなる。セラピストの左側90度にクライエントに座ってもらうなら，クライエントの右側にセラピストがいることになる。自分の左側にセラピストがいるとき，クライエントは侵襲される感じをもつかもしれないし，あるいはバウンダリーを超えて距離の近い親しい感じをもつかもしれない。右側にセラピストがいるときは，セラピストに適切で安心な距離を感じるかもしれないし，あるいはよそよそしい感じがしてしまうかもしれない。どちら側が良いとは一概には言えないが，そのような感じ取り方に違いが出てきて，その距離感が心理面接のプロセスや関係性にも影響を与えるということは意識しておきたい。

　ここで気をつけなければならないのは，セラピストが緊張や抵抗などのために無意識に自分を護ろうとしてしまい，自分の能動性が高い右側にクライエントを置いてしまいがちになることである。その場合，セラピストは安全な感覚に逃避することができるが，クライエントにとっては，自分の左側にセラピストがいるため，安全が脅かされるような感じとなってしまう。概して，セラピストが安全感を感じていないときは，クライエントも安全感を感じられていないので，セラピストの自己防御のためにこのような位置取りとすることは厳に避けなければならない。実際，たとえば精神科デイケアや学校場面などで，自分が関わりをもちにくい対象者に近づいていくとき，私たちは無意識のうちに，自分の右側から近づいてしまいがちである。その場合，相手は左側から近づいてこられるため，侵襲感や恐怖を感じ，態度が固く防御的になってしまう。自分の左側からの接近ができるためには，セラピスト自身が自分の緊張感や恐怖感などをマネジメントして，安心感を自分自身でもっておくことが必要となる。

　この空間の位置取りの左右差は，向かい合って座って，クライエント

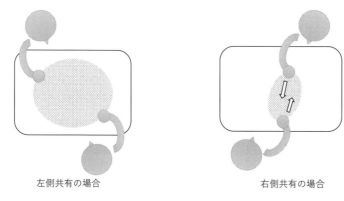

左側共有の場合　　　　　　　　　　右側共有の場合

図 13-2　共有される体側による関係性の差異

に描画を描いてもらったり，ゲームをしたりするときの関係性にも影響を与える。図13-2に示すように，左側を共有するような座り方は，向かい合う両者の身体のあいだに「内側」の空間が共有されることになる。その共有空間は，絵を描いてもらったり，お互いでスクィグルをしたりすることに向いているであろう。右側を共有するような座り方は，自分の前に自分の空間を置いて，そこから相手に対して能動的に互いが働きかけるような位置取りとなるので，対戦型のボードゲームなどをするときに向いている。

　ここまで述べてきた，私たちの身体図式の影響，左右の影響は，あくまでもおおまかなものにすぎない。重要なのは，こうしたことに関する感性をもちながら，心理面接における身体の位置取りに関して，繊細に感じ取り，それを含めたうえでの関係性の構築を考えていくことである。

（3）オンライン面接での身体

　新型コロナウイルス感染症の拡大以降，オンライン会議システムを使用した心理面接が，ずいぶんと拡がってきた。コロナ禍以前にも試みられてはいたが，クライエントが遠隔地にいるから，あるいは外出できないからなどの理由で，どちらかといえば対面の代替手段として利用されていた。しかしながら，コロナ禍で行動が制限されたとき，オンライン面接でも案外といろんなことができる，やれるということが実感され，感染

症の拡大が収束した後も，積極的に用いられるようになってきた。

　オンライン会議用のソフトウェアや機器も，ずいぶん改善され，通信の不安定さやタイムラグなどが減ってきた。しかしながら，オンラインでのコミュニケーションを対面とまったく同じにすることは不可能である。たとえば，オンライン会議システムで，タイムラグがなく自然な会話ができているように感じているとしても，試しにジャンケンをしてみると決してうまくタイミングが合わない。互いのやりとりのリズムに微妙なズレが存在しているため，相手にうまくチューニングすることができないのである。また，お互いが相手を見ることはできても，「視線を合わせる」ことはできない。さらにオンライン面接では，身体の相互作用が乏しくなってしまうため，両者が沈黙しているとき，言葉にならない何かを感じながら共に居ることは難しい。したがって，言語でのやりとりを多く行う必要があり，セラピストは自分が考えていることを，きちんと相手に伝わるように言語化して伝える努力や視覚的に明瞭なノンバーバルコミュニケーションの表出を，対面面接以上に意識しておかねばならない。このように，オンライン面接には，対面の面接とは異なったトレーニングが必要である。

　オンライン面接では相手と視線を合わせることができないばかりか，視線の向く先を共有する共同注視を行うことができない。すなわち，何かを共に見るという三項関係をもつことができないのである。同じ空間に身体を携えて共在している場合，私たちは相手が見ているものが何であるのか，その視線の向きを感じ取ることができる。また相手が指さしたり，眼差しを向けているものを感知することで，こちらの眼差しを切り替えていくことができる。相手も同様に，こちらの意識が向かう先を感じとり調整しあいながら，相互作用が展開していく。しかし，こうした共同注視のやりとりは，オンライン面接の空間では不可能である。

　視線を合わせることや共同注視といった，二者の関係性の根本を行うことができないがゆえに，こうした関係性に基盤をおく心理面接の方法論では，オンライン面接は難しい。しかし，そもそもこうした側面はあまり重視せずに，言語的やりとりを中心として，課題や指示を出すよう

な方法論では，オンライン面接でもそれほど不自由は感じず，逆にむしろ効率的であったりするようである。

このように，心理面接には身体がどのような役割を果たしているのかに顧慮的になることで，心理面接でどんなことが生じているのか，どんなことができるのかといったことのヒントと理解を得ることができるのである。

🎸 研究課題

1．人に近づくときに，自分の右側から近づくか，左側から近づくかで，感じ方にどのような差が生じるか，実際に試してみよう。
2．オンライン会議システムで，実際に視線を合わせて見つめ合おうとしてみたり，ジャンケンをしたりしてみよう。それが困難であることから，どんな影響がコミュニケーションに生じるか，考えてみよう。

引用文献

Bergson, H. (1896). *Matière et mémoire : essai sur la relation du corps à l'esprit*. Félix Alcan. (アンリ・ベルクソン　杉山直樹訳（訳）(2019)．物質と記憶　講談社学術文庫)

市川浩（1984）．〈身〉の構造―身体論を超えて　青土社

Van der Kolk, B. (2014). *The body keeps the score : brain, mind, and body in the healing of trauma*. Viking Press. (ベッセル・ヴァン・デア・コーク　柴田浩之（訳）(2016)．身体はトラウマを記録する：脳・心・体のつながりと回復のための手法　紀伊國屋書店)

長岡千賀・大山泰宏ほか（2024）．カウンセリングのダイナミクス―聴く技術の核心に迫る　パブファンセルフ

Meltzoff, A. N., & Moore, M. K. (1977). Imitation of facial and manual gestures by human neonates. *Science, 198* (4312), 74-78.

Merleau-Ponty, M. (1945). *La phénoménologie de la perception*. Gallimard. (モーリス・メルロ＝ポンティ　竹内芳郎・小木貞孝（訳）(1967)．知覚の現象学　みすず書房

大山泰宏 (2021). コミュニケーションと傾聴—表現の多様な位相. In 大山泰宏 (編著) 心理カウンセリング序説—心理学的支援法 (pp. 23-37) 放送大学教育振興会

Sartre, J-P. (1943). *L'être et le néant*. Gallimard. (ジャン＝ポール・サルトル　松波信三郎 (訳) (2007-2008). 存在と無：現象学的存在論の試み　ちくま学芸文庫)

Stern, D. N. (1985). *The Interpersonal World of the Infant : a view from psychoanalysis and developmental psychology*. Basic Books. (ダニエル・N・スターン　神庭靖子・神庭重信 (訳) (1989). 乳児の対人世界—理論編　岩崎学術出版社)

14 | 心理面接の深層②：イニシエーション

橋本　朋広

《**本章の目標＆ポイント**》　心理療法的イニシエーションにおける死と再生の過程には相互性という性質がある。クライエントとセラピストは，生と死が対立する元型的な布置を生き抜くことを通して，傷ついた治療者として再生する。この過程について詳説する。
《**キーワード**》　心理療法的イニシエーション，死と再生，相互性，生と死，元型的な布置，傷ついた治療者

1. 心理療法的イニシエーション

　しばしば心理療法はイニシエーションになぞらえられる（河合, 2000）。イニシエーションというのは，伝統社会において大人になるため，あるいはシャーマン等になるためになされる加入儀礼のことであるが，加入者は，指導者によって執り行われる儀礼に参加し，象徴的な死と再生の過程を通して神話的世界へ導かれ，そうして神話的世界を生きる大人やシャーマンになる。

　心理療法の場合，獲得されるべき神話的世界観のようなものは設定されておらず，したがってセラピストは指導者のような役割を果たすわけではない（河合, 2000）。したがって，心理療法＝イニシエーションとは言えないが，それでもそこには類似する構造があり，その類似する構造を相違点も押さえつつ理解することは，心理療法という営みの本質を把握するのに役立つ。

　類似する構造とは何か。それは，その過程が死と再生という契機によって展開するということである。イニシエーションにおいて加入者は，死ぬほどの苦痛の中で徹底的に人間の無力を体験させられ，人間を超えた

聖なる力に出会い，聖なる世界に再生することによって一挙に救われる（Eliade，1958 堀訳 1971）。心理療法の場合，人間の無力を徹底的に体験させられるとか，聖なる世界への再生によって一挙に救われるとかいうことはないが，それでもそこでは死と再生の体験が生じる（河合，2000）。そういう意味で心理療法過程はイニシエーション過程と類似の構造を持つ。

　ただし，ここで重要なのは，心理療法の場合，死と再生を体験するのはクライエントだけではないということである。イニシエーションの場合，死と再生の過程をたどるのは加入者だけである。指導者の役割は，既に神話的世界に生きている先人として，加入者をその世界へ導くことである。しかし，心理療法では，セラピストの世界の中へクライエントを導き入れるわけではない。むしろ逆に，新しい世界を発見するのはクライエントであり，セラピストがその世界へ導かれる。しかも，その過程が真に実現するには，セラピストも死を体験しなければならない。それが心理療法の過程を展開させる決定的な契機となる。心理療法的イニシエーションには相互性という固有の性質があるのである（河合，2000）。したがって心理療法を行うセラピストは，心理療法的イニシエーションのこの性質についてしっかり理解する必要がある。そして，心理療法の実践において，自らその過程をたどる必要がある。

　なお，ここまでの論述では「心理療法」という言葉を用いてきた。心の病の治療という意味での心理療法は，通常しっかりした治療構造に支えられて展開する。「カウンセリング」という用語を用いる場合には，病の治療というニュアンスは薄まるが，それでもしっかりした枠組みに支えられて展開するという点に変わりはない。「治療構造」と言うにせよ，「枠組み」と言うにせよ，それらの営みには，クライエントが自己を振り返る作業に主体的に取り組めるような様々な工夫があり，作業としての内省はそれらの工夫に支えられて展開する（第1章参照）。一方「心理面接」という時には，心理療法やカウンセリングはもちろん，デイケアや就労支援，さらには日々の生活支援といった様々な場面において広く心理学的な意図を持ってなされる面接のすべてが含まれるが，それが

「心理学的な意図」に基づいてなされる限りにおいて，そこでもやはり内省を可能にするための工夫がなされている。したがって，「心理療法」「カウンセリング」「心理面接」の間には，自己内省の強度や濃度，あるいは，そこで生じる交流の強度や濃度に違いはあれど，自己内省のために対話的交流がなされるという点で違いはない。そして，それらはすべて苦悩の癒しを志向するわけだから，やはりそれらには，その過程が心理療法的イニシエーションとして展開するという共通性がある。したがって以下の考察は，単に「心理療法」にだけ関わるものとしてなされるのではなく，あらゆる「心理面接」に関わるものとしてなされる。また，文脈に応じて「セラピスト」「治療者」「心理士」等を使い分けるが，互換可能なものとして読んでいただきたい。

2. クライエントにおける死の体験

　心理面接という営みを記述する場合，受容や傾聴や共感，あるいは，それらを通しての自己発見や自己実現の支援等といった言葉が用いられることが多い。また，技法を論じるような場合，あたかもその技法が治癒や自己実現を可能にしているかのように語られることもある。しかし，実際には，自己発見や自己実現といったようなことは，単に傾聴や共感をしたり技法を用いたりするだけで生じるような生易しいものではない。

　心理面接において向き合うのは，クライエントの傷であり苦悩であり，怒りであり悲しみである。多くの場合それはクライエントにとって思い出したくもないことであり，それゆえクライエントはそこから目をそらすが，かえってそのために自己自身の傷を癒すことができなくなっている。心理面接は，その状態を逆転させ，いわばクライエントが自己自身の治療者となれるよう，クライエントが自己の苦悩の実相を覚知するのを促す。とはいえ，そうして自己の振り返りを促す心理面接は，構造上クライエントに苦悩に向き合うことを強いる。同様に，心理士がクライエントの苦悩を傾聴するということは，誰もが回避したがる程の人間存在の痛みと苦しみに心理士自身も身をさらし，それを感じることである。

かくして心理面接においては，苦悩は必然であり，それなくして展開はない。心理面接における治療構造や技法は，クライエントと心理士が苦痛のあまり身体的にも心理的にも破壊されてしまうのを防ぎながらも苦悩の体験を可能にするためのものであって，決して苦悩を省略するためのものではない。心理面接を行う心理士は，以上のことを肝に銘じる必要がある。以下，事例をもとに，このことを考えてみよう。

　紹介するのは，渡辺（2006）が報告している事例である。クライエントの川辺さん（仮名）は，有能な看護師として活躍する40歳女性であり，中年期になって，長年解消されないままの自身の内面的問題や抑うつ気分・自責感・無力感等を見つめるため，渡辺のもとに来談した。それらの諸問題は，乳幼児期の両親の離婚や義父による虐待と密接に絡み合っており，彼女は8年間にわたる全270回の夢分析を通して，その問題に取り組んだ。渡辺はその経過をもとに夢分析のプロセスを論じているが，その際，その論考を川辺さんに見せて，本人からコメントをもらっている。コメントには，川辺さんが心理面接をどのように体験していたのかが如実に示されている（なお，本章と次章において，引用や事例紹介で【川辺・コメント1】等とあるのは，本文での説明用に筆者が便宜的に割り振ったものである）。

【川辺・コメント1】「自分は傷ついたんだ。ちゃんとそう思っていいんだ」という事実を受け入れること，認めることは容易ではない。時に痛みも伴う。夢の中に何度も現れる「傷ついた赤ん坊や子供」に共感できず，感情が麻痺したようになんにも感じなかったり，できれば逃げ出したい気持ちになる。…（中略）…

　始めの頃は，私が話すことや夢に対して，セラピストが「苦しかったね」とか「傷ついたんだね」という言葉で返してくれるのが，大げさなような気がして，ぴんとこない感じで，違和感が残っていた。しかし，夢分析の時間が終わってしばらくしてから，「ああ，そうなんだ」「そう思っていいんだ」とじわっと心に沁みてきて，やっと，分かってもらえたことを実感として受け止めるような状態だった。私は，自分に共感したり，いたわったりすることに，慣れてい

ないので，受け取ることが難しいし，共感やいたわりを，自分に対して使える
ようになるまで，時間がかかった。でも，そうやって，セラピストに対する信
頼と同時に，傷ついたままだった私の「内なる子供」が，少しずつ私にも心を
開いてくれるようだった。（渡辺，2006，pp. 80-81）

【川辺・コメント2】「このままじっとしていたい」，夢分析を受けるようになっ
てから，そういう内なる声に気がついた。子供の頃から，「自分は要らない存在」
「いつかは捨てられるのじゃないか」という思いから，周り（親）に必要とされ
ることで，自分の存在を確認し，他者を優先するパターンが身についてしまっ
ていた。だから，自分の気持ちを表現することに，罪悪感，自責感，後ろめた
い気持ちが伴う。「このままここにこうしてじっとして，何もしないでただ待っ
ていたい」，それは，「救い出されたい」「受け止められたい」気持ちであり，「成
長したい」欲求の一方にある，自分で歩く（自立する）ことへの抵抗，大人に
なりたくない気持ちであった。相手の望む私でいる限り，自分を隠すことがで
きる。怒り，恨み，妬み，脆くて壊れやすい弱さ，保護を求める依存性，傷つ
いた気持ち，それらをみんな隠して，見せかけの強さを作り上げていた自分が
いた。（同書，pp. 86-87）

【川辺・コメント3】やがて，確かな自分の言葉を持つようになり，気持ちを表
現できるようになるにつれて，今までの世界で生きることは難しくなってくる。
それは，作り上げてきた世界の秩序や定義の崩壊を意味していた。「もうここで
は生きられないよ」「このままここにいたら死んでしまうよ」と，夢が語りかけ
ているような気がした。一方でこの時期は，それまで依って立っていたものが
無くなってしまったような，自分がないような，強い虚無感，無気力感に囚わ
れていた。「もうどうでもいい」「もうこの世に未練はない」「早く終わりたい」，
そういう気持ちがつのり，ただただ表面的に動いて，日常をやっとこなしてい
る状態が続いた。心の動きが止まってしまったような，それでいて，心の深い
ところに哀しみが漂っていて，何かを惜しむように，懐かしむように，泣いた
りした。（同書，p. 114）

【川辺・コメント4】「失ったものは決して戻らない。諦めなければならない」「淋しさや悲しみ，抑うつ感を感じることは劣等感ではないし，自己否定でもない。むしろそれは現実を肯定すること，感じながらそれと共に生きていこう」，そんな考えを私は持てるようになっていた。それが私にはできる。私は私にしかなれない。それ以上にはなれない。親の求めるもの，他者の求めるもの，それは私ではない。私が私であり，自分自身であることが何よりも価値あること，そんな思いが強くなっていた。(同書，p.136)

　【川辺・コメント1】には，傷つきを体験するのがどれほど難しいかが示されている。そして，傾聴し受容するセラピストへの信頼が，抑圧された傷つきの体験を促し支えることが示されている。しかし，【川辺・コメント2】に示されているように，傷つきの体験はあまりに辛いがゆえに隠される。しかも，クライエントは夢分析を通して，単に隠されていた傷つき体験に気づくだけではなく，隠すことによって見せかけの強さを作っていた自分にも気づいてしまう。それは二重の苦しみである。したがって，【川辺・コメント3】に示されるように，傷つきを体験することは，同時に自分を守ってきた世界を失うことでもあり，それゆえクライエントは虚無感と無気力感に囚われる。それは一種の死の体験である。【川辺・コメント4】における「私が私」という覚悟は，そのような死にも等しい痛みの中で自己の苦悩を必死に抱きかかえる壮絶な作業の果てに得られるのである。
　クライエントがこのような死の体験を耐え抜いてくれなければ，結局のところ心理面接など成り立たない。この面でのクライエントの尽力があればこそ，心理面接は有意義なものになる。心理士はこのことを忘れてはならない。心理面接の核心は「科学的アプローチ」等にあるのではなく，この過酷な作業に耐えるクライエントの尽力にある。そして，クライエントがその過酷な作業に耐えるには，心理士もまたその過程を共にしなければならない。心理面接は，心理士だけが安全なところにいて技法を用い，クライエントだけがしんどい思いをするというようなものではない。心理士もまた死の体験を生きなければならない。

もちろん，常にそうだというわけではない。セラピストのほうにも強く死の体験が布置するのは，トラウマに長年苦しめられているとか，重い病や災害などの過酷な体験によって大きな喪失を体験している等により，クライエントが深く絶望し，生きることと死ぬことの間で強く葛藤しているような場合である。しかし，そのような目立った問題が見られなくても，深層ではクライエントの心に生と死の葛藤が生じていることは多い。というのも，心の傷つきを見つめる時，人の心には必然的に深い悲しみと絶望が生じるからである。したがってセラピストは，心理面接の深層に生と死の対立が布置していることを忘れてはならない。クライエントは根本的に，生きることに伴う苦悩ゆえに来談しているのであり，その意味でクライエントは一種の死の体験に直面している。それゆえセラピストも根本的にはそれを生き抜く必要がある。苦悩を傾聴し共感するというのは，実際には一種修行のような過酷な営みである。クライエントは，それに支えられて傷つきを体験し，死の体験へ入っていくが，心理士もまた，それを通して死の体験へ入っていく。むしろ，心理士が死の体験へ入っていくことこそが，クライエントが死の体験へ入っていくのを助けるのである。このことを次に考えよう。

3．セラピストにおける死の体験

ここで紹介するのは，織田（1993）が報告している事例である。クライエントは30代後半の秋子さん（仮名）であり，彼女は，抑うつ気分と自殺念慮のために大学時代にもカウンセリングを受けたことがあったが，1年前から同様の状態になり，さらには太りたくないための食事制限や過食後の嘔吐という問題も生じ，織田のもとに来談した。織田によれば，秋子さんは，「物心ついた頃から母親に，そして父親にも，受け入れられていない」と感じていたが，両親ともそのことには全く気づかず（同書，p.83），それどころか母親は，自分と秋子さんの関係を理想の親子関係と信じ，「私とあなたのような仲の良い親子で将来いられるように，娘をもちなさい」と繰り返しすすめた（同書，p.121）。

織田は，秋子さんの抑うつと死への衝動を聴く時，「沈んだ気持ちになり，繰り返し溜め息をつくよりほかなかった」（同書，p.83）。しかし，「ともかくも逃げずに病者とともに歩もうとする」気持ちを持ち続けた（同書，p. 84）。面接開始１年後には嘔吐の回数が減少し，秋子さんからは，おなかの中に入ってしまった泥水と石ころを全部出さないといけないと思うが，織田に「そのままでいい，自然になくなる」と言われ，そのままいることにする，という夢【秋子・夢１】も報告されるようになった（同書，p.137）。また，この夢に関連して，「淋しいとか思ったことがなかった」という気づきも語られた（同書，p.150）。そして，面接開始後１年２か月頃には抑うつ気分は改善に向かったが，なおも週の後半になると抑うつと自殺したい気持ちに支配される状態が続いた（同書，p.184）。

　その頃，彼女は，「過去に死んだ経験のある子どもと遊んでいる」夢【秋子・夢２】を報告する。夢の中で秋子さんは，以前穴に落ちた時に見守り手がいなかったために死んでしまった経験を持つ２歳ぐらいの男の子と遊びながら，今度その子が穴に落ちる時には自分が受け止めようと思う（同書，p.184）。そして，夢を見た１か月後，彼女は織田への私信で，「今までずっと，ふと気がつくと自分が深い穴に落ちていた。ストンと落ちて，周りが暗くて，ひとりぼっち。（穴の中では）生きているのが辛くなる。自分なんかこの世に生まれてこなければよかったのに，と思い始める。その穴に落ちるのがいやだから，いつも一生懸命何かやっていた。いつも自分を引っぱっていないと負けてしまうそうだった」と述べる（同書，p.185）。

　その頃織田は，どうしたら彼女の死にたい気持ちを共有できるようになれるのかを必死に考え続けていた。そして，面接開始後１年７か月頃に夢【織田・夢１】を見る（同書，pp.187-188）。夢の中で，４階ぐらいある木造の建物の上の階にいる織田は，色白で淋しそうな女性を見，その人のために便所を探そうと思う。しかし，女性は下の階におり，彼は，そこに行くため，苦労して下の階へ通じる暗い穴を発見する。そして，そこへ思い切って飛び込み，ようやく織田は便所に辿り着き，そこにいる女性たちから死にたい思いを聴く。

　他方，織田がこの夢を見る少し前，面接開始後１年半頃，秋子さんは次の夢【秋子・夢３】を見ている（同書，pp.189-190）。夢の中で彼女は，プレイルー

ムのような不思議な場所で，白くて丸いおっぱいのような物体に触って遊んで
いる女の子に出会い，さらにその奥に深い緑色のむくむくした物体で埋め尽く
された部屋があるのを見つけ，そこに身を沈めて心地よい体験をし，「しんどく
なったときに，ここに寝に来ればいいんだ」と思う。そして，寝ようとしてい
る時，そこに来た図書館のおじさんのような男の人に，「ここに来るときは違う
自分になっていいから，自分に違う名前を付けてもいいよ」と言われる。彼女
は，夢の部屋について織田の面接室を連想する。

　この事例において，秋子さんの抑うつと自殺念慮を聴き，織田もまた
抑うつを体験しているが，彼女の死にたい思いへの共有の難しさを体験
している。しかし織田は，その思いについて必死に思いを巡らし，遂に
暗い穴の中へ飛び込む夢【織田・夢1】を見る。いわばそれは，クライ
エントと別次元（上の階）にいる自己を捨て，死にたい思いにぎりぎり
まで接近していこうとすることであり，セラピストにとっては一種の死
の体験であった。しかし，そうして初めて，織田は女性たちの本当の苦
しみを聴くことができたのである。そして，秋子さんの死にたい思いを
必死に共有しようとする織田の努力に連動して，秋子さんの側に，【秋
子・夢3】に見られるように，安心して委ねられる体験や新しい自己を
肯定される体験が生じている。

　織田は，秋子さんから投げ込まれた抑うつ気分や自殺念慮を心の中で
共有しようとし，その中で自己を失うような死の体験をすることで彼女
の死にたい思いを理解し，その背後にある悲しみに身を寄せている。こ
の過程では，織田もまた，自己を失ったり，死にたいほどの悲しみを感
じたりする等，傷つきを体験している。しかし，織田の心の中には，そ
の傷つきに意味を見出し，それを抱え続けようとする心もある。

　グッゲンビュール－クレイグ（Guggenbühl-Craig, A., 1978 樋口・安
溪訳 1981）は，人の心の中には患者としての行動様式を形成する働き
と治療者としての行動様式を形成する働きがあると考え，それを「『治
療者─患者』元型」と呼んだ。その考え方を援用すれば，この場合，織
田の心の中には，傷つき苦しむ「患者」と同時に，それを包み込む「治

療者」がいたと言えるし、このような織田の心の在り方に応じて，秋子さんの心の中にも，穴の中で死に瀕する「患者」を支える「治療者」（【秋子・夢 2】），「患者」を優しく包んで肯定する「治療者」（【秋子・夢 1】【秋子・夢 3】）がいたと言える。このように、心理療法的イニシエーションの過程では、セラピストは「治療者」であると同時に「患者」にならなければならず、クライエントは「患者」であると同時に「治療者」にならなければならない。

　ところで、ここでの動きは，秋子さんから織田へ投げ込まれたネガティブな体験（親に見捨てられた悲しみや怒り）を織田が包み込み，そこに意味を見出して変容させることで，秋子さんもネガティブな体験に意味を見出し，それを包み込んだというふうに，転移／逆転移の次元で理解することもできる。しかし、セラピストは，単に転移／逆転移の次元で死を体験するだけではない。セラピストは，もっと根源的な次元で，すなわち実存的な次元でも死を体験しなければならない。

　このことは，セラピストの実存に関わるだけに，教科書や研究論文ではあまり論じられないが，「元型的な布置（archetypal constellation）」という観点から論じられることがある（河合，1967，p.258）。すなわち，マイアー（Meier, C. A., 1959）によれば，クライエントとセラピストの関係が深まると，2 人の間には両者を類似のパターンに引き込む強力な作用が生じるが，この作用因は厳密にはどちらに帰属させることもできない（それゆえ転移／逆転移のモデルでは捉えきれない）超越的な要因である。彼によれば、この超越的な「布置する要因（constellating factor）」（Meier, 1959，p.27）は元型と考えることができる。この元型によってクライエントとセラピストの間に類似のパターンを持つ現象が布置されることを「元型的な布置」と呼んだ。そして，元型の強力な作用に巻き込まれているクライエントがその意義を意識化するには，セラピスト自身が自己に布置しているパターンを生き抜き，その意義を意識化する必要がある。転移／逆転移を生き抜くには，セラピストは単にその次元にだけ注意を向けるのではなく，元型的布置を生き抜かなければならないのである（河合，2001）。したがって、生と死の対立といった元型的な

布置を生き抜くには，セラピスト自身が実存の次元で死を体験する必要がある。次に，稀有な事例報告を通して，このことを考えよう。

4．生と死の元型と傷ついた治療者

　紹介するのは，岸本（2020）による事例研究である。著書の中で岸本は，9名のがん患者の治療過程についてひとつひとつ丁寧に報告しているが，ここでフォーカスするのは，それら個々の治療過程ではなく，うち2名の患者の治療過程を通しての岸本自身の体験である。そこで岸本は，治療関係の中に布置した生と死の元型の対立的な運動に巻き込まれ，その過程で死と再生のイニシエーションを体験している。

　ところで，なぜ心理面接について論じる本章において，内科医である岸本の報告するがん患者の治療過程を取り上げるのか。その理由は，何よりもその治療が，内科医である岸本が同時に患者の心にも関わる「心理療法のこころみ（試み／心を見る／心を診る／心を観る）」（同書，p.312）としてなされたものだからである。そして，もうひとつの理由は，この事例研究では，単に患者のストーリーだけではなく，岸本自身のストーリーも語られており，その意味で，元型的な布置を生きるセラピストの実存を理解するのに有益だからである。

　ではなぜ岸本は，内科医でありながら心理療法のこころみをするに至ったのか。岸本（2020）によれば，彼のその特異なこころみのスタートは，医学部3回生の時，河合隼雄の著書『明恵 夢を生きる』（京都松柏社）を読んだことにあった。それを読了後1週間，彼は「夢が溢れる」（同書，p.48）状態になり，以降3か月夢の記録を続けた。そして，ちょうどその頃，彼の所属する医学部で自主研修という制度が始まり，彼は河合隼雄のいる臨床心理学教室での研修を希望し，そこで山中康裕の事例研究を聴講し，「本物の治療的関わりとはどういうものなのかを目の当たりにし」，「臨床心理学的なアプローチと事例研究という方法論を取り入れ」，患者の「反応に応じてこちらの対応の仕方を変えながら，良い治療関係を築きつつ診療を行って」いける臨床医になることを決意したのである（同書，p.10およびp.50）。

その後岸本は血液内科でがん患者の治療に携わる医師となり，心理療法的な観点も大切にして患者たちに関わった。具体的には，訪室の時間や頻度を決めておく等の工夫によって治療構造を柔軟に整えつつその守りの中で，出てくる話を自然に受け止めたり，夢や描画を用いて言語を超えたやりとりをしたりしながら（岸本，2020），患者の体験をできる限り受け止め，「共に歩む」（同書，p.31）ことを心がけたのである。以下に紹介するのは，岸本（2020）が報告している事例であるが，それらは彼が医師になって10年以内の比較的若い時に担当したもののようである。そのせいか，そこに描かれた岸本は非常に若々しく初々しく，その姿勢には己の実存をかけた懸命さがうかがわれる。しかし，それゆえにこそ，事例には，岸本のこのような態度に支えられつつ生きる患者の懸命な姿が描かれており，また，その患者の反応を受けつつ生きる岸本の懸命な姿も描かれている。

　X-1年の秋，岸本は，造血不全のため入院となった美砂さん（仮名）の主治医になる。その時には美砂さんは回復して退院となるが，X年4月に発熱して再び入院となる。診断名は急性骨髄性白血病であったが，岸本は美砂さんに不応性貧血と告げ，「骨髄を立て直す」ために抗がん剤治療をすると説明する。途中，他の患者に白血病をほのめかされて看護婦に診断について再確認したり，（実際には元気な）祖父が死ぬ夢を見たりしながらも，抗がん剤治療が奏効し，9月に退院となる。

　その後，根治を目指して骨髄移植が検討され，白血球の型が一致した妹の骨髄液を移植することになり，10月に再び入院となる。11月に入って再発の兆候が見られたため化学療法を行いながら，放射線照射等の準備を経て11月17日に骨髄移植が行われる。骨髄液の点滴中，岸本はずっと傍らで見守りながら，彼女が語る夢を聞く。そこには，外に出られない，思うようにできない等の気持ちが表現されていた。移植後の経過は順調であったが，岸本は，美砂さんのお葬式の夢【岸本・夢1】や，無菌室で口内炎に苦しむ美砂さんに頑張ってと言うことしかできない夢【岸本・夢2】を見る（岸本によれば，お葬式の夢を思い出したのは数年後だったそうである）。そして12月5日，美砂さんの意識

レベルが急に低下し，その後尿が出なくなり，心肺停止となり，日付が変わって間もなく亡くなる。

　それから1週間後，岸本は美砂さんの家族へ依頼のあった書類を送り，その数日後に夢【岸本・夢3】を見る。それは，血液内科の外来の受付に美砂さんが立っており，岸本が話しかけようとすると，彼女は「先生，いろいろとお世話になりありがとうございました」と言うが，岸本は彼女の目を見てうなずくしかできず，肩に手を当てて頭をなでると，彼女は玄関を出て行き，その後を追う岸本が「待っててね，私もそのうちゆくから。人はみんな死ぬのだから……」と言う夢であった（同書，p.178）。岸本は，この夢について，「自分が死ぬべき存在であることを自覚せねばならなかったのではないかと思います」（同書，p.187）と語っている。

　そして，12月の年末頃，美砂さんの父から手紙が届く。その中には美砂さんが書き残したメモ【美砂・メモ】のコピーが入っている。それによれば，彼女は，X年8月3日，同じ病院の産婦人科で生まれた岸本の子どもを見に行き，「あの赤ちゃんの顔を見てたら私も母になりたい，ならなきゃなあって，しみじみ思った。今日のあの一件は私に大きな衝撃を与えた」（同書，pp.178-179）という体験をしている。また，骨髄移植後の11月18日，妹に対して，「貴女の元気な血液の卵が，これから私の体の中でスクスクと活動し始めることでしょう。貴女は人一人の命を救ったのだということを誇りにもってこれからを生きていってほしいと私は願います。この地球に何億と人間は存在しても，私という個人を救えるのは貴女しかいなかった…。そういう元に生まれてきたのかもしれませんね。今，私はとっても元気です。当分顔だけしか見えないけど絶妙なトークはおとろえていないつもりです。今度外へ出たら遠くへ二人でshopping でもいってこようね」（同書，p.179）というメッセージを書いている。

　なお，美砂さんが岸本の子どもを見て衝撃を受けていた時，岸本は，その子に先天性心室中隔欠損があるという事実に直面し衝撃を受けていた。彼は，がんという病に医学的にも臨床心理学的にも迫ろうとしている自分に，子どもの心（心臓）に（文字通り）穴が開くという出来事が起こったのだから，自分の姿勢を「相当考え直さねばならない」と感じ，そこに「どこか守りが薄い部分があるのではないか」と振り返っている（同書，p.183）。そして，その時期に

美砂さんとの記録が残っていないこともふまえ，「心理療法は治療者の生き方も深く巻き込むものであり，問われているのは治療者の生き方のほうなのかもしれません」（同書，p.183）と考えるに至っている。

　同時期，具体的にはＸ年６月頃（４月に入院した美砂さんが抗がん剤治療を行っている最中），白井さんという患者が，白血病細胞が縦隔（左右の肺の間のスペース）に腫瘍を作る病気で入院し，岸本が担当医となり，化学療法が開始される。彼女は，脱毛にショックを受けたり，夫や子どもを心配して「家に帰りたい」と泣いたりしながらも，描画療法を通して岸本と交流したり，美砂さんを含む患者仲間と岸本の子どもを見に行ったり，みずから工作をしたり，時々外泊して「お母さん」役割を果たしたりしながら，４コースの化学治療を終え，12月初めに退院する。その数日後，美砂さんが亡くなる（同書，pp.190-196）。

　その翌年１月に化学療法の定期治療のため入院した際，すでに美砂さんの死を知っていた様子の彼女は，「今回入院するのがすごく嫌だった」と言い，「先生も大変だったね」と岸本を労う（同書，p.196）。また，この入院の際には，夫が優しくなったのは自分の病気が治らないからだろうか，と語っている。そして，３月には再発が確認され，薬剤を変更して化学療法が開始される。ちょうどこの頃，彼女は仲良くしていたＪさんが骨髄移植の後亡くなったのを体験し，「辛いよね……。でも，先生はもっと辛いよね……」と言いつつ，「大丈夫，頑張るから……」と語っている（同書，p.198）。化学療法は無効だったものの，放射線治療が奏効して寛解し，４月に退院となる。しかし，６月に白血病に移行していることが判明し，その治療が開始される。彼女は，入院時に美砂さんの夢を見，入院後６月18日にも美砂さんが一生懸命何か言おうとしている夢を見ている。また，６月29日には，病棟から追い出され出て行くと，後ろから岸本が「白井さん，待って」と声をかける夢を見，さらに７月16日には，美砂さんと病院から出て，行ったこともない彼女の家に行く夢を見る。

　ちょうどその頃，岸本は検診で異常を指摘され，その治療のため１か月仕事を休まなければならなくなる。しばらく病院に来られないこと，しかし医長のＯ先生とＰ先生がきちんと見てくれることを岸本が説明すると，白井さんは涙を流し，どうしたらいいの，という表情をしたそうである。その後すぐ，白井さんに大量の吐下血と発熱が始まり，一時危篤状態になるが，医長のＯ先生と

P先生の懸命の治療で小康状態を得，岸本も手紙を出して力添えをしようとする。しかし，8月8日，彼女は息を引き取る。その直前の8月5日，岸本は白井さんの姉から手紙【白井・手紙】を受け取っており，そこには，白井さんが姉に，「岸本先生を信じて頑張ってきたのに，先生も病気になってしまって，じゃあ，私も病気に負けてしまうかと思ったよ。だけどP先生が来てくれて日に何度も病室を見舞い，詳しく説明してくれるのが嬉しくて，O先生も冗談言ったりして明るくしてくれたり，みんなみんなの先生が守ってくれているし看護師さんたちは本当に親身になって見て下さるし，仕事以外の心のケアーまでしてくれて，私負けたらだめだね」（同書，p.205）と語っていたことが記されていた。

その後，岸本はいくつかの夢を見る。まず，8月12日の夢【岸本・夢4】では，岸本が病棟を歩いて行くと病室に美砂さんがいて，部屋に入ると笑顔を見せてくれ，さらにベッドサイドに行くと妹さん（白井さんのイメージと重なる）と仲良く話しており，その元気な様子に岸本は安心する（同書，p.206）。次に，8月14日の夢【岸本・夢5】では，岸本は田舎のある家を訪ね，出てきたおばあさんに，病院で主治医をしていたものですが，お線香を上げさせてもらえますかと尋ね，許しをもらって中へ入り，線香を上げている（同書，p.206）。そして，8月28日の夢【岸本・夢6】では，イスラーム教徒らしき集団が聖典を読誦しているうち，興奮が高まり，その中の1人の男が生贄として選ばれ，長老と思われる人物に剣で胸を突き刺される（同書，pp.206-207）。

岸本は，自分が休んで間もなく白井さんの状態が悪化したことについて，「自分が休まなければもう少し支えになれたかもしれない，と悔しい思いが湧いてきました。しかし，今振り返ると，これは私の思い上がりでもありました」（同書，p.217）と言い，「みんなみんなの先生が守ってくれているし……（中略）……私負けたらだめだね」という【白井・手紙】の言葉をふまえ，「自分だけが支えであるかのように思っていた自分の傲慢に気づかされました」（同書，p.217）と述べている。そして，「その年の9月に私は仕事に戻りましたが，私の中に，ある確信のようなものが芽生えました。それは，患者さんが此岸に踏みとどまってもう一度やっていけるか，彼岸への橋を渡るかは，結局患者さん自身の存在の深奥で流れる自然の働きで自ずと定まってくるものであり，治

療者の浅はかな計らいで決められる類のものではない，というものでした。これは治療の努力が無意味だと言っているわけではなく，人事を尽くして天命を待つという心境のほうが近いです」【岸本・省察】（同書，p.219）と語っている。

　事例は，生と死の対立という元型的な布置の中で，岸本と患者が死を体験する中で傷つき，その傷つきを抱えながら，互いに支え合う「傷ついた治療者」（Guggenbühl-Craig, 1978 樋口・安渓訳 1981）になっていく過程を示している。岸本と患者の支え合いの過程は，転移／逆転移の次元でも展開しているのかもしれないが，死と再生の過程の全体は，単にその次元でのみ展開しているわけではなく，その根底に布置した生と死の元型的対立への各自の実存的な取り組みによって展開している。すなわち，転移／逆転移の次元を水平的次元とすれば，心理療法的イニシエーション過程の全体は，水平的次元で展開するとともに，治療状況の中に布置した生と死の元型への個々の実存の取り組みという垂直的次元でも展開するのである。患者たちは実際には死の世界へ旅立ってしまうが，【美砂・メモ】や【白井・手紙】は，彼女たちが死に向かいつつ生きることを通して実存的な再生を果たしていたことを示している。そして岸本のほうは実際には生き残るが，その夢の体験は，彼が死者と共に在り，死者の弔いの中で生きていること（【岸本・夢４】【岸本・夢５】），そして，その中で彼もまた死の体験をし（【岸本・夢６】），そうして生と死を巡る厳粛な事実を覚知する（【岸本・省察】）という仕方で再生したことを示している。
　岸本の振り返りは，この過程で死んだのが「自分だけが支えであるかのように思っていた」「傲慢」な治療者であること，しかし，その死によって彼が，人の無力さを知りながらも治療の努力を続ける治療者，すなわち「人事を尽くして天命を待つ」覚悟を持った「傷ついた治療者」として再生したことを示している。彼の言う「人事を尽くして天命を待つ」という言葉においては，人事と天命の間にはとてつもない深淵がある。岸本は，その深淵と，その深淵に必然的に伴う患者と治療者の傷つ

きと悲しみを自覚しつつ,「人事を尽くして天命を待つ」のである。

　ここまで,心理療法的イニシエーションとはどういうものであるのか,主に死の体験にフォーカスして考えてきた。次章では,その再生の側面にフォーカスし,その体験の全体構造について考えたい。

🎸 研究課題

1．河合編（2000）に掲載されている心理療法とイニシエーションに関する様々な論考を読んでみよう。
2．本章で要約を紹介した事例について,渡辺（2006）,織田（1993）,岸本（2020）の実際の報告を読んでみよう。

引用文献

Eliade, M. (1958). *Birth and Rebirth.* Harper & Brothers Publishers. (エリアーデ, M. 堀一郎（訳）(1971)．生と再生　東京大学出版会)

Guggenbühl-Craig, A. (1978). *Macht als Gefahr beim Helfer.* S. Karger AG. (グッゲンビュール-クレイグ, A. 樋口和彦・安溪真一（訳）(1981)．心理療法の光と影　創元社)

河合隼雄（1967）．ユング心理学入門　岩波書店

河合隼雄（2000）.〈総論〉イニシエーションと現代　河合隼雄（編）．心理療法とイニシエーション（pp.1-18）岩波書店

河合隼雄（2001）.〈総論〉心理療法における転移／逆転移　河合隼雄（編）．心理療法と人間関係（pp.1-23）岩波書店

岸本寛史（2020）．がんと心理療法のこころみ　誠信書房

Meier, C. A. (1959). Projection, Transference, and the Subject-object Relation in Psychology. *Journal of Analytical Psychology, 4*(1), 21-34.

織田尚生（1993）．昔話と夢分析　創元社

渡辺雄三（2006）．夢が語るこころの深み　岩波書店

15 │ 心理面接の深層③：超越

橋本　朋広

《**本章の目標＆ポイント**》　心理療法的イニシエーションにおける再生では，無の世界に在りながら有の世界に在る，超越即内在であるような二重世界内存在へ開かれる。この過程では，セラピストは死んでセラピストになり，技法もまた死んで技法になる。この再生の過程について詳説する。
《**キーワード**》　有と無，超越と内在，二重世界内存在

1．クライエントにおける再生の体験

　前章の最後で述べたように，本章では心理療法的イニシエーションにおける再生について詳説する。そこでは人間の存在構造が変化し，それによってこの世界における生が更新される。以下，具体的な事例を見ながら，この再生の全体構造を見ていこう。

　まず，前章でも取り上げた川辺さんの事例（渡辺，2006）を見てみよう。夢分析のプロセスを経て自分に生じた感覚の変化について，川辺さんは次のように述べている。

【川辺・コメント5】今，十歳の頃の孤立無援感や絶望感はもうない。その孤独感や絶望感は，悲しみや淋しさをそのまま率直に味わっている感覚へと変化していった。今は何よりも，自分が自分に繋がっている感じがある。そして，以前に増してもっと，自分は自分になったけども，それと同時に，自分一人だけのものではないという感覚，すなわちどこか遠い深い所と繋がっているような安心感がある。淋しさはあっても，それは，子供の頃の耐え難く，また何かで埋めずにはいられないものではなく，何かに繋がっているという安心感の中で感じるものになっている。

私は私のものだけど，自分を超えたもの，私以外のものでもある。(同書, pp. 178-179)

このような感覚がどのように成立するのか。川辺さんが8年間にわたる全270回の夢分析の最晩期に見た3つの夢は，それを理解するヒントを教えてくれる（夢の後にある［第×回］の×はセッション数）。

【川辺・夢1】友人の女性は踊りを習っている。その発表会が近づいている。彼女のことを，私と男性がサポートしている。男性は私と同じ年位で，外人のようだが日系人らしく，言葉は通じる。友人は発表会に出たくないとそう言う。出場するように，表現するように勧める。「私たち虐待を受けた者は表現しないと生きていけないんだよ。表現することを止めてはいけない」と話しする。ドレスの飾り付けをして会場まで送るが，間に合わなかったようで，参加者が帰って行く。出場する気持ちになっただけでもよかったかなと思っている。［第264回］（同書, pp.181-182）

【川辺・夢2】葬儀がとり行われている。私が「結婚は男と女を超えたものがあるから……」とそう言っている。そこは渡辺先生の家のようである。古いが落ち着いた趣のある雰囲気。私が縁側の雨戸を一枚ずつ開けている。雨戸の一枚が外れて，軒下に立てかけた状態になっている。雨戸を開けると，前は裏庭のようになっていて，大きな川があり，川沿いに家が建っているようだ。川には，ススキやらアシやらの草が生えていて，川というよりは草原のようになっている。まだ水がそこに到達していないようだ。雨戸を開け放ったのが合図のように，そこに水が流れ込んできた。乾燥した草や土が見る間に水に浸されて，濃い緑に変わっていく。川は大きな流れとなっている。裏庭からは上の方の林に小道が通じている。柿の木もある。「こんな風景が毎日見られるなんて先生は幸せだな」と思う。私は，いつまでも，ここからこうして，のんびりと，その風景を眺めていたい気もするが，今日はこれから職場に戻って，皆の前で司会や話をする役割がある。こうもしていられない。［第266回］（同書, pp.185-186）

【川辺・夢3】海岸線を車が走って行く。それは小型の乗用車で，私と子供，Cさんら女性が乗っている。運転しているのは十代から二十代位の若い男性で，Cさんの子供のようである。小型の乗用車にすし詰めの状態になっている。その状況が何かおかしくて私は笑いがこみあげてきている。そこはハワイのようである。海岸線の反対側には高い山脈が連なっている。天気は曇っていて，うっすらと雲が降りてきているので，景色が見渡せないのが残念だ。運転している男性は，無口で実直そうなタイプの人。彼はこの地に来るのが初めてで，何かの花を捜しているらしい。その花を見つけたらしく，車を降りて，その場所に向かう。小さな村の田舎道の草むらの中に，紺青の，その植物があった。花というよりは，十五センチ〜二十センチ位の，少し厚みのある葉が束になって生えている。その鮮やかな色で，花と言われればそう見えなくもない。Cさんは，この村にグループホームを開設する計画を考えているようだ。私にはないその行動力が羨ましい。［第270回］（同書，p.183）

　前章でも説明したグッゲンビュール-クレイグ（Guggenbühl-Craig, 1978 樋口・安溪訳 1981）の「『治療者―患者』元型」の考え方を用いれば，【川辺・夢1】において川辺さんは，「患者」であると同時に「治療者」でもある「傷ついた治療者」となっている。

　【川辺・夢2】では，川辺さんは，セラピストとの深い絆を感じながら，死んだセラピストを弔い，その喪失を抱えつつセラピストと共に生きた時間を振り返るかのように裏庭を眺める（ここでも彼女は，死んだセラピストを悲しむ「患者」でありつつ，死者を見送る「治療者」でもある）。するとそこに，乾燥していた土地が潤い，緑豊かな大地に変貌する風景が現れる。彼女はそれをセラピストの見ていた風景と重ねているが，そのことは，その風景が，彼女がセラピストと共に見てきたものであること，すなわち夢分析を通して彼女が生きてきた死と再生の過程であることを示している。そして，その過程が自然の移り変わりによって象徴されているということは，彼女の視野が，自分の人生全体を循環する自然世界を眺めるかの如くに見渡すほどに拡大したものとなっていることを示している。傷つきの体験による自己の死とその再生の過程を

生き抜くことで，彼女の視点は，生と死の循環する生命世界の全体をいわば外から眺めるほどに超越的なものに変容している。

　夢においてセラピストは死者であるから，いわば彼女は，生と死の変転を超越した死者の目からこの世を見ている。そして，そのような視点からこの世における有為転変を眺めつつ，再びこの世における自己の生に歩み出す。ただし，その際彼女は，この世の役割を，単に生活の糧を稼ぐために仕方なく行ったり，所属する組織から強制されて仕方なく担当したりするような仕方で引き受けてはいない。彼女は，あの世の視点からこの世の全貌を見渡す地点に立ちつつ，この世における役割のかけがえのない価値を自覚し，そうしてその役割を生きようと決意している。それは，「皆の前で司会や話をする役割」である。彼女は，もはやセラピストに支えられる「患者」ではなく，そのような立場を超え，内なる「患者」を自ら抱え得る「傷ついた治療者」となり，さらには，単に自己を癒すだけではなく，他者に奉仕している。かくして彼女は，死者の目からこの世を眺めることで，生と死の循環する生命世界を見，そうして，そのような世界の中で自ら傷つきつつ他者に奉仕する「傷ついた治療者」として生きることに価値を見出し，再びこの世へ歩み出す。

　このような彼女の在り方は，【川辺・夢3】において一層深まる。海岸線を走る車を見る彼女の視線は，世界の外に在って世界の全貌を眺めつつ，同時に世界の内に在る共同存在を見つめている。「女性が多いが，小さな車に一杯乗っていて，面白かった。これまでの人生で自分が会ってきた人たち，そして，自分の一部として自分の中に取り入れてきた人たち，そういう人たちを表している気がする」（同書，p. 184）という夢についての彼女の連想からわかるように，車に乗る人々は，傷ついた彼女が共に支え合ってきた仲間であり，内的には彼女の内なる「患者」を支える内なる「治療者」たちである。いまや彼女は，この（「景色が見渡せない」ほど）広い世界の中で，仲間に助けられつつ自分も仲間を助けて生きていること，すなわち人間が相互に助け合う共同存在として生きていることを自覚し，同時に，そのような人間の生が，広大な生命世界における生と死の循環の一コマに過ぎないほど小さく儚いこと，しか

し，それゆえにこそその生の一瞬一瞬が（思わず「笑いがこみあげて」くるほど）祝福された輝かしいものであることを自覚する。

　ここでの彼女は，もはやセラピストとの関係性という小さな世界を飛び越え，それを後にし，世界の内における共同存在という生の実相を見通すほどに普遍的な地平へ開かれている。その視点は，世界の内に在る小さな人間のそれでありながら，同時に世界を超越して眺める神のそれでもあり，いわば内在しながら超越し，超越しながら内在している。言い換えれば，彼女の存在は，有の世界に在りながら（それを超えた）無の世界（それは有の世界と並行して実体として存在するような世界ではなく，そういう実体としての世界がそこに於いて在るような，すなわち，実体としての有の世界の余白として感得される世界）に在り，無の世界に在りながら有の世界に在るような二重存在，すなわち「二重世界内存在」（上田，1992）となっている。

　そして，それゆえにこそ，彼女の目には，小さく儚い共同存在の営みが，その唯一性と一回性ゆえに一層かけがえのないものに見えてくる。すなわち，彼女は，「無口で実直そうな」若い男性を通して，目立たず小さいけれども，それ自身のありのままの在り方によって存在そのものの輝きを固有の仕方で放つ植物を見，そうして，そのような小さな野の花に寄り添いながら，それが持つ固有の存在価値を発見するような生き方に価値を見出す。また，Ｃさんを通して，傷ついた人々のために迷うことなく行動する意志力の素晴らしさを見（すなわち献身の価値を見），そうして，生と死が循環するこの世界の中で互いに傷つきを抱えつつ助け合う生き方に価値を見出す。こうして彼女は，無の世界から見ることによって（契機ａ），生と死の循環する中で（契機ｂ）「傷ついた治療者」たちが共同存在する（契機ｃ）有の世界にかけがえのない価値を見出し，自分もまた「傷ついた治療者」の１人として共同存在を生きよう（契機ｃ）とするのである。

　【川辺・コメント５】に記された「私は私のものだけど，自分を超えたもの，私以外のものでもある」という彼女の言葉は，有の世界に在って「我は我である」という仕方で生きながら，それを（死者として）無

の世界へ開かれた「我なし」の立場（上田，1992）から見（契機a），そうして見えてくる有の世界の実相（生と死の循環＝契機bと共同存在＝契機c）へ開かれ，自らもその一員たろうとする（契機c），そういう在り方を示している（図15-1〜図15-3に示した『十牛図』の第八〜第十は，この在り方を成り立たせる契機a〜cを直観的に把握するのを助けてくれる）。ここでは，超越することと内在することが隔たりながらも結びつき，有の世界は「有の世界でなくして有の世界」であり，「私」も「我なくして我」である（上田，1992）。世界と自己がこのような在り方へ開かれること。それが心理療法的イニシエーションにおける再生なのである。

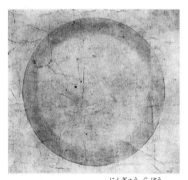

図15-1　第八人牛倶忘

図15-2　第九返本還源

2．セラピストにおける再生の体験

心理療法的イニシエーションを通してクライエントの側に生じる再生は，それを共に生きるセラピストの側にも生じる。それを見ていこう。

前章における織田（1993）の事例において，織田は，淋しそうな女性を援

図15-3　第十入鄽垂手

伝周文筆『十牛図』（京都相国寺蔵）

助するために暗い穴へ飛び込む夢【織田・夢1】を見るほどに，どうしたら秋子さんの死にたい気持ちを共有できるのか必死に考え続けた。ここには，クライエントが死の体験を生きる時，セラピストもまた死の

体験を生きることが示されている。また，前章では，そのような織田の努力と並行して，秋子さんの内に傷ついた「患者」を癒す「治療者」が生じたことも確認した。これが，治療開始1年半から1年7か月頃の出来事であった。そして，治療開始2年3か月頃，秋子さんは次のような夢を見る。

【秋子・夢4】私は病院に入院して，ベッドの上に坐っている。夫がそばにおり，看護婦さんが二人ベッドの脇に立ち，病院生活の注意などを話している。私のおなかには，おへそのあたりに，横に十五センチメートルぐらいの傷があって，そこから血が出ている。看護婦さんは，「これから受ける手術は二つあります」と言う。今の傷はこれからすごく痛んでくること，痛みに身をまかせているしかないこと，「力を入れすぎるとよけい痛くなるよ」とか，二人の看護婦さんが話してくれる。それから食事が運ばれてくる。(同書，p.270)

【秋子・夢5】私は広いごちゃごちゃした部屋にいて，家族のそばで先生（治療者）に手紙を書いている。大きな画用紙のような紙に，字やマンガのような絵がたくさん描いてあり，「悲しい」という言葉があちこちにある。なぜか私と同い年の近所の主婦（気さくな悩んだりしない人）がおり，私の書いたものをちらっと見て，「明るい顔してんのに，随分悲しいんだね」と，けろっとして言う。これから，私の家族（私の両親と私と男の子）とこの主婦の家族とが一緒に食事をするらしい。(同書，p.271)

　【秋子・夢4】では，秋子さんは，看護婦たちに象徴される内なる「治療者」に支えられて，内なる「患者」として真正面から痛みを感じようとしている。すなわち彼女は，内なる「治療者」としてみずからを支えつつ，内なる「患者」を生きようとしているわけであり，その意味で「傷ついた治療者」として生き始めている。また，【秋子・夢5】では，彼女自身は悲しみに囚われているが，近所の主婦は「けろっと」した様子で彼女の悲しみを見ており（すなわち対象化して眺めており），しかもその二人はこれから共に食事をする。ここにも，悲しむ内なる「患者」

と，それを冷静に捉える内なる「治療者」が共存している。彼女の連想によれば，ここでの悲しみは，治療者である織田が「私から離れていくような気がして」（同書，p. 271）感じたものであるが，夢は，そのような分離の悲しみの中にありながら，彼女がすでに分離を支える仲間と共に在ることを示しており，その意味で彼女は，ここでも「傷ついた治療者」として生き始めている。

　すなわち彼女は，セラピストがいなくても，共に生きる仲間と支え合いながら自分自身で傷つきを抱えることができること，さらには，そういう仕方で生きることで，セラピーという限られた世界を超えたより広い共同存在の世界へ開かれ得ることを（これが真に自覚的かつ実践的に生きられるにはまだ時間がかかるにせよ，先取的に）直観しているのである（川辺さんの事例と比べると，この時点においてはまだ「有の世界なくして有の世界」「我なくして我」は十分に実現されていないが，それでも有の世界の実相が潜在的に把握されているという点で，その「直観」はすでに「我なくして我」の萌芽である）。

　では，このような秋子さんの再生（への萌芽的な）体験を共にし，織田にはどのような体験が生じたのであろうか。織田の著書の主要テーマは，「深く傷つきながらも，自らの内なる大きな課題にたいして，逃げずに対決している女性たちのことを，心の成長と人の心はどのようにして癒されるかという主題とともに検討」（同書，p. 271）することにあるので，その点に関する織田自身の体験は詳しくは語られておらず，十分にはわからない。しかし，その体験を理解するヒントは示されている。織田は，秋子さんを始めとして，深い傷つきを体験しながらも自己の傷つきに正面から向き合い，それを通して癒しを体験した女性たちの生き方，さらには，彼女たちと類似する仕方で傷つきからの癒しを体験した昔話のヒロイン（「蛇婿入り」「鉢かずき」「手なし娘」）の生き方を詳細に検討し，最後に次のような言葉を述べている。

現代の蛇婿入りの娘や鉢かづきや手なし娘たちの生き方は，私たち自身の人生を改めて振り返らせてくれる。いや，これらの女性たちが体験した苦しみや困

難は，私たちの人生そのものであると思われる。(同書，p.271)

　織田の言葉は，彼が，単に援助者の立場に立つだけではなく，自己自身もまたクライエントと類似の問題と課題を抱えつつ，共に学び合うことを通して各自がその問題と課題に取り組むような，そういう共同存在の立場にも立っていることを示している。【織田・夢1】において，内なる「患者」としての死にたい女性から話を聴いた織田は，いわば，自己自身の心の奥に隠された死にたい気持ちに触れたのであり，その意味で，織田もまた，自己の実存を懸けて己の傷つきと向き合い，それがどうしたら癒されるのかを考えたと思われる。そうしてクライエントの再生の過程を共にしたからこそ，上記のような立場に開かれたのであろう。しかし，著書の中では，この立場に立つことによってセラピストに開かれた体験の全体構造がどういうものなのか（すなわち，その体験がどのように成立しているのか），そして，その体験はセラピストにとってどういう意味を持つのか，といったことについては十分に検討されていない。そこで次に，前章でも取り上げた岸本による死と再生の体験をもとに，このことを検討しよう。

　前章で見たように岸本は患者との関わりを通して死の体験をしているが（岸本，2020），その体験は【岸本・夢4】【岸本・夢5】【岸本・夢6】に集約的に表現されている。すなわち，【岸本・夢4】では，岸本は亡くなった美砂さんや白井さんと共に生きているが，【岸本・夢5】では，亡くなった人を供養している。すなわち彼は，生者でありながら死者と共に生き，死者と共に生きながら生者として死者を供養しているわけである。この場合の「死者と共に生きる」は，単純に死者と共に在るということではなく，生者／死者の区別を超えたところで共に在ること，すなわち生／死の区別を超えた次元での共同存在を示している（それゆえに【岸本・夢4】における美砂さんと白井さんは本当に生き生きとしているのであり，岸本も本当に安心している）。その意味で，ここにも，川辺さんの再生体験で見たのと同じような，有の世界に在って「我（生者）は我（生者）である」という仕方で生きながら，それを無の世界へ

開かれた「我なし（死者）」の立場から見，そうして見えてくる有の世界の実相へ開かれ，自らもその一員たろうとする，という在り方が示されており，有の世界は「有の世界なくして有の世界」となり，生者としての岸本は「我（生者）なくして我（生者）」となっている。

　そして，こうした在り方は，続く夢においてさらに深められる。すなわち，【岸本・夢6】では，イスラーム教徒の1人の男が長老に殺されるが，これは一種のイニシエーションにおける死，犠牲という形での死を示している。イスラーム教は岸本にとって深い意味を持ち，彼は，「言語学を起点に，イスラーム哲学，後には東洋思想の共時的構造化に取り組」んだ哲学者である井筒俊彦に「学生時代から深く影響を受け」（同書，p.3），イスラーム教の聖典である『コーラン』の言語表現に関する井筒の解釈を応用して患者の語りの水準や意識水準の変化を捉える仕方を発展させる等，自身の心理療法的関わりにも活用している（同書，pp.129-135）。このことを踏まえると，夢の長老は井筒でもあるとも見なせるので，岸本は井筒に殺されたとも言えるが，おそらくそれは，岸本の狭い視点（および，それに基づく限定された在り方）が非常に巨視的な視点（および，それに基づく無限定な在り方）によって殺されたということを示している。そして，岸本の振り返りは，この狭い視点に基づく限定された在り方が，「自分だけが支えであるかのように思っていた自分の傲慢」（同書，p.217）であったことを示している。さらに岸本は，【岸本・夢6】に続けて次のような夢を見ている。

【岸本・夢7】NHKで『ハディース』（コーランと並ぶイスラームの聖典）の特集番組があり，井筒俊彦先生が解説をされている。そのなかで若いイスラーム学徒の翻訳が取り上げられ，解説を加えられていた。（場面が変わって）井筒先生にどうぞおかけくださいと言われ，向かい合わせで座る。今はこんなものを読んでいるんです，と日本書紀を差し出され，なかなか難しくてと言われる。「私は医者でして，患者さんの言葉を理解するうえで井筒先生の視点と言いますか，見方がすごく教えられるところが多くて……」「そうでしたか」。奥様がお茶とお菓子をもって来てくださる。「なかなか甘いですよ」と先生。いつの間にか井

筒先生はうどんを召し上がっておられる。テーブルの上にこぼれたうどんを拾って食べられる先生の姿を拝見して，ほっとした気持ちになる。(同書，p.207)

　井筒が試みている「東洋思想の共時的構造化」は，西洋思想も射程に収めながら，東洋思想の全貌を見渡すことを可能にする核心構造を捉えるものであり，その意味でその思想は，意識論的・存在論的に有と無の全貌を捉えている（井筒，1991）。それゆえ，井筒の著書は，それを読む者をとてつもない超越的な地平へ導く。そして，その視点は，本章で論じてきた「無の世界へ開かれた『我なし（死者）』の立場」に通じている。夢では，そのような井筒が若い学徒の翻訳を解説するわけであるから，それは，そのような超越的な視点から若い学徒の視点が検討され，相対化されている，ということを示している。岸本自身，井筒の思想を応用する者であるわけなので，若い学徒は岸本でもあるし，また，夢の井筒は，岸本の見ている井筒の視点であるから，夢における井筒の視点は岸本の視点でもある。ここにも，若い学徒（我）として有の世界に生きながら，それを無の世界から見るということとしての「我なくして我」が成立している。だが，この時点ではまだ，「我なくして我」は，若い学徒の「我は我」の視点と井筒の「我なくして」の視点とに分断されている。
　ところが，次の場面では，その井筒は，『日本書紀』を読むのに苦労し，奥さんに世話され，子どものように甘いものを堪能し，かと思えば今度は（甘すぎたのか）うどんを食い，挙句の果てにそのうどんをこぼし，また拾って食べている。ここで井筒は，この世の中に，まったく無邪気な親しみやすい凡庸な姿で現れており，そういうものとして岸本と共にこの世の生を楽しみ，そうして岸本を安心させ，癒している。ここでの井筒は，「我なくして」無の世界から見ながら，同時に「我」として有の世界に在り，そういう「我なくして我」として，若者との出会いを楽しみ，そういう仕方で「有の世界なくして有の世界」における共同存在を楽しんでいる。そして，ひとりの若者である岸本も，「有の世界」における「我」として在りつつ，同時にそのような井筒に導かれて，「有

の世界なくして有の世界」における「我なくして我」へ開かれ，医者としての立場から解き放たれてほっとしている。

このような地平から見られる時，人は，有の世界における有為転変，生と死の移り変わりや我と汝の出会いを，とても儚く，しかし尊いものとして体験する。言い換えるなら，この小さき「我」は，有の世界における生と死の移り変わりをどうこうすることはできないけれども，その貴重な一瞬一瞬の出会いを大切に生きることができる，だから，「我は我」という執着を捨て，「我なくして我」として，その世界の一員として生きよう，という思いが芽生える。【岸本・省察】における「人事を尽くして天命を待つ」とは，このような境地を言い表していると考えられる。

最後に，この夢の興味深いのは，井筒と岸本の出会いが，「哲学者」と「医者」の出会いである点である。すでに見たように，この夢における井筒の視点は，大哲学者とは正反対のまったく平凡なお爺さんになることで，十全な「我なくして我」となっているが，それは，言い換えれば，「大哲学者でなくして大哲学者」となるということでもある。同様に，自分を医者として紹介する岸本は，その時点ではまだ医者という立場から学問的な話をしているが，最後には，医者の立場を離れ，広く深い視野を持つけれどもただの平凡なお爺さんと一緒にいて安心するただの若者になっている（裏を返せば，人の死に出会うという苦悩に直面し，素直に悩み苦しみながらそれを受け入れる視点を求める若者）。すなわち，井筒が「大哲学者でなくして大哲学者」となるのに呼応し，岸本は，「医者でなくして医者」になり，そうして「我なくして我」の境地へ開かれている。

以上からわかるように，岸本は，死の体験を通して，最終的に「医者でなくして医者」という地平（「天命を待つ」地平）にまで開かれ，それによって，（それが死者であろうが生者であろうが，傷つきながらも必死に自らを癒そうとしている「傷ついた治療者」としての）患者と共に在ろうとする「傷ついた治療者」として「人事を尽く」そうとするのである。

この岸本の再生の体験は，真にセラピストであるということはどういうことかを示してくれる。すなわち，真にセラピストであるということは，「セラピストでなくしてセラピスト」であるということであり，セラピストとして生きるためには，セラピストとして死ぬことが必要なのである。なぜなら，その契機がなければ，セラピストはいつまでも「自分だけが支えであるかのように」思ったり，有効な技法を「適用」してクライエントを操作しようとしたりする「傲慢」に囚われ，かえってセラピストであることから遠ざかっていくからである。真に患者の傷つきと癒しに開かれようとするのであれば，セラピストには，技法等を云々する前に，「技法によって自分が治す」といったような姿勢そのものを殺す覚悟が求められる（これは技法が無駄であるということを意味しているのではない。技法に対するセラピスト側の態度についての話である。しかし，技法もまた「技法なくして技法」になる必要があり，その意味では技法を殺す覚悟も求められる）。心理療法的イニシエーションにおける再生を通して，セラピストは「セラピストなくしてセラピスト」になるのである。

3．心理療法的イニシエーションと技法

　最後に，ここまでの考察と関係づけながら，本書の主要テーマである心理面接の技法について，それとセラピストであることとがどういう関係にあるのか，考察を深めたい。

　まず，改めて言うまでもないが，心理面接において技法は非常に重要である。本書でも，治療構造や様々な技法について解説がなされてきた。しかし，ここで重要なのは，それらは単なる守るべき規則であったり，他者操作のための技術であったりするのではない，ということである。

　たとえば，前章と本章で紹介した事例では，セラピストは夢分析という技法を用いている。夢分析をする場合，当然セラピストは，夢を解釈し，そこからクライエントの心理を読み取る技能がなければならないが，それ自体は，たくさんの本を読んだり，夢分析に関するセミナーに参加したりすることで，ある程度できるようになるかもしれない。しかし，

夢分析は，それだけでは成立しない。

　まず，そもそもクライエントが夢を見続けるということ自体，心理療法とセラピストに対する信頼感がなければ起こらない。また，夢を話し続けるということも，夢を聴き，それに反応するセラピストの態度や言葉を通して，クライエントの側に，深く共感してもらえたとか，理解してもらえたとかいう体験が生じなければ起こらない。さらに，事例からわかるように，夢はそれを見る者の傷つきを露にするので，クライエントは，それについて語る時，一種死にも等しい傷つきを体験する。したがって，そのような時でもセラピストがしっかり支えてくれているという体験がなければ，夢分析は頓挫してしまう。

　このように，夢分析が成立するには，それに取り組む時にクライエントが体験するだろう痛みや苦しみをセラピストが敏感に察知し，その都度必要な支えを提供できなければならない。また，夢は，痛みや苦しみを露にするのと同じぐらい，痛みや苦しみを和らげるために幻想を作り出すがゆえに，夢への逃避ということも起こり得ることを理解し，そのようなことが生じている時に，その背景にある痛みや苦しみを理解しつつ，慎重に軌道修正することもできなければならない。そして，セラピストがそれをするには，クライエントが夢分析で体験するだろう痛みや苦しみを「想像」することができなければならない。このような（他者との関係を生きながら，他者の傷つきとそれを契機にして構成される関係を見通していく）想像力（心理療法的想像力）は，単に本を読んで知識を学んだり，研修で技法を練習したりするだけでは身につかない。心理療法的想像力は，みずから夢分析に取り組み，それに伴う痛みや苦しみを味わいながら，それをやり抜く体験がなければ身につかないのである。つまり，夢分析をするためには，セラピストはその技法を血肉化しなければならない。

　これは，夢分析以外の他の技法を用いたりする場合でも同じである。たとえば治療構造という発想の背景には，心理療法において生じる生々しいクライエントの反応に悪戦苦闘し，その中で何とかクライエントと自分の内省機能を確保しようとした先人の努力がある。すなわち，心理

療法では，その取り組みに痛みが伴うゆえ，クライエントは傷つきの内省に向かうより，親子関係や恋人関係や師弟関係のような直接的な関係を作ろうとし，セラピストもまたついそれを実現したくなるが，それでは双方とも，傷つきに目を向け，それを癒すということに取り組めなくなり，結局双方が傷つけ合うだけになってしまう。治療構造は，人間関係に生じる激しい愛憎を，逆にそれを通して深く内省へ導くために考案された工夫なのである。したがって，治療構造を構築する技能も，そのような生々しい体験を通して血肉化されなければならない。

　この血肉化は，2つの過程によって進行する。ひとつ目の過程では，セラピストは，個人的な見解に基づいて勝手にクライエントの生き方を判定するような恣意的な在り方を否定し，夢であれば夢，語りであれば語りにありのままに示されたクライエントの生き方を見ていくように訓練される。そうして，普遍的な技法を通して，より公平な目でクライエントの生き方を見るセラピストになる。ここでセラピストは，技法の修得によって訓練されたセラピストであるがゆえにセラピストであり，その意味で「セラピストはセラピスト」という立場に立っている。セラピストの実存は技法によって否定され，心理療法を展開させる主体は，個人としてのセラピストにあるというより技法にある。

　しかし，ここまで見てきたように，心理療法的イニシエーションとしての実際の心理療法において，セラピストは，技法を媒介としつつ心理療法的想像力を用いてクライエントの傷つき体験へ入っていき，そうして自己自身の内なる「患者」に触れる死の体験をし，「傷ついた治療者」になっていく。そして，クライエントも，これに呼応して「傷ついた治療者」になっていく。ここでは，それまでセラピストを否定し，心理療法を普遍的な形に構造化していた技法は，心理療法的想像力を用いて他者との共同存在へ自らを開いていくセラピストの実存的な運動へ取り込まれ，一種の個性的な生き方へ変容する。こうして，誰もが利用できる普遍的方法としての技法は，心理療法的想像力を生きるセラピストの実存によって否定され，そうして実存の内に血肉化され，単なる技法を超えた，「技法なくして技法」であるような技法に生まれ変わる。

第 15 章　心理面接の深層③：超越 | **265**

　かくして，心理療法的イニシエーションにおいては，クライエントとセラピストだけではなく，技法もまた死と再生の過程を歩む。セラピストがセラピストであるには，その過程を通して常に「セラピストなくしてセラピスト」「技法なくして技法」の地平へ開かれなければならないのである。

研究課題

1．上田（1992）を読み，二重世界内存在について理解を深めよう。
2．井筒（1991）を読み，有と無について理解を深めよう。

引用文献

Guggenbühl-Craig, A. (1978). *Macht als Gefahr beim Helfer*. S. Karger AG.（グッゲンビュール-クレイグ，A．樋口和彦・安溪真一（訳）（1981）．心理療法の光と影　創元社）
井筒俊彦（1991）．意識と本質　岩波書店
岸本寛史（2020）．がんと心理療法のこころみ　誠信書房
織田尚生（1993）．昔話と夢分析　創元社
上田閑照（1992）．場所　弘文堂
上田閑照・柳田聖山（1992）．十牛図　筑摩書房
渡辺雄三（2006）．夢が語るこころの深み　岩波書店

索 引

●配列は五十音順。＊は人名を示す。

●あ 行

アクスライン＊　15, 202
遊びの象徴的意味　201
アタッチメント（愛着）　65
集めの要約　113
アドラー＊　200
アドラープレイセラピー　214
アンナ・フロイト＊　201
アンナ・フロイト―メラニー・クライン論
　争　201
アンビバレンス（ambivalence）　98, 101
異化　209
移行対象　201
維持トーク（sustain talk）　103
位相モデル（phase model）　185
市川浩＊　219
イニシエーション　233, 234
意味ある文脈　71
陰性転移　90
インテーカー　41, 56
インテーク会議　43
インテーク面接　41, 42
ウィニコット＊　201
打ち明ける　154
エナクトメント　93, 222
エリクソン＊　203
円環的質問　178
円環的因果律　164
O（オー）　95
オープンクエスチョン（Open question）
　109
オグデン＊　94
親子並行面接　52
オンライン会議システム　229

オンライン面接　229

●か 行

カーネマン＊　67
解決志向（solution oriented）　116, 122
外傷的イヴェントの影響　70
ガイドスタイル　103
家族システム　189
課題モデル（task model）　186
かたる　153
カタルシス　210
葛藤　62
体　219
からだのワーク　212
カルフ＊　202
玩具の選定　210
関係（作業同盟）作り　208
関係性　83
願望（Desire）　105
器官言語　152
聞き返し（Reflective listening）　111
傷ついた治療者　233, 248, 253
記念日反応　185
技法なくして技法　264
逆転移　91
キャンセルポリシー　16
教育分析　93
共感　18, 24
境界（boundary）　165
共感的理解　24
共同注視　230
共同存在　253, 254, 255
協働的実証主義　135
強迫性障害　222

索引 | **267**

空間象徴理論　227
クライエント情報　48
クライエント中心療法　202
クライエントの理解　50
クライン*　201
グリーフケア（grief care）　184
グリュンヴァルト*　227
クローズドクエスチョン（closed question）
　109
傾聴　24
ケースフォーミュレーション　61, 135
元型　95, 201
元型的な布置　233, 242
言語的コミュニケーション　211
現象学　218
現象的身体　220, 224
構造派家族療法　165
行動実験　138
声を聞く　155
5歳の少年の恐怖症の分析　200
子どもの悲嘆　190
子どもの悲嘆反応　190
コンステレーション　95

●さ　行
再生の体験　250, 255
サリヴァン*　62
サルトル*　219
三項関係　230
3世代のジェノグラム（家族関係図）　65
サンドプレイ　202
参与観察　63
自己一致　36
思考記録表　136
自己内対話　29
指示スタイル　103
死者の目　253

システム1（ファスト回路）　67
システム2（スロー回路）　67
システム論的アプローチ　164
視線　230
舌だし模倣　225
実行チェンジトーク（CATs：キャッツ）
　107
自動思考　73, 134
児童分析　201
児童養護施設　214
死と再生　233, 234
死の概念　190
死の体験　235, 239
ジノット*　202
死別　182
集合的無意識　95
集団プレイセラピー　202
自由連想　89
主観的自己感（間主観的自己感）　225
主訴　48
準備チェンジトーク（DARN）　105
象徴表現　202
少年ハンス　200
初回　41
初回面接　41, 209
事例検討会　92
新型コロナウイルス　200
身体表現性障害　222
身体　217
身体感覚　67
身体図式　226
心的外傷後成長（posttraumatic growth；
　PTG）　193
心的外傷体験（トラウマ）　222
心理面接　10
心理面接の設定　61
心理療法　24

心理療法的イニシエーション　233
心理療法的想像力　263, 264
スーパービジョン　92
スキーマ　134
スクイッグル　201
生育史的枠組み　71
成育歴　64
制限　211
精神力動（phychodynamics）　62
精神機能（心の働き）　70
生と死　233, 239, 248, 253
生と死の循環　254, 255
世代間境界　164
是認すること（Affirming）　110
セラピストが子どもと一緒に遊ぶこと　205
セラピストでなくしてセラピスト　262
セラピストなくしてセラピスト　262
セラピストの成長過程　213
セラプレイ　214
前エディプス期　200
遷延性悲嘆症（prolonged grief disorder）　183
相互性　233, 234
喪失（loss）　182
相談申込書　48

●た　行
体験過程　25
第三のもの　93
対自身体　220
対人関係療法　62
対他身体　220
対人関係のパターン　63
ダギーセンター（The Dougy Center）　196
脱中心化　143
ためる　151

段階モデル（stage model）　185
単純な聞き返し　112
チェシック*　63
チェンジトーク（change talk）　103
血肉化　264
中間領域　201
中核信念　73
超越　254, 255
超越と内在　250
直線的因果律　176
治療構造　13, 85
「治療者―患者」元型　241
治療動機　98
沈黙　155
沈黙のなかの声　155
追従スタイル　103
つなぎの要約　113
出会い　41, 43
出会う　43
提携（alignment）　165
抵抗　101
転移　88
転移／逆転移　242, 248
転換の要約　114
動機づけ面接　98
同盟（alliance）　167
トートバッグ・プレイルーム　209
トラウマ・インフォームド・ケア　71

●な　行
内因　221
内在　254, 255
内的な枠　19
ニーズ（Need）　106
二重過程モデル（dual process model）　187
二重世界内存在　250, 254
日時と場所が安定している原則　207

認知行動的ケースフォーミュレーション　72

認知行動療法　134

認知行動療法的ケースフォーミュレーション　62

認知再構成法　136

認知モデル　73, 134

能力（Ability）　106

遺される子ども　192

●は　行

パーソナルスペース　226

パーソニフィケーション　62

媒介信念　73

吐き気　151

吐く　152

箱庭療法　205

発達プロファイル　63

話す　153

パワー（power）　165

パンクチュエーション　164

ヴァン・デア・コーク＊　222

ビオン＊　95

非言語的交流　160

非言語的な側面　211

ヒステリー　221

ヒステリー研究　87

悲嘆（grief）　183

非認知的能力　200

表現　150

表現の位相　223

ビリーブメントケア（bereavement care）　184

不安の源泉　62

フーク＝ヘルムート＊　201

フォナギー＊　65

複雑性悲嘆（complicated grief）　183

複雑な聞き返し　112

布置する要因　242

フッサール＊　219

普遍的無意識　201

ブリーフセラピー　116

プレイセラピー　200

プレイルームの構造　207

フレーム（frame）　171

ブロイアー＊　87

フロイト＊　200

分析的第三者　94

ベイトマン＊　65

ベルクソン＊　219

ホイジンガ＊　206

防衛機制　92

保護者との関係　212

本当の自己　25

●ま　行

マインドフルネス　143

間違い指摘反射　102

身　219

見立て　41, 62, 85

ミラーの法則　206

無の世界　254

無条件の積極的関心　34

メスメル＊　86

メタサイコロジーによる評価　63

目に見えない枠　17

メルロ＝ポンティ＊　219

面接構造　214

喪の課題（tasks）　186

ものがたり　154

喪の作業（mourning work）　186

問題解決　116

問題解決志向（problem oriented）　121

●や　行

8つの基本原理　203

遊戯療法　202

有と無　250

有の世界　254, 255

ユング*　200

養育者のメンタライジング機能　65

陽性転移　88

要約すること（Summarizing）　113

予期悲嘆　183

よそ者的自己　65

●ら　行

来談動機（主訴）　207

来談の経緯　68

ラポール　85

ランク*　200, 202

ランドレス*　205

ランバート*　86

力動的ケースフォーミュレーション　62

リソース（resource）　116, 123

リフレーミング　164

リフレーム（reframe）　173

リミットセッティング　13

理由（Reason）　106

両面を持った聞き返し　108

臨床心理面接　9

例外探し　116

レジリエンス　188

連合（coalition）　167

連想テキスト法　67

ローエンフェルドの世界技法　201

ロジャーズ*　202

ロスライン（Loss Line；喪失曲線）　195

●わ　行

枠　13

我なくして我　255, 259, 260, 261

分担執筆者紹介

(執筆の章順)

大山　泰宏（おおやま・やすひろ）
・執筆章→第 1・5・13 章

1965 年	宮崎県に生まれる
1997 年	京都大学大学院教育学研究科博士課程研究指導認定，京都大学高等教育教授システム開発センター助手
1999 年	京都大学高等教育研究開発推進センター准教授
2008 年	京都大学大学院教育学研究科准教授
現　在	放送大学教授，博士（教育学），臨床心理士
専　攻	心理臨床学
	2025 年 4 月より学習院大学文学部教授
主な著書	『心理療法と因果的思考』（共著）岩波書店
	『セラピストは夢をどうとらえるか―五人の夢分析家による同一事例の解釈』（共著）誠信書房
	『日常性の心理療法』（単著）日本評論社
	『生徒指導・進路指導（教職教養講座　第 10 巻）』（編著）協同出版

波田野　茂幸（はたの・しげゆき）
・執筆章→第 3 章

1967 年	新潟県に生まれる
1993 年	早稲田大学大学院人間科学研究科健康科学専攻修士課程修了（人間科学）
2007 年	国際医療福祉大学大学院医療福祉学研究科臨床心理学専攻准教授を経て
現　在	放送大学准教授，臨床心理士，公認心理師
専　攻	臨床心理学，児童思春期臨床，教育相談臨床
主な著書	『介護現場のストレスマネジメント　組織のラインケアによるスタッフへの支援』（分担執筆）第一法規
	『心理カウンセリング序説― 心理学的支援法―』（分担執筆）放送大学教育振興会
	『インクルーシブ教育システム時代の就学相談・転学相談一人一人に応じた学びの実現を目指して』（分担執筆）ジアース教育新社
	『臨床心理学特論〔新訂〕』（分担執筆）放送大学教育振興会
	『心理と教育へのいざない〔新訂〕』（分担執筆）放送大学教育振興会

村松　健司（むらまつ・けんじ）
・執筆章→第 4・12 章

1966 年	長野県生まれ
1989 年	信州大学教育学部教育学科卒業
1992 年	千葉大学大学院教育学研究科修士課程修了　博士（教育学）
現　在	放送大学教授，臨床心理士，公認心理師
専　攻	臨床心理学，福祉心理学
主な著書	『遊びからみえる子どものこころ』（分担執筆）日本本評論社
	『遊戯療法：様々な領域の事例から学ぶ』（分担執筆）ミネルヴァ書房
	『施設で暮らす子どもの学校教育支援ネットワーク「施設―学校」連挑・協働による困難を抱えた子どもとの関係づくりと教育保障』（単著）福村出版
	『心理学的支援法』（分担執筆）遠見書房
	『福祉心理学』（共編著）放送大学教育振興会
	「児童養護施設入所児の保育所利用等の二重利用について」（共著）放送大学研究年報第 42 号

高梨　利恵子（たかなし・りえこ）
・執筆章→第 4・8 章

東京都に生まれる
2000 年	早稲田大学文学研究科修士課程心理学専攻修了
2016 年	千葉大学大学院医学薬学府博士課程認知行動生理学教室修了　博士（医学）
現　在	放送大学教養学部准教授，臨床心理士，公認心理師
専　攻	臨床心理学
主な論文・著書	Takanashi, R., Yoshinaga, N., Oshiro, K., Matsuki, S., Tanaka, M., Ibuki, H., … Shimizu, E. (2020). Patients' perspectives on imagery rescripting for aversive memories in social anxiety disorder. *Behavioural and Cognitive Psychotherapy*,48(2), 229-242. doi: 10.1017/S1352465819000493
	『行動医学テキスト　第 2 版』日本行動医学会編（分担執筆）中外医学社
	『集団認知行動療法マニュアル』中島美鈴・奥村康之編，関東集団認知行動療法研究会著（分担執筆）星和書店ほか

佐藤　仁美（さとう・ひとみ）

・執筆章→第9章

1967 年	静岡県に生まれる
1989 年	日本大学文理学部心理学科卒業
1991 年	日本大学大学院文学研究科心理学専攻博士前期課程修了
現　在	放送大学准教授，臨床心理士，芸術療法士，公認心理師
専　攻	臨床心理学
主な著書	『イメージの力』（編著）放送大学教育振興会
	『色を探究する』（共編著）放送大学教育振興会
	『色と形を探究する』（共編著）放送大学教育振興会
	『音を追究する』（共編著）放送大学教育振興会
	『心理と教育へのいざない』（共編著）放送大学教育振興会

小林　真理子（こばやし・まりこ）

・執筆章→第11章

	香川県に生まれる
1986 年	上智大学文学部心理学科卒業
2018 年	東京医科歯科大学大学院医歯学総合研究科心療・緩和医療学分野博士課程修了
2011 年	放送大学准教授，2019 年放送大学教授を経て
現　在	聖心女子大学教授，放送大学客員教授，博士（医学），臨床心理士，公認心理師
専　攻	臨床心理学，児童臨床，がん緩和ケア
主な著書	『がんとエイズの心理臨床』（共著）創元社
	『心理臨床実践―身体科医療を中心とした心理職のためのガイドブック―』（共著）誠信書房
	『保健医療心理学特論』（編著）放送大学教育振興会
	『臨床心理面接特論Ⅰ』（共編著）放送大学教育振興会
	『臨床心理面接特論Ⅱ』（共著）放送大学教育振興会
	『心理臨床と身体の病』（編著）放送大学教育振興会
	『乳幼児・児童の心理臨床』（共編著）放送大学教育振興会
	『臨床心理学概論』（共著）放送大学教育振興会

編著者紹介

丸山　広人（まるやま・ひろと）　・執筆章→第 2・6・7・10 章

1972 年	石川県に生まれる
2002 年	東京大学大学院教育学研究科博士課程修了
2003 年	東京大学大学院教育学研究科助手
2005 年	茨城大学教育学部助教授
現　在	放送大学教授，博士（教育学），臨床心理士，公認心理師
専　攻	臨床心理学，教育心理学
主な著書	『教育心理学特論』（共編著）放送大学教育振興会
	『臨床心理学特論』（分担執筆）放送大学教育振興会
	『臨床心理地域援助特論』（分担執筆）放送大学教育振興会
	『教育現場のケアと支援』（単著）大月書店
	『学校で役立つ臨床心理学』（編著）角川学芸出版
	『いじめ・いじめられる青少年の心』（分担執筆）北大路書房

橋本　朋広（はしもと・ともひろ）　・執筆章→第 14・15 章

1970 年	福島県に生まれる
2000 年	大阪大学大学院人間科学研究科（博士後期課程）教育学専攻修了
2000 年	大阪大学大学院人間科学研究科助手
2002 年	京都ノートルダム女子大学人間文化学部生涯発達心理学科専任講師
2005 年	大阪府立大学人間社会学部助教授
2017 年	大阪府立大学大学院人間社会システム科学研究科教授
現　在	放送大学教授，博士（人間科学），臨床心理士，公認心理師
専　攻	臨床心理学，心理療法，心理アセスメント
主な著書	『心の教育とカウンセリング』（共著）八千代出版
	『風土臨床』（分担執筆）コスモス・ライブラリー
	『心理療法の彼岸』（分担執筆）コスモス・ライブラリー
	『心理療法と祈り』（分担執筆）コスモス・ライブラリー
	『心理カウンセリング序説』（分担執筆）放送大学教育振興会
	『臨床心理学特論』（共編著）放送大学教育振興会
	『イメージの力』（分担執筆）放送大学教育振興会

放送大学大学院教材　8950768-1-2511（ラジオ）

新訂　臨床心理面接特論Ⅰ
―心理支援に関する理論と実践―

発　行　　2025 年 3 月 20 日　第 1 刷
編著者　　丸山広人・橋本朋広
発行所　　一般財団法人　放送大学教育振興会
　　　　　〒105-0001　東京都港区虎ノ門 1-14-1　郵政福祉琴平ビル
　　　　　電話　03（3502）2750

市販用は放送大学大学院教材と同じ内容です。定価はカバーに表示してあります。
落丁本・乱丁本はお取り替えいたします。

Printed in Japan　ISBN978-4-595-14211-6　C1311